Zu diesem Buch

In «Cliquen, Klüngel und Karrieren» waren Erwin K. und Ute Scheuch unter anderem der Frage nachgegangen, warum die Karriere deutscher Politiker immer gleichförmiger verlaufen und woran es liegt, daß ihre Arbeit zunehmend von Skandalen und Mißerfolgen begleitet wird. In diesem Buch weiten sie die kritische Auseinandersetzung mit bundesdeutschen Eliten auf die Wirtschaft aus. Wer sind die deutschen Spitzenmanager? Welche Karrieren sind typisch, und wie sehen hier die Auswahlmechanismen aus? Wie arbeiten sie, und wie sehen sie sich selbst und die Welt? Spitzenmanagern geht es wie Politikern: Sie vereinigen immer mehr Ämter und Entscheidungsmacht auf sich, verlieren dabei aber die Übersicht über Entscheidungsabläufe und Sachfragen. Sie werden zu «Bürokraten in den Chefetagen», die immer mehr verwalten und immer weniger gestalten. Im Zentrum dieser Untersuchung, die auf einer Befragung unter den 500 wichtigsten Managern deutscher Großunternehmen beruht, steht eine ausführliche Darstellung und Bewertung der Verflechtungen innerhalb der Wirtschaft durch Kapital und Personal. Sie hat inzwischen ein nie gekanntes Ausmaß erreicht.

Verbunden mit dieser Untersuchung wird eine weitere, in der sich die Autoren den Mitgliedern des 12. Deutschen Bundestages zuwandten – des ersten gesamtdeutschen Parlaments. Auch hier geht es um die Fragen nach Auswahlkriterien und Karriereverläufen, um Selbsteinschätzungen und Arbeitsformen. Beide Untersuchungen zusammen vermitteln ein Bild derjenigen Entscheidungseliten, die für die Zukunft unseres Gemeinwesens wohl am wichtigsten sind. Neben zum Teil überraschenden Einzelheiten fanden die Kölner Soziologen Gemeinsamkeiten von Politik- und Wirtschaftssystem, die allen politischen Lagern und Wirtschaftsschulen zu denken geben können und der kritischen Öffentlichkeit erst recht: Die Spitzen heben sich von der übrigen Gesellschaft immer mehr ab – durch zunehmende Verflechtung und abnehmende Konkurrenz, durch Gleichförmigkeit der Lebenswege und -stile, durch eine ungebrochene Tendenz zur Bürokratisierung der Sachentscheidungen und Feudalisierung der Personalentscheidungen, die Verantwortlichkeiten unsichtbar werden lassen und Innovationen behindern.

Ute Scheuch, Jahrgang 1943, Medienwissenschaftlerin in der Deutschen Welle; Promotion in Soziologie an der Universität Köln. Leitende Mitarbeiterin in verschiedenen Projekten der empirischen Sozialforschung; 1975 bis 1982 u. a. stellv. Vorsitzende der CDU des Erftkreises (NRW) und Mitglied des Landesvorstandes der CDU-Frauenvereinigung; 1989 Austritt aus der CDU; Buchveröffentlichungen u. a.: «Wechselwirkungen zwischen Programm-Machern und Hörern (1986); «Rückmeldungen im Kommunikationsprozeß» (1988); «Wie deutsch sind die Deutschen?» (1991) und «Die USA – Der marode Gigant?» (1992), gemeinsam mit Erwin K. Scheuch.

Erwin K. Scheuch, Jahrgang 1928; Direktor der Kölner Gesellschaft für Sozialforschung e. V. und Präsident des Institut International de Sociologie, seit 1965 Professor für Soziologie in Köln; bis zur Emeritierung zusätzlich Direktor von drei Instituten; bis 1991 Vorstandsmitglied in verschiedenen Ortsvereinen der CDU, Bundesdelegierter der CDU; Buchveröffentlichungen u. a. «Soziologie der Wahl» (1965); «Die Wiedertäufer der Wohlstandsgesellschaft» (1968); «Continuity and Change in German Social Structure» (1988); «Muß Sozialismus mißlingen? (1991); «Perpectives de Sciènces sociales en Allemagne aujourd'hui» (Paris 1991).

Erwin K. und Ute Scheuch

Bürokraten in den Chefetagen

Deutsche Karrieren:
Spitzenmanager und Politiker heute

Rowohlt

rororo aktuell
Herausgegeben von
Rüdiger Dammann und Frank Strickstrock

Originalausgabe
Veröffentlicht im Rowohlt Taschenbuch Verlag GmbH,
Reinbek bei Hamburg, Juli 1995
Copyright © 1995 by Rowohlt Taschenbuch Verlag GmbH,
Reinbek bei Hamburg
Alle Rechte vorbehalten
Umschlaggestaltung Susanne Heeder / Philipp Starke
(Illustration: Victoria Kann / The Image Bank)
Satz Aldus und Optima (Linotronic 500)
Gesamtherstellung Clausen & Bosse, Leck
Printed in Germany
1290-ISBN 3 499 13518 3

Inhalt

Vorwort

Mit unserem früheren Buch «Cliquen, Klüngel und Karrieren» hat dieser Text «Bürokraten auf den Chefetagen» gemein, daß er nicht so geplant war, wie er nun vorliegt, sondern daß er aus unvorhergesehenen Umständen heraus entstand.

Durch unsere Untersuchung bei politischen Parteien waren wir zu dem Schluß gekommen: Es ist eine systematische Darstellung der Macht in einer modernen, pluralistischen und doch zugleich vernetzten Gesellschaft notwendig. Die Klassiker der Soziologie sind sicherlich sehr hilfreich, aber ihr Gegenstand ist eben nicht die heutige Gesellschaft. «Soziologie der Macht» war unser Arbeitstitel.

Die Literatur ist vielfältig, aber durchweg einseitig in der Abgrenzung des Untersuchungsfeldes. Die zahlreichen, meist amerikanischen Untersuchungen gemeindlicher Machtstrukturen, an denen der Gegenstand besonders anschaulich wird, stehen ziemlich unverbunden neben den Untersuchungen der Macht auf der obersten Ebene eines modernen Staates. Wir wollten beides verbinden und erkannten, daß wir über Macht auf der Ebene des Bundes dieser Republik zuwenig empirische Grundlagen hatten. Die letzte große Untersuchung geht zurück auf das Jahr 1980/81, und da war dann doch fraglich, ob sie in die Gegenwart ohne Korrektur weiter fortzuschreiben ist. Und ein zweites Defizit war bei unserem Material auszumachen. Politologen und Soziologen untersuchen Politik, Wirtschaftswissenschaftler die Wirtschaft, aber die beiden Felder werden nicht recht miteinander verbunden. Daraus folgte für uns: Wir brauchen eigene Erhebungen für beides.

Die Erhebungen wurden möglich durch die Unterstützung zweier Zeitschriften. Die Konzeption der Befragung der Manager der größten deutschen Unternehmungen wurde gemeinsam mit dem *Manager-Magazin* entwickelt und dann umgesetzt mit sachlicher und finanzieller Hilfe von Magazin und Verlag. Die Befragung der Bundestagsabgeordneten wurde gemeinsam mit dem Magazin *Focus* entwickelt, und dessen finanzielle Hilfe ermöglichte uns die inhaltsanalytische Auswertung der Bundestagsprotokolle, des Handbuchs des Deutschen Bundestages und ähnlicher Quellen. Beide Zeitschriften verwerteten auf je ihre journalistische Weise erste Berichte unsererseits über die von uns vorgenommenen quantitativen und qualitativen Auswertungen.

Dieses Buch geht weit darüber hinaus: Es ist das Ergebnis der eigenen Erhebungen. Sie wurden möglich durch die Mithilfe von Franz Bauske und Lorenz Gräf (beide Zentralarchiv für empirische Sozialforschung) sowie Burkhard Wild-Mittman (Institut für angewandte Sozialforschung), alle Universität zu Köln. Damit wurde es möglich, parallel die größten Unternehmen und die Politik auf Bundesebene zu analysieren. Die eigenen Erhebungen im Spätherbst 1994, verbunden mit der Analyse weiterer Quellen, brachten aber ein so umfangreiches Material, daß es sich in die bisherige Architektur unserer «Soziologie der Macht» nicht einfügte. Diese «Soziologie der Macht» ist als Projekt nicht aufgegeben und als Manuskript bereits ziemlich umfangreich. Aber hier konzentrieren wir uns auf unsere empirischen Befunde und das, was sich in unsere neuen Erhebungen einfügt.

Wir wünschen, von der Diskussion über die jetzt vorgelegten Ergebnisse Nutzen für ein Buch ziehen zu können, das sich zeitloser verstehen wird, eben unsere Soziologie der Macht.

Empirie ist zeitraubend, oft ermüdend in den Details, aber sie kann auch spannend sein. Wir lernten wieder einmal etwas Neues, indem wir die anonym erhobenen Angaben durch Fallbeispiele illustrierten, bisweilen auch kontrapunktierten. Der Grad, zu dem in der Bundesrepublik im Alltag undurchsichtige Verflechtungen in Wirtschaft und Politik bestimmend sind, das Ausmaß der Konzentration von Einfluß bei gleichzeitiger Unfähigkeit, Veränderungen sachlich zu steuern, war für uns verblüffend. Wir sind besorgt über das Ausmaß, zu dem die führenden Personen aus ihrer Fähigkeit, einzelne Menschenschicksale zu bestimmen, ein irriges Selbstbild über ihre Kontrolle der Dinge ableiten. Die Führungsschichten haben abgehoben.

Dieses Buch soll helfen, dies durchsichtig werden zu lassen und damit vielleicht als Korrektiv zu wirken; denn wir glauben: Vieles, was wir darstellen, ist nur deshalb möglich, weil die Sachverhalte für eine allgemeine Öffentlichkeit nicht durchsichtig sind. Eine solche Erwartung darf aber nicht mißgedeutet werden als unser Versuch, ein Enthüllungsbuch zu schreiben. Das ist hier ebensowenig unsere Absicht, wie dies bereits für «Cliquen, Klüngel und Karrieren» galt. Hier soll Transparenz bewirkt werden, wobei wir als Soziologen bemüht sind, handelnde Personen auch als teilweise auswechselbare Figuren in unpersönlichen Mechanismen zu verstehen.

Erwin K. und Ute Scheuch   **Mai 1995**

A. Die Manager

Vorbemerkung

Skandale, Pleiten und Fehlverhalten häufen sich in der Wirtschaft. Was zu Zeiten von Ludwig Poullain, 1981 noch Chef der WestLB, als das Fehlverhalten eines einzelnen Spitzenmanagers erschien, mutet heute fast schon epidemisch an: Metallgesellschaft, Betrug bei VW, Wachenheim und Esch, Balsam AG und co op, Fehlspekulation bei der Genossenschaftsbank (DG Bank), Mißmanagement bei SEL, AEG und KHD – jedes Jahr kommen neue spektakuläre Fälle hinzu.

Vielleicht wichtiger ist ein paralleler Vorgang in allen westlichen Gesellschaften: der Verfall des Respekts vor Führungskräften, zunächst in der Politik, dann aber auch anderswo. Es wäre verwunderlich, wenn das nicht auf die Führungsschicht unserer Wirtschaft übergegriffen hätte.

Und dennoch ist die Annahme falsch, die wirtschaftliche Führung teile inzwischen den Ansehensverlust der politischen Führungen. Bücher wie der Bestseller «Nieten in Nadelstreifen» werden in ihrer negativen Wirkung für das Ansehen der Manager von diesen selbst überschätzt. Das Bild in der Öffentlichkeit, das aus Meinungsforschung gewonnen werden kann, läßt sich am ehesten mit dem vergleichen, das durch Unterhaltungsprodukte wie Dallas und Denver verbreitet wird: In den Topetagen der Wirtschaft agieren tüchtige und zugleich beängstigende Leute, je nachdem bewundernswert bis verabscheuungswürdig.

Wer und was sind die Spitzenkräfte der deutschen Wirtschaft wirklich? Eine Erhebung, die von uns gemeinsam mit dem *Manager-Magazin* konzipiert wurde, soll die Faktenkenntnis vergrößern und zu einem sachlicheren Verständnis verhelfen. Gegenstand waren die Spitzenmanager der 500 umsatzstärksten Unternehmen in Deutschland.

Diese Erhebung ist der Kern der folgenden Darstellung. Zugleich können wir – zum Teil eigene – frühere Erhebungen über Führungskräfte der Wirtschaft mit heranziehen, die zurückgehen bis auf die Mitte der sechziger Jahre. Daneben werden, teils zur Illustration, teils kontrapunktisch, vor allem aber, um bei Bedarf den Deutungsrahmen der Ergebnisse deutlicher zu konturieren, Informationen aus unserer Beschäftigung mit der allgemein zugänglichen Literatur eingearbeitet.

Wer die Spitzenmanager sind

Spitzenmanager sind nicht gleichbedeutend mit Unternehmern und erst recht nicht mit den Eignern. 94 Prozent der 2,5 Millionen Firmen dieses Landes werden von Eigentümern geleitet. Die von uns untersuchte oberste Führungsschicht der Wirtschaft besteht – mit wenigen, wenn auch wichtigen Eigentümer-Unternehmern als Ausnahme – jedoch aus angestellten Unternehmern, aus Managern. Fast 100 Prozent sind männlich. Das ist übrigens in den USA nicht anders. Bei der jährlichen Erhebung, die *Business Week* bei den 1000 größten amerikanischen Firmen durchführt, wurden 1992 gerade drei Frauen gefunden.

Die Karrierewege gelten in Deutschland im Vergleich zu den USA und Frankreich als lang. Sie dauern nach unserer Erhebung meist um die 16 bis 19 Jahre. Da verwundert ein Durchschnittsalter von 55 Jahren (Median) keineswegs. Die Hälfte aller uns Antwortenden war zwischen 50 und 60 Jahre alt; nur 25 Prozent waren jünger als 50. Entsprechend hoch ist die Zahl der Berufsjahre, die im Schnitt beinahe 30 erreicht.

Die Vorstandsebene der großen Unternehmen ist inzwischen akademisiert; nur 15 Prozent der Führungskräfte haben als Abschluß Abitur oder weniger. Zwei Drittel berichten einen Universitätsabschluß, allerdings seltener die Promotion. Diese Akademisierung markiert im Vergleich zu unseren eigenen Erhebungen 1965 und 1966 einen deutlichen Wandel. Damals war der Anteil der Akademiker gerade in den höchsten Positionen deutlich geringer als in der Führungsebene 2 oder 3. Dieser Prozeß einer Akademisierung der Führungsschicht hat inzwischen die Gewerkschaften erreicht und ist dabei, auch bei der früher sehr offenen Laufbahn der Journalisten die Regel zu werden. Es gibt immer noch Ausnahmen. Unter den von uns ausgemachten 20 wichtigsten Vorstands*vorsitzenden* sind aber nur fünf ohne Doktortitel.

▶ Einen Aufstieg ohne Studium in eine der wichtigsten Positionen, die derzeit in Deutschland zu besetzen ist, schaffte *Hilmar Kopper*. 1989 wurde er nach der Ermordung Alfred Herrhausens zum Sprecher der Deutschen Bank berufen. Im Vorstand ist er der einzige Nichtakademiker, ohne allerdings deswegen Grund zu Minderwertigkeitsgefühlen zu haben. Geboren wurde er 1935 als Sohn eines Gutsherrn in Westpreußen, der über 2000 Morgen Land besaß. Nach der Vertreibung 1945 sah sich der mittellos gewordene Vater nicht in der Lage, seinem zweitältesten Sohn Hilmar ein Studium zu finanzieren. Er gab ihm den Rat, eine Banklehre zu absolvieren; und diese sollte den Grundstein für einen gradlinigen Aufstieg innerhalb der Deutschen Bank legen. Hilmar Kopper entschied sich für eine Lehre bei der Rheinisch-Westfälischen Bank in Köln-Mülheim, die später wieder unter dem Namen «Deutsche Bank» firmierte, arbeitete für kurze Zeit als Trainee bei der Henry Schroder Banking Corp. in den USA und begann nach seiner Rückkehr aus Amerika in der Auslandsabteilung der Deutschen Bank in Düsseldorf. Mit 25 Jahren wechselte er zur Filiale Leverkusen; neun Jahre später war er Filialleiter. Zum Generalbevollmächtigten der Deutschen Bank AG wurde er 1975 ernannt. Bereits 1977, also mit 42 Jahren, gelang ihm die Berufung in den Vorstand.[1]

Akademiker zu sein, bedeutet in den Toppositionen der Wirtschaft inzwischen in mehr als der Hälfte der Fälle, das Studium der Wirtschaftswissenschaften absolviert zu haben – entweder bereits als Hauptfach im Studium – in 50 Prozent der Fälle – oder zumindest als Nebenfach in 31 Prozent der Fälle. Am zweitgrößten ist mit 22 Prozent der Anteil der Juristen, der eine Generation früher noch vorherrschend war. Auch der Prozentsatz der Ingenieure ist mit 15 Prozent geringer als der, der für die Vorkriegszeit berichtet wurde. Sozialwissenschaften werden als Erststudium höchst selten, aber in 10,3 Prozent der Fälle als Zweitstudium gewählt.

Die Angaben über die soziale Herkunft waren überraschend: 34 Prozent berichteten, der Vater habe einen akademischen Abschluß. Das ist angesichts des Anfang der sechziger Jahre üblichen Anteils in der Bevölkerung von unter zwei Prozent Akademikern mit abgeschlossenem Studium eine sensationell hohe Angabe. Nur 20 Prozent erwähnen ein Elternhaus, in dem der Vater Volksschulabschluß hatte, obgleich dies zum Zeitpunkt der Geburt dieser Manager der weit vorherrschende Bildungsstand war. Nach dem berichteten Schulabschluß des Vaters kann gefolgert werden: Die heutigen Spitzenkräfte kommen zu vier Fünfteln zumindest aus der oberen Mittelschicht.

1 Munzinger-Archiv/Internat. Biograph. Archiv 36/94; «Herr im Haus, aber mit Bodenhaftung». Frankfurter Rundschau, 13. 5. 1995

Das bestätigt sich bei den Antworten auf die Frage nach der beruflichen Stellung des Vaters im eigenen Alter von 15 Jahren. 27 Prozent der Führungskräfte kommen aus dem Unternehmermilieu. Darauf folgt mit 25 Prozent das Beamtenmilieu, wobei zu etwa gleichen Teilen von einem Elternhaus berichtet wird, dessen Haushaltsvorstand ein höherer Beamter bzw. Angestellter war.

Vielleicht noch wichtiger für Schlüsse auf die Mentalität ist der Umstand, daß 57 Prozent der Wirtschaftsführer aus Elternhäusern kommen, deren Haushaltsvorstand abhängig beschäftigt war. Nur eine starke Minderheit von 35 Prozent entstammt dem sozialen Milieu der Selbständigen – damit allerdings etwa viermal häufiger, als es dem Anteil dieses Milieus in der damaligen Bevölkerung entspricht.

Eigener Schulabschluß des Vaters, berufliche Stellung des Vaters im Kindesalter – all dies legt nahe, daß diese Führungskräfte eher mit der Erfahrung eines Daseins in geordneten Verhältnissen als in einer risikobehafteten Existenz aufwuchsen.

Großstädter sind deutlich unterrepräsentiert. Klein- und Mittelstädte dürften der soziale Hintergrund der Heranwachsenden gewesen sein. Acht Prozent berichten, aus anderen Ländern als Deutschland zu kommen, was den Ausländeranteil in der Bevölkerung deutlich übersteigt, wenn als Vergleichsjahr 1975 herangezogen wird – der Zeitpunkt, zu dem für viele die Weiche gestellt wurde in Richtung Spitzenposition. Werden die Angaben über eine Herkunft aus Ostdeutschland und aus anderen Ländern Osteuropas miteinander kombiniert, so ergibt dies 17 Prozent östliche Herkunft. Angesichts der Existenz des Eisernen Vorhangs bis 1989 ist das ziemlich viel, mit Blick auf die deutsche Tradition allerdings sehr wenig. Die Führungsschicht in Deutschland entstammte nämlich seit Gründung des Kaiserreiches vorwiegend östlichen Regionen, und das galt – vermindert – auch nach 1918. In der Wirtschaft ist das endgültig Vergangenheit.

Die deutschen Führungskräfte der Wirtschaft nennen als Religion deutlich häufiger evangelisch als alle anderen Glaubensorientierungen: 45 Prozent Evangelische im Vergleich zu 28 Prozent Katholiken fanden wir. Damit besteht auch heute noch ein Zustand fort, den Religionssoziologen wie Max Weber bereits um die Jahrhundertwende als Folge einer Wirtschaftsferne des katholischen Milieus ausmachten. Mit diesem seien eher die Existenz als Handwerker, andere Formen kleinerer Selbständigkeit oder ausführende Angestelltenschaft vereinbar, meinten die Religionssoziologen damals, während Unternehmertum besser mit dem protestantischen Milieu korrespondiere. 26 Prozent der befragten Unternehmer berichten, daß sie keiner Religionsgemeinschaft angehören, ein Wert, der deutlich höher liegt als in der Bevölkerung allgemein. Das muß nicht heißen, daß man grundsätzlich areligiös ist. Auf eine entsprechende Frage bezeichneten sich etwas weniger, nämlich 23 Prozent, als nicht religiös. Die anderen 77 Prozent sind zu etwa gleichen Teilen ausgeprägt oder aber distant religiös. Daraus folgt, daß in der Führungsetage sowohl die religiös Abgewandten als auch die ausgeprägt Religiösen im Vergleich zur Bevölkerung deutlich überrepräsentiert sind. In bezug auf diese Eigenschaft gibt es wenig Homogenität.

Homogener dagegen sind die Werte für die Bedeutung von Politik im eigenen Elternhaus. «Gemäßigt an Politik interessiert», lautet der Schwerpunkt der Antworten, die insgesamt verhältnismäßig wenig über eine Skala von 1 (Politik spielte keine Rolle) und 12 (Politik spielte eine sehr große Rolle) schwanken. Die Manager kommen also überwiegend aus Milieus, in denen das öffentliche Leben mit Interesse, aber ohne Leidenschaft verfolgt wurde. Das verwundert angesichts der Angaben über die soziale Herkunft nicht und erklärt zugleich das gegen Ende des Berichtes noch zu erwähnende größere Interesse an öffentlichen Angelegenheiten. Die führenden Wirtschaftler sind nämlich an allgemeinen Entwicklungen weit überdurchschnittlich interessierte Zeitgenossen.

Die Mehrzahl der Führungskräfte wuchs in «normalen» Elternhäusern auf, was angesichts der Verhältnisse in der unmittelbaren Nachkriegszeit nicht unbedingt zu vermuten war: Die Führungskräfte berichten, daß im eigenen Alter von 15 Jahren in 84 Prozent der Fälle der Vater mit seiner Familie lebte. Nur eine Minderheit der Väter war entweder zu dieser Zeit im Krieg oder bereits verstorben.

Zu 96 Prozent sind die Manager verheiratet. Ledige gibt es kaum, und der Anteil der gegenwärtig nach einer Scheidung Alleinlebenden ist mit drei Prozent sehr viel niedriger als in der Bevölkerung allgemein. Für sich genommen muß das nicht schon ein Indiz für ein besonders monogames Verhalten sein, denn nach Wiederverheiratungen hatten wir nicht gefragt, und diese dürften in diesen Kreisen bei einer Scheidung die Regel sein. Wir haben aber die Ehedauer berechnet: Hiernach muß die Scheidungshäufigkeit weit unterdurchschnittlich sein. Das läßt den Schluß zu: Eine Karriere ist um so leichter möglich, je freier ein angehender Topmanager von betriebsfernen privaten Sorgen bleibt.

Mit 27 Jahren war mehr als die Hälfte der Topmanager verheiratet, trotz des Studiums. Nur eine Minderheit von weniger als 20 Prozent dürfte der Karriere zuliebe die Ehe vertagen. In den Führungsetagen hat man auch etwas mehr Kinder als der Durchschnitt der Deutschen. Das statistische «Zweieinhalb-Kind» als Mittelwert folgt aus einer bemerkenswerten Anzahl von größeren Familien. 23 Prozent hatten drei, neun Prozent vier und fünf Prozent fünf und mehr Kinder. Das wird übrigens auch von den Topmanagern der USA berichtet. Die traditionellen Verhältnisse scheinen sich in den wohlhabenden Ländern umzukehren. Seit den Kindern ein Lebensstandard zu sichern und viel Aufmerksamkeit zu widmen ist, sinkt die Zahl der Kinder in weniger günstigen Soziallagen stark. In höheren Soziallagen leistet man sich dagegen Kinder als Zeichen des Wohlstandes. Zu über zwei Dritteln sind die Kinder noch im schulpflichtigen Alter. Es wird also zwar relativ früh geheiratet, aber die Kinder kommen dann relativ spät.

Berufstätigkeit des Partners ist nicht unbedingt eine Erklärung dafür; sie kommt mit 22 Prozent deutlich seltener vor als in der Bevölkerung allgemein. Wenn die Ehefrau berufstätig ist, dann in mehr als der Hälfte der Fälle als Selbständige. Dies stimmt mit den Beobachtungen bei Führungsgruppen anderer Bereiche überein, wonach es als Problem empfunden wird, wenn die Ehefrau eines hochgestellten Mannes ihrem Beruf in abhängiger Position nachgeht. Akzeptabel sind nur qualifizierte Berufstätigkeiten.

Mit einer wichtigen Ausnahme entspricht diese Beschreibung den Befunden bei der bereits erwähnten Erhebung von *Business Week* in den USA: Dort ist die Akademisierung ebenso stark, Protestanten sind deutlich überrepräsentiert, man ist verheiratet und hat auch mehr Kinder, als es in Amerika Durchschnitt ist. Die Verteilung der Studienfächer entspricht in den USA der, die wir in Deutschland beobachten, aber es gibt hier einen besonders wichtigen Unterschied in der akademischen Ausbildung: Von 1000 Spitzenmanagern hatten dort 321 eine der zehn privaten Top-Hochschulen besucht (in den USA nennen sich über 2000 Einheiten «Hochschulen»). In Deutschland gibt es zwar eine Konzentration auf Köln – 18 Prozent – und München – 17 Prozent –, also zusammen 35 Prozent, aber Elite-Hochschulen mit Auswahl der Studenten durch die Universität sind beide nicht. Damit muß der Karriereweg in Deutschland zumindest teilweise von dem in Amerika üblichen verschieden sein.

Der Start aus weitgehend sicherer Position, so bestätigt auch eine Studie aus Großbritannien, scheint für Topmanager durchaus typisch zu sein. Reg Jennings, Charles Cox und Cary Cooper suchten nach dem, was Unternehmer und Topmanager unterscheidet, und befragten zu diesem

Zweck 46 Wirtschaftsführer, die es im eigenen oder fremden Unternehmen zu einem von «Britain's Richest People» gebracht haben.[2] Der wesentlichste Unterschied: 72 Prozent der Eigentümer-Unternehmer stammten aus der Arbeiterklasse, nur fünf Prozent lebten über die gesamte Kindheit mit beiden Elternteilen, nur 21 Prozent hatten eine höhere Ausbildung genossen. «Sie sahen sich als Außenseiter», schreiben die Autoren. «Ein bedeutender Teil ihrer Motivation erwächst aus dem Wunsch, der Armut oder ihrem Außenseiterdasein zu entfliehen.»

Die angestellten Manager Großbritanniens dagegen stiegen durch ein Netz von Beziehungen an die Spitze: ausgehend von der Familie, weitergeknüpft in Schule, Universität und Unternehmen. Jennings, Cox und Cooper sagen von der Wirkung der Hochschulen, daß diese eher Experten der Wirtschaftsverwaltung anstelle von innovativen Unternehmern hervorbrächten.[3] Sie haben das Mannschaftsspiel gelernt und nach eigenem Bekenntnis zum überwiegenden Teil Unterstützung durch Mentoren und Schutzengel erfahren. Und auch das Glück gilt 63 Prozent der befragten Spitzenmanager als Karrieremotor, verglichen mit 26 Prozent bei den Unternehmern, die zudem auch selten auf Mentoren bauen konnten.

Ihre Ergebnisse fassen Jennings, Cox und Cooper wie folgt zusammen: Eigentümer-Unternehmer sind eher innovativ als Topmanager. Sie zweifeln eher das existierende System an und entwickeln ungewöhnliche Lösungen für anstehende Probleme. Auf der Effizienzskala liegen sie jedoch unterhalb der Topmanager. Die vorliegende Untersuchung belegt, daß Unternehmer im allgemeinen Details wenig Aufmerksamkeit schenken. Topmanager auf der anderen Seite, die mit dem Erhalt großer Organisationen betraut sind, müssen möglicherweise genauer und methodischer vorgehen.[4]

2 Reg Jennings, Charles Cox und Cary Cooper: «Wirtschafts-Eliten – Ein Psychogramm der Spitzenklasse». In: gdi impuls 4/94, S. 29–39
3 ibid., S. 35
4 ibid., S. 29

Wie sie in ihre Spitzenposition kamen

Der Aufstieg in Toppositionen ist auch in Deutschland selten. Bei einer Befragung von Angestellten, die karriereorientiert waren, fand Trust Management Consultants 1992, daß nichts so stark für Unmut sorgte wie ungenügende Aufstiegsmöglichkeiten. Professor Eberhard Hamer vom Mittelstandsinstitut Niedersachsen berichtete 1993: «Nicht einmal ein Viertel des jungen Führungsnachwuchses erreichte tatsächlich Führungspositionen. Dazu trägt ein Kartell auf Vorstandsebene unserer großen Firmen bei, die sich gegenseitig verpflichten, niemand aus der Konkurrenz abzuwerben.» Bekanntlich ist das in den USA völlig anders, wo das «headhunting» («Kopfjagd» = gezieltes Abwerben) ein florierender Berufszweig ist. Bei uns kommt hinzu, daß egoistische Vorgesetzte immer wieder besonders tüchtige Mitarbeiter aus Eigennutz am Aufstieg hindern.

Zahl der Karriereschritte	Prozent
1	12
2	26
3	25
4	31
5	5

Der Weg nach oben führt über verschiedene Firmenwechsel, die Regel sind zwei bis vier dieser «Beförderungen», durchweg in der gleichen Branche. Karrieren als «typischer Job-Hopper» sind dagegen in Deutschland eine Rarität.

▶ Insofern ist *Klaus Götte*, Jahrgang 1932, der heutige Vorstandsvorsitzende der MAN AG, eine Ausnahme. Bereits mit 23 Jahren trat der studierte Rechtswissenschaftler in die Privatbank Trinkaus & Burkhardt ein, arbeitete fünf Jahre als Auslandschef und verließ die Bank nach 13 Jahren als Direktor. Vier Jahre blieb er bei der Friedrich Krupp GmbH in

Essen als Finanzdirektor, zuletzt auch als Mitglied der Geschäftsleitung eines Konzernunternehmens. Berthold Beitz soll Götte zu seinem Nachfolger bei der Krupp-Stiftung auserkoren haben, doch dieser folgte der Einladung eines weiteren herausragenden Mentors, des Allianz-Vorsitzenden Wolfgang Schieren, und wurde Mitglied des Vorstands der Allianz Versicherungs-AG in München. Mit 47 Jahren wechselte Götte zur Friedrich Flick Industrieverwaltung KGaA. Hier wirkte er als persönlich haftender Gesellschafter und stellvertretender Vorsitzender, verließ das Unternehmen allerdings 1982, als die Rolle des Flick-Konzerns in der Parteispendenaffäre bekannt wurde.

Anfang 1983 legte dann Götte das Fundament zu seinem Aufstieg in die Konzernspitze der MAN: Im Einvernehmen mit der Allianz – für die er als «Berater» mit einem jährlichen Honorar von 800 000 DM tätig war – wurde er im Februar 1983 Aufsichtsratsmitglied der M.A.N. Maschinenfabrik Augsburg-Nürnberg AG[5] – beherrscht von Allianz Holding, Allianz Lebensversicherung und Commerzbank. Bereits im November desselben Jahres trat er die Nachfolge des gescheiterten Vorstandsvorsitzenden der M.A.N.-Unternehmenstochter Gutehoffnungshütte Aktienverein (GHH), Manfred Lennings, an und übernahm wie dieser zuvor zugleich den Aufsichtsratsvorsitz der M.A.N. 1985 wandelte sich das traditionsreiche Familienunternehmen – nach dem Ausscheiden der Gründerfamilie Haniel aus der GHH – zu einer Publikumsgesellschaft. Diese wurde 1986 mit der M.A.N. zur neuen Konzernobergesellschaft MAN AG verschmolzen, zu deren Vorstandsvorsitzenden Götte ernannt wurde. Er straffte in der Folge die Produktionsstruktur und sorgte für die klare operative Zuordnung der Verantwortlichkeit für die einzelnen Bereiche des Konzerns – Nutzfahrzeuge, Druckmaschinen, Handel, Dieselmotoren sowie Maschinen- und Anlagebau.[6]

Heute ist der Konzern finanziell wieder gefestigt: Zu Beginn der achtziger Jahre hatte der MAN-Konzern noch einen negativen Liquiditätssaldo (Liquidität saldiert mit den Finanzverbindlichkeiten) von 1,3 Milliarden DM; zehn Jahre später war MAN mit einem positiven Saldo von 0,5 Milliarden DM wieder in der Gewinnzone.[7] Für das Geschäftsjahr

5 «Härte verlangt». Der Spiegel, 2.1.1984
6 Munzinger-Archiv/Internat. Biograph. Archiv 13/92
7 «Schwierigere Zeiten für den MAN-Konzern. Nachfrageschwäche zwingt zu Personalabbau». Neue Zürcher Zeitung, 6.11.1992

1994/95 rechnet Götte – nach Einbrüchen während der Rezession – wieder mit einer «spürbaren, aber auch notwendigen Verbesserung» des Konzernergebnisses.[8] Soeben wurde Götte auch in den Aufsichtsrat der Deutschen Telekom berufen.[9]

▶ Auf eine Karriere, die in zwei völlig verschiedenen Bereichen wurzelt, kann *Jochen Holzer* zurückblicken. Er ist ein Beispiel für den bei uns seltenen Aufstieg aus einer Beamtenposition in eine Position als Topmanager. Holzer, Jahrgang 1934, begann mit 27 Jahren im Bundeswirtschaftsministerium, zunächst in der energiepolitischen Abteilung, war dann von 1966 bis 1968 persönlicher Referent der Staatssekretäre Fritz Neef und von Dohnanyi und stieg zum Leiter des Referats Energiepolitik, später Luft- und Raumfahrt, auf. Sein höchster Rang: Regierungsdirektor. Nach zehn Jahren entschied sich Holzer für den Wechsel in die Privatwirtschaft, in der er – vor seinem Studium – erste Erfahrungen während seiner Ausbildung zum Industriekaufmann bei Siemens gesammelt hatte. 1971 begann er als Leiter der Hauptabteilung Finanzen der Bayernwerks AG. Ein Jahr später wurde er bereits in den Vorstand berufen – zunächst bei der Beteiligungsgesellschaft Energieversorgung Ostbayern AG, wo er 1976 den Vorstandsvorsitz übernahm. Sieben Jahre nach seinem Eintritt in das Bayernwerk wurde er stellvertretender Vorstandsvorsitzender der Konzernzentrale, 1990 dann der erste Mann des Vorstandes. Mit nur 59 Jahren gab Holzer im Juli 1993 den Vorstandsvorsitz wieder ab und übernahm statt dessen den Vorsitz im Aufsichtsrat des Unternehmens, zugleich aber auch den Aufsichtsratsvorsitz der VIAG, um so gemeinsam mit VIAG-Chef Alfred Pfeiffer die von beiden gewollte Fusion beider Werke effizienter betreiben zu können. Nach der geglückten Verschmelzung wurde er dann Aufsichtsratsvorsitzender des VIAG-Bayernwerk-Konzerns.[10]

Verbreitet ist die Annahme, daß in der Bundesrepublik ein Knick in der Karriere tödlich war und ist. Nach unseren Zahlen spricht einiges dafür, denn in unserer Befragung berichtet uns nur eine Minderheit von 17

8 «MAN will Dividende wieder erhöhen. Auftragsboom im In- und Ausland wie lange nicht mehr». Süddeutsche Zeitung, 14. 12. 1994
9 Personalien, FAZ, 28. 3. 1995, S. 25
10 Munzinger-Archiv/Internat. Biograph. Archiv 43/93

Spitzenmanagern, einen solchen Knick in der Karriere überstanden zu haben.

▶ Daß *Edzard Reuter* beispielhaft für eine Laufbahn mit Verwerfungen ist, dürfte in der breiten Öffentlichkeit kaum bekannt sein. Geboren wurde Reuter 1928 als Sohn des Berliner Stadtrates für Verkehr, Ernst Reuter, des späteren Regierenden Bürgermeisters von Berlin. Die Familie emigrierte nach der NS-«Machtergreifung» in die Türkei, wo Reuter in Privatunterricht auf das Abitur vorbereitet wurde. Nach der Rückkehr der Familie 1946 nahm er ein Mathematik- und Physikstudium an der FU Berlin auf, wechselte zwei Jahre später zu den Rechtswissenschaften und wurde mit 26 Jahren Assistent an der Juristischen Fakultät der Universität. 1957 entschied sich Reuter für eine Karriere in der Wirtschaft. Seine Bewerbung bei Daimler-Benz scheiterte aber. Bis 1962 arbeitete er statt dessen als Prokurist bei der Universum Film AG (Ufa) in Berlin, was als politiknaher Arbeitsplatz zu deuten ist. Mit 34 Jahren wurde er Mitglied der Geschäftsleitung der Bertelsmann Fernsehproduktion in München. Sein Wechsel zu Daimler-Benz 1964 – sieben Jahre nach dem mißglückten Einstiegsversuch – verdankte er dann Hanns-Martin Schleyer, einem der einflußreichsten Mentoren seiner Zeit. Zwölf Jahre benötigte Reuter, bis er – mittlerweile 48jährig – zum Vorstandsmitglied aufrücken konnte. Hier übernahm er von Schleyer das Schlüsselressort Planung und Organisation. Reuter galt zu dieser Zeit als Anwärter sowohl für herausgehobene politische Positionen – seit 1946 war er Mitglied der SPD – wie auch als aussichtsreicher Kandidat für die Nachfolge von Joachim Zahn als Vorstandsvorsitzender bei Daimler-Benz. Gewählt wurde auf Druck des Aufsichtsratsvorsitzenden Wilfried Guth von der Deutschen Bank AG 1979 dann jedoch Gerhard Prinz. Nach dessen überraschendem Tod 1983 kam Reuter wieder nicht zum Zuge. Erneut war es Guth, der durchsetzte, daß anstelle Reuters Werner Breitschwerdt, zuvor im Vorstand zuständig für Forschung und Entwicklung, den Vorsitz übernahm. Guth mißtraute dem SPD-Mitglied Reuter.[11]

Reuter sollte in der Folge die Unternehmensphilosophie von Daimler-Benz erheblich verändern. In einem Strategiepapier 1984 empfahl er den Umbau des Automobilunternehmens zu einem breitgefächerten Techno-

---

11 Andreas Richter: «Nach dem Platz in der Loge nur noch die Bank im Parkett. Edzard Reuter und die Deutsche Bank – eine Demontage in Raten». Stuttgarter Zeitung, 22.10.1994

logiekonzern. Die Richtung der von Reuter gewünschten Expansion war äußerst riskant. Die Mehrzahl der neuerworbenen Firmen hatte als Hauptauftraggeber die öffentliche Hand. Damit machte sich das Management von Daimler-Benz abhängig von der Entwicklung der öffentlichen Finanzen und zusätzlich anfällig für parteipolitischen Druck. Reuter kann als eine Art Gegenbeispiel zu Klaus Götte und dessen Strategie einer «lean production» bei der MAN gesehen werden.

Reuter hatte maßgeblichen Anteil an der Ausdehnung des Engagements von Daimler-Benz bei der MTU Motoren- und Turbinen-Union München GmbH und der Dornier GmbH sowie dem Zukauf der AEG AG innerhalb nur eines Jahres (1985). In Alfred Herrhausen, der als Vertreter der Deutschen Bank 1986 neuer Aufsichtsratsvorsitzender von Daimler-Benz wurde, fand Reuter dann nach Schleyer einen weiteren Förderer in CDU-nahen Kreisen: Herrhausen übertrug dem SPD-Mann Reuter zusätzlich zum Finanzressort den Vorsitz des neuen «Synergie- und Strukturausschusses». Die Position Reuters wurde – zu Lasten Breitschwerdts – weiter gestärkt, als Herrhausen ihn auf die neugeschaffene Position eines stellvertretenden Vorstandsvorsitzenden berief. 1987, mit 59 Jahren, war Reuter an seinem Ziel. Nach dem vorzeitigen Rücktritt Breitschwerdts wurde er – im dritten Anlauf – zum Vorstandsvorsitzenden gewählt [12] – in einem Alter, in dem Holzer vom Vorstandsvorsitz beim Bayernwerk zurückgetreten war. Stellvertreter wurde Werner Niefer, der Reuters Umbaupläne für Daimler-Benz befürwortete: Reuter konzentrierte sich auf den Aufbau eines angestrebten Technologiekonzerns, Niefer überließ er die Verantwortung für den Kernbereich, den Automobilbau.

Am 24. 5. 1995 endete seine Amtszeit als Vorstandsvorsitzender nun als Mißerfolgsgeschichte: Ihm wird vorgeworfen, die «Trümmer großer Reiche» zu hinterlassen. Sein Strategiepapier aus dem Jahre 1984 gilt der *Zeit* als ein «Beispiel für daneben gegangene Prophezeiungen auf deutschen Vorstandsetagen» [13]. Reuter selbst ist anderer Meinung. Sein

12 Munzinger-Archiv / Internat. Biograph. Archiv 21 / 94
13 Heinz Blüthmann: «Voll von Trümmern großer Reiche. Daimler-Benz: Edzard Reuters Ära an der Spitze des größten deutschen Konzerns ist zu Ende. Mit seinem Kurs weg vom Auto, an dem er bis zum Schluß beharrlich festhielt, ist er gescheitert». Die Zeit, 7. 4. 1995, S. 35 Blüthmann beginnt seinen Bericht mit einem treffenden Scherz: «Am Ende kursiert ein erfundener – oder besser: gut nachempfundener – Dialog im Hauptquartier des größten deutschen Industriekonzerns.

Traum, Daimler-Benz zu einem erfolgreichen Technologiekonzern umzuformen, sei «mitnichten ausgeträumt» [14]. Seine Entscheidung, «unser
Unternehmen, das sich damals ausschließlich auf Automobile konzentrierte, auf eine breitere Basis zu stellen», sei im Grundsatz richtig
gewesen. Die Kritik an ihm sei «manchmal von einer hanebüchenen Unkenntnis» gekennzeichnet. [15] Folgerichtig wünschte er, in den Vorsitz des
Aufsichtsrates der Daimler-Benz AG zu wechseln. Dieses Ansinnen war
im Vorfeld vom bisherigen Amtsinhaber, Kopper (Deutsche Bank), gebilligt worden, scheiterte dann aber im Aufsichtsrat selbst. Reuters Abgang aus der Wirtschaft endete mit einem Eklat, als er Kopper öffentlich
an dessen Zusage des Aufsichtsratsvorsitzes erinnerte («Ich habe das
Wort von Herrn Kopper»), obwohl ihm die Ablehnung durch den Aufsichtsrat selbst bekannt war. Allerdings darf Reuter dennoch Mitglied
des Aufsichtsrats der Daimler-Benz AG werden. Der Nobelpreisträger
Gerd Binnig wird für ihn seinen Platz räumen. [16]

Wie weit verbreitet «tödliche» Karriereknicks sind, kann selbstverständlich aus unseren Daten nicht geschlossen werden. Hierzu hätten wir die
Gesamtheit aller befragen müssen, die mit solchen Widrigkeiten in ihrer
Karriere zurechtkommen mußten. Wenn es aber einen Knick in der Karriere gab, dann lassen sich für den weiteren Verlauf bei dieser Minderheit
unserer Befragten keine Auffälligkeiten mehr orten.

Unter Managern ist die Vorstellung verbreitet, daß für den Aufstieg
drei Faktoren eine entscheidende Rolle spielen:

● Zuerst wird der spätere Topmanager zum Hoffnungsträger, im Business-Deutschland «Potential» genannt.

Treffen sich der Noch-Daimler-Chef Edzard Reuter und der von ihm unsanft abgehalfterte Vorgänger Werner Breitschwerdt. ‹Wenn ich nicht so schwach gewesen
und nicht abgesägt worden wäre›, frotzelt der bescheidene Autoingenieur Breitschwerdt, ‹hätten wir mehr Gewinne gemacht und stünden heute sogar noch besser
als früher da.› – Fragt Reuter: ‹Wie das?› – Und Breitschwerdt entgegnet: ‹Wir
wären einfach dabeigeblieben, die besten Autos der Welt zu bauen.› – Darauf Reuter: ‹Das hätte ja jeder gekonnt.›»

14 «Der Zögling übernimmt». Der Spiegel, 21. 3. 1994
15 «Wenn wir so weitermachen, schlittern wir in die Krise. Mit Edzard Reuter, der in
   Kürze die Konzernleitung an seinen Nachfolger Jürgen Schrempp abgibt, sprach
   Peter Schmalz». Die Welt, 13. 3. 1995, S. 9
16 «Ein Platz für Reuter». FAZ, 28. 3. 1995

Firmen wie BMW halten die «Potentials» in einem Pool, der firmenintern als «Goldfischteich» verspottet wird. Im Durchschnitt kommt ein Hoffnungsträger mit 30 Jahren in so eine Wartestellung, wobei für die Mehrheit ein Alter von nur 27 Jahren als Untergrenze der Spannweite und ein Alter von 32 Jahren als Obergrenze ermittelt wurde. Die Spannweite beträgt also lediglich fünf Jahre – was als eine hohe Standardisierung dieses Stufenprozesses zu deuten ist.

Für die Auswahl als «Potential» ist wichtigster Grund die Ausbildung, gefolgt in einigem Abstand von Fleiß sowie Initiative und Durchsetzungsvermögen. Die soziale Herkunft soll fast keine Rolle spielen und – im Gegensatz zu später angeführten Ergebnissen – der Zufall nur eine geringe. Wichtig sind dagegen unternehmensinterne Gründe, nicht zuletzt der Umstand, daß zu einem gegebenen Zeitpunkt spätere Führungskräfte gesucht wurden.

● Der zweite Karrierefaktor ist das Übertragen einer Herausforderung, im Business-Deutsch «Challenge» genannt.

Nur sechs Prozent der Topmanager verneinten, daß sie einer solchen Herausforderung ausgesetzt waren. Am häufigsten gab es nach den Berichten über die eigene Karriere eine Gelegenheit, die Fähigkeit zum selbständigen Arbeiten zu beweisen. Ungefähr gleichgewichtig wurden als Aufgaben Sanierung, Reorganisation und Neuaufbau genannt. Leistung war durchweg auch in Konkurrenz zu anderen «Hoffnungsträgern» zu erbringen. Meist waren es zwei bis fünf «Potentials», die gleichzeitig auf ihre Chance zur Bewährung warteten oder sich an dieser versuchten. Die Werte über die Größe dieses Pools schwanken sehr stark, bei einem Mittelwert (Median) von vier Mitbewerbern. Nur 18 Prozent berichteten, während ihrer Zeit als Hoffnungsträger ohne Konkurrenz gewesen zu sein.

● Als dritter Karrierefaktor gilt, daß sich der zukünftigen Führungskraft ein «Mentor» zuwendet.

Etwa gleich häufig gibt es einen oder mehrere Mentoren. Allerdings wird auch in 40 Prozent der Fälle mitgeteilt, man sei ohne Mentor nach vorn gekommen – eine Zahl, die wir in dieser Größenordnung nicht erwartet hatten. Mentor – das ist in den weitaus meisten Fällen der Vorstand, gefolgt vom unmittelbaren Vorgesetzten. Die Eigner des Unternehmens bzw. Unternehmer aus anderen Firmen spielen als Karriereförderer eine untergeordnete Rolle.

Schließlich gibt es auch in der Wirtschaft gegenseitige Hilfe nach dem Motto «Wir kennen uns, wir helfen uns» (Kölsche Definition für einen Klüngelskreis). Ein Drittel der uns Antwortenden berichtete von einem solchen «Unterstützungsnetzwerk».

Wir vermuteten einen Zusammenhang zwischen der Höhe der schließlich erreichten Position und der frühen Rekrutierung als «Potential». Diesen Zusammenhang gibt es: 56 Prozent der Vorstandsvorsitzenden wurden bereits im Alter von 28 Jahren und früher zu «Potentials», während es bei den Vorstandsmitgliedern nur 34 Prozent waren. Es gibt sie also durchaus, die «Wunderkinder» auf dem Weg nach ganz oben. Sie sind in den Toppositionen sogar deutlich überrepräsentiert, aber die Mehrzahl derer in Toppositionen war dennoch kein «Wunderkind». Entsprechend ist die Korrelation zwischen dem Alter, in dem ein «Potential» ausgeguckt wird, und der schließlichen Höhe der Position schwach.

Einen weiteren Zusammenhang vermuteten wir zwischen der Auswahl als Wunderkind und der Kürze der Karriere. Das bestätigte sich aber nur bei den wirklichen Wunderkindern: «Potentials», die bereits im Alter von 20 bis 25 Jahren in diesen Pool gelangt sind. Insgesamt war die Korrelation ein wenig stärker als die im vorigen Absatz erörterte für den Zusammenhang zwischen der Höhe der schließlich erreichten Position und dem Alter bei der Auswahl.

Mit Mentor sollte man eigentlich schneller nach oben kommen als ohne. Und hier gab es in der Tat einen signifikanten Zusammenhang. 50 Prozent derer ohne Mentor hatten lange Karrierewege, während bei Hilfe von zwei und mehr Mentoren sogar Direktbeförderung in höchste Leitungspositionen nicht so selten waren. Hilfreich sollte auch die Zugehörigkeit zu einem Unterstützungsnetzwerk sein. Auch das trifft zu. Aber quantitativ macht beides letztlich einen geringeren Unterschied als erwartet. Helfen Mentor und Clique beide mit, verkürzt sich der Karriereweg im Schnitt um gerade mal zwei Jahre – etwa bei zehn Prozent.

Ein Vergleich mit Spitzenkarrieren in der Politik ergibt Ähnlichkeiten und Verschiedenheiten. Die Häufigkeit, mit der Karrieren durch Unterstützungsnetzwerke und Mentoren gesteuert wurden, ist in der Politik größer. Ähnlich ist jedoch die Struktur: Karrieren nur aus Eigeninitiative und gar in unaufgeforderter Konkurrenz sind für das Führungspersonal in Deutschland eher die Ausnahme. In diesem Land soll eine Führungskraft (und nicht nur diese) sich an einer Aufgabe bewähren und nicht in unmittelbarer Konkurrenz.

Bei der Frage, welchen Herausforderungen man zur Bewährung ausgesetzt war, wurde von den befragten Managern die Entsendung ins Ausland selten, nämlich nur in sechs Prozent der Fälle genannt. Die eigenen internationalen Erfahrungen waren dann aber tatsächlich bei fast der Hälfte für das Hochkommen essentiell; nur bei einer kleinen Minderheit waren sie völlig unwichtig. Angesichts der hohen Exportorientierung der deutschen Wirtschaft wäre jedes andere Ergebnis verblüffend.

Zu einem ähnlichen Ergebnis kam eine Umfrage des Instituts für interkulturelles Management im Jahre 1991 bei 300 deutschen Großunternehmen. Gerade knapp neun Prozent der befragten Topmanager hielten Auslandserfahrungen für ein absolutes Muß in der Karriereplanung. Mehr als ein Drittel (36%) der Manager auf der obersten Führungsebene hatte aber zeitweilig im Ausland gearbeitet. Dagegen war es die Soll-Vorgabe der befragten Großunternehmen gewesen, bis zum Befragungsjahr die Zahl ihrer leitenden Mitarbeiter mit Auslandserfahrungen auf 50 Prozent zu erhöhen: denn nur so seien sie auf Dauer auf den internationalen Märkten wettbewerbsfähig.[17] So schließen wir, daß die Auslandserfahrung in der Karrierephilosophie des Exportlandes Deutschland als Bestimmungsgröße unklar geblieben ist.

In unserer früheren Untersuchung in den sechziger Jahren war der Eindruck vorherrschend, daß deutsche Wirtschaftsführer selten ihre Branche wechseln. Insbesondere im Vergleich zu den USA gelten Karrieren in Deutschland als ruhig.

▶ Ein Beispiel bietet *Eberhard von Kuenheim*: Er wechselte nur einmal die Besitzergruppe von Firmen und machte eine Traumkarriere: zuletzt Vorstandsvorsitzender von BMW, Mehrfachaufsichtsrat erlesener Firmen, Mehrfachsenator, zweimal Ehrendoktor. Sein Nachfolger *Bernd Pischetsrieder* kann sogar auf eine Karriere ohne jeden Firmenwechsel verweisen. Schon sein Studium wählte er nicht nach seiner Neigung für Mathematik und Physik, sondern entschied sich «just deswegen für Maschinenbau, nachdem dieses mir der geradlinigste Weg zum Unternehmertum erschien». Mit 25 Jahren begann er bei BMW als Fertigungsplaner, der die Fließbandarbeit mit der Stoppuhr organisierte, arbeitete sich in den unterschiedlichsten Abteilungen zum Leiter hoch, erwarb in Süd-

17 «Auslandsmüde Manager». iwd, 9. 3. 1995, S. 4

afrika das Allroundwissen eines Generalisten und entschied sich bei seiner Rückkehr in das BMW-Stammwerk für eine Position, die ihm die Nähe zu von Kuenheim sicherte.[18]

Die Entwicklung von BMW selbst ist ein Beleg dafür, daß durch die ruhige Art einer Konzernleitung selbst in Zeiten der Rezession – in denen wichtige Konkurrenten wie VW und Daimler-Benz in erhebliche Schwierigkeiten geraten waren – das eigene Unternehmen erfolgreich bleiben kann. 1994 beispielsweise steigerte BMW seinen Umsatz um zehn Prozent, unter Einbeziehung der britischen Neuerwerbung Rover sogar um 45 Prozent. Die Gewinne pro Aktie stiegen von 37,10 DM in 1993 um 5,30 DM = 14,3 Prozent auf 42,40 DM in 1994.[19] BMW war zudem in der Lage, die Entwicklung und Fertigung neuer BMW-Modelle und die Investitionen für das neuerworbene Triebwerkgeschäft aus den laufenden Einnahmen zu finanzieren.[20]

Zur Prüfung der Frage, wieweit diese Art von Karriere in nur einer Branche verbreitet ist, haben wir unsere 30 Vorgaben zu den einzelnen Branchen im Fragebogen nachträglich in der Auswertung zu zehn Tätigkeitsfeldern verdichtet. Dies ist die Verteilung der ausgewerteten Fragebögen nach dem heutigen Tätigkeitsfeld der Antwortenden:

	Prozent
Verbandswesen	10
Grundstoffproduktion	7
Investitionsgüter	27
Genuß- und Nahrungsmittel	10
Baugewerbe	6
Handel	3
Banken und Versicherungen	22
Dienstleistungen	6
Wissenschaft und Bildung	3
Andere außerwirtschaftliche Tätigkeiten	6

18 «Bernd Pischetsrieder: Marathon-Mann. Wirtschaftswoche-Mitarbeiter Peter Seewald über den Vorstandsvorsitzenden der Bayerischen Motorenwerke AG». Wirtschaftswoche Nr. 14/1995 (30. 3.1995)
19 «‹Zusammenarbeit mit Rover birgt noch viele Reserven›». BMW AG / Pischetsrieder setzt auf langfristig gute Erträge». Handelsblatt, 31. 3. / 1. 4. 1995, S. 19
20 «BMW in einer neuen Dimension / ‹Bestens gelungene Rover-Integrierung›». Neue Zürcher Zeitung, 31. 3. 1995

Entweder war der Eindruck Mitte der sechziger Jahre verzerrt, oder die Gebräuche sind andere geworden. Auch heute ist in 61 Prozent der Fälle eine Karriere über mehrere Stufen hinweg eine Art «Laufbahn» in der gleichen Branche. Jedoch immerhin 39 Prozent der Führungskräfte wechselten ihr Tätigkeitsfeld.

Die höchste Konstanz mit mindestens drei Vierteln der Personen ergab sich – in dieser Reihenfolge – bei den folgenden Branchen:

- Baugewerbe,
- Banken und Versicherungen,
- Investitionsgüter und
- Nahrungs- und Genußmittel.

In den folgenden Branchen wechselten Führungskräfte ihr Tätigkeitsfeld in drei Vierteln der Fälle oder mehr:

- Grundstoffproduktion,
- Dienstleistungen,
- Wissenschaft und Bildung sowie
- außerwirtschaftliche Tätigkeiten.

Ein Gleichgewicht zwischen Kontinuität und Wechsel beobachteten wir bei dem Führungspersonal, das in Verbänden und im Handel seine Karriere begann.

Vielleicht gibt es eine Regelmäßigkeit: Zu Beginn der Karriere scheint Fachwissen viel wichtiger als auf den höheren Stufen der Firmenhierarchien. So auch die *FAZ* am 2. 1. 95: «Je höher er [Anm.: ein Manager] in einer Unternehmenshierarchie steht, desto stärker tritt seine Fachkompetenz hinter der Führungskompetenz zurück.» Im Selbstverständnis der Führungskräfte wird diese frühe Bedeutung des Fachwissens auch dann noch erinnert, wenn die schließlich erreichte Position ganz andere Prioritäten aufweist. So kann man sich vielleicht das besondere Selbstverständnis deutscher Führungskräfte erklären – übrigens auch in anderen Lebensbereichen –, nämlich daß ihre hohe Stellung durch Fachwissen gerechtfertigt ist.

Es spricht für Realismus bei der eigenen Bewertung des Karriereverlaufs, daß über drei Viertel bekennen, anderen Menschen für die Karriere persönlich Dank zu schulden. Am häufigsten wird dabei der damalige Vorstandsvorsitzende genannt. Erst dann – oder bereits dann – wird der Ehepartner erwähnt. Alle anderen Kategorien von Menschen, denen dieser Dank geschuldet wird, erweisen sich als quantitativ weniger bedeutsam. Zugleich bekennt aber auch ein Drittel der Manager, zu einem Personenkreis zu gehören, in dem man sich gegenseitig nach oben half. Neben den erwähnten individuellen Eigenschaften, den betrieblichen Umständen sowie der Hilfe durch Vorgesetzte und Mentoren ist das persönliche Umfeld offensichtlich mitentscheidend für große Karrieren.

Wichtig für die Karriere sollte nicht zuletzt das Ressort sein. Früher galt in Deutschland eine Karriere (je nach Branche) über Produktion oder Rechnungswesen als leichter; auch die Rechtsabteilung galt als förderlich. Solche Regelmäßigkeiten waren in unserem Material nur sehr schwach erkennbar, wobei Marketing mit Rechnungswesen vor Produktion und diese drei vor allen anderen Ressorts rangierten – aber eben nur sehr schwach ausgeprägt. *Business Week* berichtet dagegen für die 1000 Spitzenmanager der USA anderes: Das Rechnungswesen als Karrierefeld für COEs (Terminus für Corporate Elite) führte mit 40 Prozent vor Marketing mit 21 Prozent.

Über den ganzen Karriereweg hinweg betrachtet gibt es keine weiteren Einheitlichkeiten, die sich in Großgruppen beschreiben ließen. Die Kombinationsmöglichkeiten kommen in der Praxis fast alle auch tatsächlich vor – ein ungewöhnlicher Sachverhalt. Wenn sich viele allgemeine Bestimmungsgrößen in einer umfänglichen Auswertung als wenig durchschlagskräftig erwiesen, dann ist die eigentliche Botschaft: Persönliche Eigenschaften der Führungskraft sind schließlich wichtiger als das soziale Umfeld. Das sollten zehn Vorgaben messen, die wir den Managern für ihr Urteil darüber machten, was für den Aufstieg in eine Topposition allgemein wichtig sein kann. Die folgende Grafik (nächste Seite) zeigt die Reihenfolge, mit der die verschiedenen Eigenschaften genannt wurden, die für den Aufstieg bestimmend sein könnten.

Es gibt demnach Eigenschaften, bei denen sich über 80 Prozent der Führungskräfte einig sind, daß sie karrierefördernd sind:
● Fleiß an erster Stelle, gefolgt von
● Eigeninitiative und
● Bildung.

Intelligenz gehört mit 71 Prozent der Nennungen übrigens nicht zu dieser Spitzengruppe der Eigenschaften, über deren Bedeutung sich die Topmanager einig sind. Umgekehrt gibt es ein hohes Maß an Übereinstimmung, daß Faktoren unbedeutend sind. Dazu gehört in erster Linie Opportunismus, gefolgt von eigenem materiellen Vermögen und guten

	Prozent
Leistung, Fleiß – genannt von	92
Eigeninitiative und Durchsetzungsvermögen –	86
Bildung und Ausbildung –	82
Intelligenz und Begabung –	71
Aber auch:	
Zufall, Glück –	48
Alle anderen Umstände wurden selten genannt:	
Beziehungen, Protektionismus –	11
Politische Verbindungen –	5
Geld, Vermögen –	4
Opportunismus und Rücksichtslosigkeit –	1

Verbindungen. Über die Karriereförderlichkeit von Protektion und sozialer Herkunft sind sich die Führungskräfte weniger einig; eine Mehrheit meint: «nicht».

▶ Beziehungen, Protektion, politische Verbindungen – das sind gleichwohl die Wurzeln für den wohl beispiellosen Aufstieg von *Friedel Neuber*, dessen Karriere innerhalb der SPD begann. Sehr jung trat er der Jugendorganisation «Die Falken» bei. Als 22jähriger wurde er Juso-Vorsitzender in Duisburg-Rheinhausen. Mit 27 Jahren saß er im Landtag von Nordrhein-Westfalen. 1975 schied er aus dem Landtag aus, blieb aber bis 1982 Kommunalpolitiker in Duisburg. Beruflich startete er als Buchhalter und Revisor bei einer der Krupp-Firmen. Bereits 1964 war Neuber in die Aufsichtsgremien einer Sparkasse eingezogen – ein Ehrenamt, das die fünf Jahre später erfolgte Berufung zum Präsidenten des Rheinischen Sparkassen- und Giroverbandes erlaubte und ihm die Grundlage für seinen Aufstieg im Kreditwesen schuf. Für die Bankenaufsicht galten diese Präsidenten als Funktionäre, die kaum die nötigen Kenntnisse für den Bankenvorstand mitbringen.[21] Durch die SPD wurde Neuber dann aber zum Chef der WestLB. Unwidersprochen attestierte ihm *Der Spiegel* damals, daß er «vom Bankmanagement recht wenig, von

---

21 «‹Friedel, was machst du da?› Spiegel-Redakteur Dietmar Hawranek über die Machtpolitik der WestLB und ihres Chefs Friedel Neuber». Der Spiegel, 28. 9. 1992

politischer Kungelei um so mehr versteht»[22]. Und die *Süddeutsche Zeitung* kommentierte, daß die Karriere von Friedel Neuber «auf Filz geschrieben sei»[23].

Von den zehn Eigenschaften, deren Bedeutung für Karrieren wir erfragten, gibt es nur eine, bei der die Meinung wirklich gespalten ist: 48 Prozent halten Glück für mitentscheidend, 53 Prozent lehnen Glück als bestimmend für die Karriere von Topmanagern ab.

Fazit: Es herrscht weitestgehende Einigkeit, daß Faktoren, in denen sich persönliche Leistungskraft ausdrückt, entscheidend für den Aufstieg sind und daß eher politisches Können wenig Bedeutung hat: Ein schmeichelhaftes Selbstbild als Leistungselite, das aus diesen Antworten abgeleitet werden kann. Bei aller Betonung der Leistung wird aber auch zugegeben, daß der Tüchtige Glück haben muß.

22 Der Spiegel: «Der richtige Mann». 20. 7. 1981
23 Süddeutsche Zeitung, 18. 7. 1981

Wie Manager Führungsqualitäten beurteilen

Die deutsche Wirtschaft wird nach unserer Erhebung von Vorständen geführt, die durchweg Angestellte und eben nicht die «Kapitalisten» sind. Diese selbstbewußten Vorstände haben Respekt vor der Führungsqualität, die in Großbetrieben anzutreffen sei – haben also Respekt vor sich selbst. Am häufigsten gibt man sich in Sachen Führungsqualität eine Note zwischen «gut» und «sehr gut». Immerhin sind es 25 Prozent der Antwortenden, die den Vorständen lediglich die Note «befriedigend» zuerkennen. Richtig schlecht finden die Führungsqualitäten nur 3,6 Prozent.

Es spricht für die Objektivität der Urteile, daß unsere Untersuchung nur eine schwache Beziehung zwischen der Höhe der eigenen Position und der Beurteilung der Führungsqualität ausweist. Mit Ausnahme der Vorstände und Vorstandsvorsitzenden streuen die Werte über alle Positionen der angebotenen Skala. Die Vorstandsvorsitzenden beurteilen dabei die Führungsqualität in Großbetrieben um eine ganze Rangstufe skeptischer, als es die Vorstandsmitglieder tun.

Die Wirtschaftsführer stellen sich selbst also die besten Zensuren über die Führungsqualität aus. Das Urteil erhält eine noch größere Bedeutung in der Gegenüberstellung mit ihren Aussagen über die Führungsqualität in anderen Bereichen in Deutschland. Bei Urteilen über die Bundespolitik streuen die Werte sehr stark: 45 Prozent geben ein positives, 31 Prozent ein negatives Urteil ab. Hier gibt es eine Beziehung mittlerer Stärke zwischen der eigenen Position im Betrieb und dem Urteil über die Qualität in der Politik. Die Geschäftsführer urteilen unfreundlicher als die Vorstandsvorsitzenden und die wieder etwas unfreundlicher als die Vorstände.

Noch deutlich schlechter wird die Führungsqualität bei den Gewerkschaften benotet. Positive und negative Anteile halten sich die Waage, bei immerhin 25 Prozent Urteilen «sehr schlecht».

Die Führungsqualitäten in der Wissenschaft und im kulturellen Bereich werden zwischen den weniger guten Urteilen über Politik und Gewerkschaften und der exzellenten Beurteilung der eigenen Qualität angesiedelt, wobei die Bewertung für den kulturellen Bereich etwas ungünstiger ausfällt.

Allerdings sind das Urteile mit Unterschiedlichkeiten je nach Branche.[24] Die Antworten konnten in sieben Rangstufen ausgedrückt werden, von «exzellent» (+ 3) bis «ganz schlecht» (− 3). Wir berechneten das durchschnittliche Gewicht mit der Rangziffer als Multiplikator, wobei wir eine einfachere Metrik als in den Vorgaben des Fragebogens verwendeten, nämlich eine Zahlenfolge von 1 (exzellent) bis 7 (ganz schlecht).

Branche	Führungsqualität in…				
	Groß-betrieben	Bundes-politik	Gewerk-schaften	Wissen-schaft	Kultur
	(Durchschnittsgewichte)				
Verbandswesen	2,6	3,7	3,6	3,2	2,9
Grundstoffproduktion	2,6	3,2	3,2	2,6	3,4
Investitionsgüter	2,5	4,2	4,9	3,2	3,5
Nahrung und Genuß	2,3	3,5	3,6	3,3	3,8
Baugewerbe	2,6	3,2	3,2	2,4	3,4
Handel	2,7	4,5	5,0	2,8	3,5
Banken und Versicherungen	2,3	3,5	4,6	3,0	3,4
Dienstleistungen	2,4	5,5	4,6	3,7	3,4
Wissenschaft und Bildung	2,0	3,6	3,0	2,3	3,3
Andere außerwirtschaft-liche Tätigkeiten	2,8	3,8	4,6	3,0	3,3

Bei allen Schwankungen im einzelnen ist die allgemeine Botschaft dieser Tabelle eindeutig: Es gibt nach dem Urteil der Manager drei Rangstufen der Führungsqualität in verschiedenen gesellschaftlichen Bereichen. Verglichen mit den vier anderen Führungsgruppen sieht man sich selbst

24 Bei der anschließenden Bewertung unserer Ergebnisse muß berücksichtigt werden, daß die Antwortquote in verschiedenen Branchen unterschiedlich hoch war und daß bereits in der Ausgangsgesamtheit die Branchen sehr unterschiedlich gewichtet waren. Die Unternehmen wurden ja lediglich aufgrund ihrer Größe ausgewählt, und die korreliert selbstverständlich eng mit Branchen. So sind die Zahlen für einige Branchen teilweise ziemlich klein, weshalb wir in der Kommentierung nur größere und konsistente Unterschiede berücksichtigen.

in der Wirtschaft als Lichtgestalten. Darauf folgen die beiden milde-kritisch beurteilten Bereiche Kultur und Wissenschaft – mal ist bei einer Branche das Urteil über die Wissenschaft freundlicher, mal bei einer anderen das über die Kultur, bei insgesamt jedoch sehr ähnlichen Werten. Im Keller der Wertschätzung rangiert die Führung in der Bundespolitik und bei den Gewerkschaften – und wieder ist mal der eine und mal der andere Bereich vorn, bei insgesamt vergleichbarer Geringschätzung.

Bei verschiedenen Fragestellungen und Auswertungsformen wurde mithin also immer wieder der Eindruck bestätigt, daß die wirtschaftliche Führung sich selbst in einem sehr positiven Licht sieht, wobei das Urteil der Manager im Bank- und Versicherungswesen öfters besonders entschieden ausfällt. Das alles fügt sich zusammen zum Bild einer Vorstandselite, die sich selbst als dem Führungspersonal in anderen Bereichen der Gesellschaft deutlich überlegen sieht. Allerdings darf das nicht nur als Selbstgefälligkeit gewertet werden; denn die Manager sind ihrem Arbeitsfeld gegenüber durchaus kritisch.

Wie sie leben

Führungskräfte in der Wirtschaft haben wenig Zeit, arbeiten aber doch nicht ganz so lange, wie dies als Stereotyp vermutet und über andere Führungsgruppen wie Politiker berichtet wird. Ein gegen Extremwerte immuner Mittelwert, der «Median», liegt für die Führungsebene der deutschen Wirtschaft bei insgesamt 65,5 Stunden.[25] Nur ein Viertel arbeitet weniger als 60 Stunden und ein weiteres Viertel mehr als 72 Stunden. Gearbeitet wird durchweg lange Stunden, aber nur selten exzessiv.

Reisen verschlingt viel Zeit. Der Durchschnitt ist acht Stunden pro Woche. Immerhin 25 Prozent der Topführer der Wirtschaft reisen wöchentlich (!) mehr als zehn Stunden. Hier könnten vielleicht wirklich die neuen Kommunikationstechniken Zeit für eigentliche Führungsaufgaben freisetzen. Ebensoviel Zeit wird mit Lesen zugebracht. Mit Lesen und Telefonieren wird auch die Berufsarbeit mit in die Wohnung genommen.

Auch die langen Arbeitszeiten lassen noch Zeit für Gespräche mit Freunden. Nur für sechs Prozent sind diese weniger wichtig. Wichtig sind auch Hobbies. Bei den Freizeitinteressen dominiert der Sport. Sogenannte elitäre Sportarten wie Golf, Reiten oder Tennis sind dabei mit 34 Prozent der Antworten weitaus überdurchschnittlich im Vergleich zur Häufigkeit dieser Sportarten in der Bevölkerung vertreten. Aber mit 63 Prozent herrschen auch in den Führungsetagen die sonst verbreiteten Sportarten vor. Der Anteil der Sporttreibenden liegt weit oberhalb der Prozentsätze in der übrigen Bevölkerung für vergleichbare Altersgruppen.

Der zweite Schwerpunkt der Freizeitinteressen ist musischer Art. Das bedeutet zunächst ein Interesse an Musik, gefolgt von der Literatur und schließlich der darstellenden Kunst. Alle anderen Freizeitinteressen wer-

---

25 Das arithmetische Mittel der Wochenarbeitszeit beträgt 67 Stunden, aber in diesem Fall ist das kein gutes Maß für den Durchschnitt, weil es durch einige Extremwerte verzerrt wird.

den weitaus seltener berichtet – etwas überraschend auch die Familie als Hobby: dies ist sie nur bei 4,3% der Antwortenden.

Freizeitinteressen[26]			
Art der Tätigkeit (Mehrfachnennungen)	Rangziffer	Anteil in Prozent	Gewicht[27]
«Normaler» Sport	1	63	98
Elitärer Sport	2	34	49
Musik	3	25	37
Literatur	4	24	35
Kunst	5	17	25
Reisen	6	12	17
Familie	7	5	7
Wissenschaftliche Betätigung	8	2	4

Noch enger ist nach der Erhebung bei den Top 1000 in den USA die Beziehung amerikanischer Spitzenmanager zum Sport. 32 Prozent betrieben Leistungssport in den Auswahlmannschaften ihrer Hochschulen – überwiegend in Mannschaftssportarten. Zum Manager geworden, konzentriert sich dann aber ihr Interesse auf Elitesportarten – wie bei uns. Das Musische bei uns wird in den USA ersetzt durch Sammeln und Gärtnerei.

Die Frage nach dem Lieblingsbuch sollte uns etwas über den Privatmenschen mitteilen. Bemerkenswert ist die geringe Bedeutung entspannender Literatur, zum Beispiel von Krimis. Bei Romanen überwogen klassische Autoren und aktuelle Übersetzungen amerikanischer Bestseller. Auffällig häufig waren die Spannungsschinken von John Grisham, «Der Klient» und «Die Akte», vertreten. Der einzige zeitgenössische deutsche Romanautor mit mehreren Nennungen war Siegfried Lenz. Aber allgemein herrschten Sachbücher vor: Am beliebtesten waren historische Sujets, gefolgt von Zeitgeschichte und Philosophie.

Bei deutschen Managern geht es ernsthaft zu: Man stellt Ansprüche in

26 Wir hatten mindestens zwei Freizeitinteressen erfragt. Die Ergebnisse lassen sich einmal darstellen als kumulierte Prozentsätze, aber auch als gewichtete Angaben, wobei der Nennung an erster Stelle das Gewicht 2 gegeben wurde. Am durchsichtigsten wird aber das, was oben erwähnt wurde, bei einer Umsetzung der gewichteten Zahlen in Rangziffern. Die sind dann überdies außerordentlich unempfindlich gegenüber eventuellen Verzerrungen der Stichprobe.
27 Nach der Reihenfolge der Nennungen auf eine offene Frage.

der Freizeit, statt Münzen zu sammeln oder Nelken zu züchten wie in den USA – könnte man meinen. Wäre da nicht die gemeinsame Vorliebe für Romanschinken, die ans Gemüt gehen.

Einen Hinweis auf den vorherrschenden traditionellen Charakter der Lebensführung geben die Antworten auf unsere Frage nach der Funktion des Ehepartners – und das ist hier die Ehefrau – im öffentlichen Leben. Nur neun Prozent üben eine solche Funktion aus. Wenn das geschieht, dann sind das in deutlich über der Hälfte der Fälle karitative und kulturelle Aktivitäten – in dieser Reihenfolge. Die Betätigung der Ehefrau in der Öffentlichkeit ist also durchweg nicht mit Gelderwerb gleichzusetzen.

Das alles ist materiell gut abgepolstert. Früher war das Einkommen von Führungskräften ein gehütetes Geheimnis. Heute gibt es eine schon unübersichtliche Vielfalt von Befragungen. Beispielsweise hat der «Verband angestellter Führungskräfte» in Köln 1994 1336 Führungskräfte befragt. Im Bereich Unternehmenssteuerung gab es mit 186000 DM Durchschnitt höhere Gehälter als in der Produktion mit 177000 DM. Richtig gut verdient wird meist erst ab ca. 50 Jahren. Wichtiger aber als das Alter sind selbstverständlich Betriebsgröße und Branche. Aber Gehälter über 350000 DM sind doch recht selten – zumindest nicht häufiger als bei Betrieben im Staatsbesitz und die für Ämterpatronage der Parteien benutzten Spitzenpositionen im öffentlichen Leben.

Der World Wide Total Renumeration Survey ergab, bezogen auf das Jahr 1991, für Deutschland bei der Vergütung von COEs einen Platz im unteren Mittelfeld der internationalen Werte. Mit im Schnitt 364500 Dollar Jahreseinkommen betrug die Relation zwischen der Vergütung der deutschen COEs zu der von Arbeitern 10 : 1. Vergleichsweise betrug diese Relation für italienische Spitzenkräfte 14 : 1, französische und englische 16 : 1 und für die USA 25 : 1.

Selbstverständlich gibt es ausgesprochene Spitzenverdiener, weit jenseits der Zahlen, die hier für das Mittelfeld der Topfirmen berichtet werden. Mark Woessner von Bertelsmann wird auf vier bis sechs Millionen DM geschätzt. Bei Hilmar Kopper von der Deutschen Bank wie auch seinerzeit bei Jens Odewald von der Kaufhof AG spricht man von zwei bis drei Millionen DM. Das ist viel Geld, liegt aber weit unterhalb der Bezüge, die Topverdiener in den Vereinigten Staaten erhalten. Dort ist neben dem vereinbarten Gehalt die «Stock option», die Möglichkeit, zum Vorzugspreis Anteile an der eigenen Firma zu erhalten, finanziell sehr wichtig. Mit Gehalt und Wert der Stock option verdienen in den USA 278

Manager jeweils mehr als eine Million Dollar jährlich. Weit höher sind die Topgehälter in Deutschland im Vergleich zu Japan, wobei die Bezüge der COEs in Japan weitgehend einheitlich sind.

Wie aussagekräftig diese direkten Zahlungen sind, ist fraglich. Angesichts der Spitzensteuersätze gibt es großzügige Nebenleistungen bis hin zu Freundlichkeiten einer ausländischen Tochtergesellschaft für den deutschen Spitzenmanager. Außerdem werden nach Angaben der European Business-School bei mehr als 75 Prozent der Inhaber von Spitzenpositionen auch häufig Geschenke getauscht: edle Weine, Firmenprodukte, Glas/Porzellan – bis hin zu Parfum (nach dem Deutschen Industrieverlag bei immerhin 13 Prozent der Positionen).[28] Alle die Dinge, die Berufspolitikern an Vorteilsnahmen nachgesagt werden, finden sich auch bei Wirtschaftsführern, und damit kann man zum Teil auch das weithin fehlende Unrechtsbewußtsein der Politiker beim Annehmen von Vorteilen erklären.

28 idw, Heft 5/1995

Was sich geändert hat

Ein Vergleich mit früheren Erhebungen – insbesondere unserer eigenen aus dem Jahre 1965/66 – zeigt selbstverständlich Veränderungen. So ist der Akademisierungsgrad deutlich höher geworden. Er scheint jedoch in den letzten 15 Jahren nicht weiter zu steigen, wie aus der Mannheimer Elite-Studie von 1981 geschlossen werden kann. Wirtschaftswissenschaftler sind heute deutlich häufiger in der Spitzenposition anzutreffen. Die wichtigste Veränderung beobachteten wir bei Vorstandsvorsitzenden. Bereits damals fanden wir bei den Vorständen «Laufbahnen». Dagegen waren damals die Karrieren der Vorsitzenden bunter, und öfters fehlte ein Studium: «Selfmademen» waren häufiger. Der Unterschied zwischen Vorstandsmitgliedern und Vorsitzenden ist kleiner geworden.

▶ Den Zug zur Akademisierung in Führungsschichten illustriert der Wechsel im Vorstandsvorsitz beim Gerling-Konzern. Bisher war *Adolf Kracht* Vorstandsvorsitzender, der als Sparkassenlehrling begann. 1991 übertrug ihm Hans Gerling die Aufgabe, den Versicherungskonzern zu reformieren. Unter Kracht wurde die Deutsche Bank Teilhaber Gerlings, mit einem Anteil von 30 Prozent. Inzwischen ist Kracht 60 Jahre alt, legt den Vorstandsvorsitz nieder und wechselt in den Aufsichtsrat. Zugleich wird er der Manager des privaten Vermögens von Rolf Gerling, dem Sohn von Hans Gerling, der sich weigerte, die Nachfolge des verstorbenen Vaters anzutreten. Neuer Chef bei Gerling ist nun mit *Jürgen Zech*, ein studierter Betriebswirt, den Kracht selber als Kronprinzen von der Könischen Rücksicherung holte. Der nur fünf Jahre jüngere Zech war zunächst 1975 Vorstandsmitglied bei der Colonia geworden, bevor er 1986 zur Kölnischen Rück ging, die er ab 1987 leitete. Im Führungsstil soll er die sich jetzt abzeichnende Änderung verkörpern. Galt beispielsweise Jens Odewald als eher ruppig im Umgang mit Untergebenen, so wird Zech nachgesagt, daß er delegiert, motiviert und freundlich ist.[29]

29 «Kracht übergibt Zech die Führung. Wechsel an der Spitze von Gerling Ende 1995 – Kontinuität gesichert». Kölner Stadt-Anzeiger, 25./26.3.1995, S. 9

Die Karrierewege sind kürzer geworden – wahrscheinlich um die acht Jahre. Das Durchschnittsalter ist ebenfalls gesunken, aber nach wie vor ist der größte Teil des Führungspersonals zwischen 50 und 60 Jahre alt. Auch der Wechsel des Arbeitgebers im Verlauf der Karriere hat zugenommen.

Insgesamt aber überwiegen die Ähnlichkeiten. Schon damals waren Frauen kaum anzutreffen. Schon damals gab es an der Spitze weitaus mehr Protestanten als Katholiken. Und schon damals war die Herkunft der Führungspersonen – anders als in England oder Frankreich – geographisch breit gestreut. Wir hatten geschrieben: «In der Bundesrepublik geht berufliche Spezialisierung einem Elite-Status voraus.» Und entsprechend fehlte gewöhnlich eine breitere Lebens- und Berufserfahrung. Das Wechseln der Branche war die große Ausnahme, und eine Tätigkeit in anderen Bereichen zusätzlich zum Hauptberuf wurde gewöhnlich erst nach Erreichen einer Topposition gewählt. Schon damals war das Selbstverständnis das einer Funktionselite, deren hervorgehobener Status durch Leistung begründet ist.

In den wirtschaftlichen Verhältnissen war das Bild bereits damals uneinheitlich. Die Einkommen der Führungskräfte lagen in Deutschland im internationalen Vergleich im unteren Drittel; 1964 waren es im Durchschnitt 170000 DM. Der Abstand zwischen Vorstandsvorsitzendem zu Vorstandsmitgliedern bei der Entlohnung scheint allgemein abgenommen zu haben. Schon damals beobachteten wir: «Je höher das feste Gehalt, um so höher... ist auch der Anteil des variablen Einkommens an den Gesamtbezügen. Entscheidend für die Vorstände sind nicht so sehr die Eigenschaften des Betriebes als die Marktdaten.»

Schon damals beobachteten wir zudem einen prinzipiellen Unterschied zwischen den Verträgen und Leistungen auf der ersten und zweiten Ebene der Betriebshierarchie (Vorstandsvorsitzender und Vorstand), auf denen die Arbeitsaufgaben den Personen angepaßt wurden, und der dritten Ebene, wo für eine feststehende Aufgabe eine Führungskraft gesucht wurde. Schon damals sahen wir im Vorstand der Großunternehmen eine Art Hochadel auf Zeit, der durch gut erkennbare Attribute abgehoben ist. Bereits vor 30 Jahren gehörte zu diesen Attributen zentral der Dienstwagen mit Chauffeur auch für Privates. Noch stärker als damals – 1965 – kommt dieser wirtschaftliche Hochadel auf Zeit heute aus dem Milieu gehobener Angestellter. Aufstieg war schon damals sehr viel häufiger als das Vererben eines hohen Status auf den Sohn (Töchter in hohen beruflichen Stellungen kommen ja kaum vor); heute ist Aufstieg der Regelfall.

▶ Bunte Karrieren farbiger Persönlichkeiten gibt es auch heute noch – aber als Sonderfall. Ein solcher war *Jens Odewald,* über den Mitte März 1995 bekanntgegeben wurde, daß er zum 31. März – vier Jahre vor Vertragsablauf – den Vorsitz des Vorstandes der Kaufhof AG niederlegt. Odewald – Jahrgang 1940 – hatte bei der Esso AG begonnen und brachte es dort zum «Potential». Mit 34 Jahren war er Generalbevollmächtigter des Speditionsunternehmens Kühne & Nagel. Als Seiteneinsteiger wurde der damals 39jährige 1979 Vorstandsmitglied bei der Kaufhof AG. Dort betrieb er vor allem die Ausdehnung des Geschäfts in Fachmärkten. Sechs Jahre später war er zum Vorstandsvorsitzenden aufgestiegen.

Seit dieser Zeit sah man in Odewald einen der politisch einflußreichsten Wirtschaftsführer der Bundesrepublik. Er ist CDU-Mitglied und gilt als Freund des Kanzlers Helmut Kohl. So überraschte nicht, daß er 1990 der erste Mann im Verwaltungsrat der Treuhand wurde – damals der weltgrößten Industrieholding. Das allerdings führte zu Reibungen mit dem Chef der Metro und Aufsichtsratsvorsitzenden der Kaufhof Holding AG, Erwin Conradi.

Der Manager Odewald galt als erfolgreich. Bei seiner Übernahme des Vorstandsvorsitzes 1985 verbuchte der Kaufhof-Konzern einen Umsatz von 8,5 Milliarden DM. 1993 war er auf 23 Milliarden DM angewachsen. Eine erste schlimme Fehlentscheidung hatte Odewald dann aber 1989 zu verantworten. Im Schnellverfahren erwarb die Konzernspitze die Mehrheit des Werbeartikelversenders Oppermann zum vermeintlichen Superpreis von 338 Millionen DM, der sich dann aber als weit überhöht erwies. Eine Klage Odewalds vor dem Hamburger Landgericht wegen arglistiger Täuschung und auf Zahlung von Schadenersatz durch den früheren Eigentümer Jürgen Oppermann ging verloren. Günter Ogger führte Odewald wegen diesen Mißgriffs bereits in seinem 1992 erschienenen Buch «Nieten in Nadelstreifen – Deutschlands Manager im Zwielicht» als «Mißmanager» vor. Ogger: «Selten ließ sich ein Konzernchef so blamabel über den Tisch ziehen wie der Kanzlerberater.»[30]. 1994 gab es dann noch einen Verlust von 6,5 Prozent im Warenhausgeschäft. Conradi, der Odewald bereits 1993 zum Ausscheiden aus dem Verwaltungs-

30 Günter Ogger: «Nieten in Nadelstreifen. Deutschlands Manager im Zwielicht». München 1992, S. 179–180

rat der Treuhand bewogen haben soll, soll nun Odewald dafür verantwortlich gemacht haben, durch sein Engagement für Fachmärkte die Stagnation im Warenhausbereich bewirkt zu haben. Diese Fachmärkte haben inzwischen einen größeren Umsatz als die Warenhäuser. Nicht zuletzt war Odewald verantwortlich für eine Anzahl weiterer Erwerbungen, die verlustreich wurden. So nmußte auf dem vielversprechenden Reisemarkt die Schweizer Firma Kuoni zurückgegeben und ITS an REWE verkauft werden. Von heute auf morgen wurde Odewald abberufen. Es wird aber bei einem so hoch aufgestiegenen Manager keinen wirklichen Absturz geben; Odewald dürfte in den Aufsichtsrat wechseln.[31]

Werner H. Dieter, Chef von Mannesmann, war Mitte des Jahres 1994 beschuldigt worden, eine Kooperation zwischen Mannesmann und eigenen Privatfirmen zum Nutzen der letzteren betrieben zu haben.[32] Das machte es für den Aufsichtsratsvorsitzenden F. Wilhelm Christians notwendig, dieses Amt bei Mannesmann gegen seine Absichten weiter zu behalten, das Dieter nach seinem Ausscheiden aus dem Vorstand übernehmen wollte. Dieter wurde zwar in den Aufsichtsrat gewählt; Nachfolger Christians im Vorsitz wurde später aber Hilmar Kopper. Zwischenzeitlich hat Dieter sein Mandat allerdings niedergelegt.[33]

Mit unserem heutigen Ansatz nicht prüfbar ist die Kontinuität einer vor 30 Jahren wichtigen Eigenschaft der Führungsstruktur. Reichtum und Macht sowie formelle Position und Einfluß fielen schon damals nur teilweise zusammen. Es gab eine größere Zahl grauer Eminenzen, die bei einer Auswahl von Befragten nach Positionen selbstverständlich im dunkeln bleiben. Es wäre verwunderlich, wenn dieser Teil der Einflußelite verschwunden wäre. Wir hatten in ihm eine deutsche Struktureigenschaft gesehen, und in Untersuchungen der Spitzenbürokraten sind auch weiterhin wichtige graue Eminenzen ausgemacht worden.

31 Ingrid Herden: «Kaufhof-Chef Odewald tritt ab. Nach Unstimmigkeiten mit dem Mehrheitseigner Metro künftig im Aufsichtsrat». Kölner Stadt-Anzeiger, 23. 3. 1995, S. 35; «Jens Odewald legt Vorstandsvorsitz nieder. Unterschiedliche Auffassungen über künftige Geschäftspolitik». FAZ, 23. 3. 1995, S. 20
32 «Der Fall Mannesmann. Selbstbedienung in der Chefetage». Der Spiegel, 13. 6. 1994
33 «Mannesmann beendet Führungskrise». Kölner Stadt-Anzeiger, 6. / 7. 5. 1995, S. 9

Ursula Hoffmann-Lange hat bei ihrer Untersuchung der deutschen Eliten insgesamt einen inneren Einflußzirkel von 559 Personen gezählt.[34] In diesem inneren Kreis vertreten zwölf Prozent Unternehmen und acht Prozent Wirtschaftsverbände. Der Anteil der Wirtschaftler steigt etwas, wenn die Elite auch jenseits dieses innersten Zirkels untersucht wird: dann sind es 23 Prozent. Diese begrenzte Bedeutung der Wirtschaft fanden wir auch schon 1965. Allerdings gab es damals eine größere Zahl von Personen, die in der informierten Öffentlichkeit als Mitregenten dieser Republik angesehen wurden: Siegfried Balke, Karl Winnacker, Julius Speer, Ludwig Raiser, Hans Leussink und selbstverständlich Hermann Josef Abs. Heute gibt es kein breites Feld solcher Figuren.

In der Spitzenetage des Einflusses war die Ämterhäufung 1965 eher noch häufiger als heute. Vor der «Lex Abs», durch die der Bundestag die Ämterhäufung einschränkte, hatten 186 Manager 2881 Positionen in Aufsichtsräten und Vorständen deutscher Aktiengesellschaften. Die 200 Manager von Großbanken besetzten 965, Vertreter von Kreditinstituten insgesamt 3523 Spitzenpositionen. Nach Max Kruck waren damals 738 Positionen als Vorsitzender des Aufsichtsrates zu vergeben, Banken nahmen sich 354 davon. Wie wir noch zeigen werden, sind diese Ämterhäufung (wenn auch in vermindertem Umfang) und die Zentralität der Finanzinstitutionen immer noch ein Charakteristikum in der Wirtschaft.

34 Ursula Hoffmann-Lange: «Eliten, Macht und Konflikt in der Bundesrepublik». Opladen 1992

Wie sie arbeiten

Berufsarbeit – das bedeutet für Manager überwiegend Arbeiten im Betrieb. Obwohl auf dieser Ebene keine Präsenzpflicht besteht, wird doppelt solange im Betrieb gearbeitet wie außerhalb. Zwei Arten von Tätigkeiten erfordern die meiste Zeit: Konferenzen und persönliche Gespräche mit jeweils etwa zehn Stunden, wobei allerdings die Streuung nach oben, also zu mehr Stunden hin, sehr ausgeprägt ist. Das entspricht fast der Hälfte der Arbeitszeit, die im eigenen Betrieb verbracht wird. Allerdings sind hier die Unterschiede zwischen den Führungskräften außerordentlich groß – so groß, daß der Durchschnitt fast keine Aussage zuläßt. Es gibt keinen Standard-Arbeitsablauf, nicht einmal einen überwiegenden Typus.

Die Welt der Spitzenmanager ist von einer sehr mündlichen Kultur geprägt, und dieser Eindruck wird noch bestätigt durch die Angaben über den Zeitaufwand für Telefonate. Fünf Stunden die Woche ist der Schnitt, aber 25 Prozent der Manager telefonieren mehr als acht Stunden. Die Werte erhalten ihre besondere Aussagekraft, wenn sie verglichen werden mit der Angabe, wieviel Zeit mit dem eigenen Sekretariat verbracht wird. Entgegen unseren Erwartungen werden im Schnitt nur fünf Stunden in der Woche mit dem Sekretariat gearbeitet, allerdings wiederum mit einer sehr großen Streuung nach oben und unten. Daraus ist nicht nur zu schließen, daß verbreitete Bilder, wonach die Firmenleitung vor allen Dingen mit dem Sekretariat beschäftigt ist, unrichtig sind. Beachtlicher ist die Schlußfolgerung: Die Routine im Leben eines Managers wird von sehr selbständigen Sekretariaten organisiert.

Diese Sekretariate sind aber nicht sehr groß. Mehr als die Hälfte hat selbst auf dieser Führungsebene nur eine Sekretärin. Lediglich 25 Prozent berichten von einem mit zwei Personen besetzten Sekretariat. Auch die Größe des unmittelbar zuarbeitenden Stabes ist begrenzt. Im Schnitt verfügt der Topmanager über einen unmittelbaren Assistenten, und wiederum sind es nur 25 Prozent, die zwei und mehr Assistenten als Hilfe haben. Allgemeine Schlußfolgerung: Im Vordergrund der Arbeit im Betrieb stehen Gespräche mit anderen Führungskräften und Konferenzen.

Die Routinearbeiten werden durch kleine Sekretariate erledigt, und die Zahl der Zuarbeitenden ist bemerkenswert begrenzt.

Daß neben den Reisen fünf Stunden im Schnitt für Gespräche außerhalb des Büros verwandt werden, ist nicht überraschend. Eher verwundert, daß es nicht mehr Zeit ist.

Außerhalb des Betriebes gibt es ganz wenige Kontakte mit dem Sekretariat, und auch das Telefonieren ist mit einem Durchschnitt von einer Stunde in der Woche so begrenzt, daß eine weitgehende Trennung von Arbeit und Privatleben vermutet werden darf. Wahrscheinlich wird der Betrieb aber über das Lesen mit nach Hause genommen. Insgesamt verbringen die Führungskräfte mit Lesen im Schnitt neun Stunden in der Woche – davon etwas mehr im Betrieb als zu Hause.

Diese Beschreibung hat wenig gemein mit dem Bild einer enormen Hektik der Existenz, bei der die Arbeit das Privatleben verschlingt. Nach unseren Erhebungen bei den Führungsschichten gibt es allerdings eine Berufsgruppe, bei der dieses Bild des Managers in der Realität vorfindbar ist: Atemlose Hektik, fortwährendes Taktieren und Verhandeln bei verwaschenen Grenzen zwischen Privatleben und Beruf – das ist kennzeichnend für Berufspolitiker. Manager sind da im Schnitt anders. Es mag zwar vermutet werden, daß die Manager, die uns nicht antworteten, eher zu den hektisch-atemlosen Führungskräften gehören; aber die Art der Absagen trägt diese Vermutung nicht. Man war einfach befragungsmüde und nicht in erster Linie zeitlich überlastet.

Eine große Minderheit der Spitzenmanager ist sehr außenweltbezogen. Deutsche Spitzenmanager sind häufig nicht nur der Kanzler ihrer Betriebe, sondern mit einem hohen Anteil an Zeit, während derer sie außerhalb des Betriebes tätig sind, auch deren Außenminister.

In der Untersuchung für den Bertelsmann-Verlag war noch 1987 eine partnerschaftlich geprägte Unternehmenskultur als wünschenswert beschrieben worden, in der Kommunikation und die Fähigkeit zur Überzeugung als Führungseigenschaften zentral sind. Die Zeitbudgets vieler Manager, die uns antworteten, würden einem solchen Führungsstil entsprechen. Vom neuen BMW-Chef Bernd Pischetsrieder heißt es beispielsweise, daß er keine Zeit habe, Zeitungen zu lesen und auch kaum Briefe schreibe. Nach seinem Verständnis sind alle Probleme letztlich Personalprobleme, die man löst, indem man möglichst viel Zeit für persönliche Gespräche hat. Er nennt dies «Management bei walking around technique». Sein Ziel ist es, die BMW-Belegschaft «in eine neue Gemeinschaft zu bringen». Bei einigen seiner Kollegen auf der Chefetage stößt er allerdings auf wenig Gegenliebe, wenn sie neuerdings zu Themen wie «Änderung des persönlichen Verhaltens» in Workshops kommunizieren müssen.[35]

Daß Bedarf an «Änderung des persönlichen Verhaltens» in den Unternehmensführungen besteht, was nach Fallstudien evident ist, wird auch durch eine neue quantitative Untersuchung gestützt. Winfried Panse von der Kölner Fachhochschule machte mit einem Team von Betriebswissenschaftlern und Soziologen ein verbreitetes Duckmäusertum aus. Gefragt wurde:

«Müssen Sie Nachteile befürchten, wenn Sie in der Firma offen Ihre Meinung sagen?»		
	Firma insgesamt (in Prozent)	Führungskräfte (in Prozent)
Nein	15	15
Ja, etwas	43	33
Stark	21	33
Sehr stark	21	19

52 Prozent der Führungskräfte sollen nach dieser Untersuchung «starke» oder «sehr starke» Nachteile aufgrund offener Meinungsäußerungen erfahren oder befürchten. Panse glaubt, aus lähmender Angst am Arbeitsplatz finanzielle Nachteile für die Wirtschaft in der Größenordnung von 100 Milliarden DM pro Jahr ableiten zu können.[36] Bei aller Kollegialität im Vorstand dürfte gegenüber den nachfolgenden Führungsebenen ein Stil vorherrschen, der unbefangene Diskussionen nicht ermutigt. Das muß nicht autoritäres Auftreten bedeuten und könnte auch zurückgehen auf das Bevorzugen von Anpassern bei der Beförderung. Nach unseren Fallbeobachtungen trifft wohl beides zu.

Der Manager-Theoretiker Michael Hamer empfiehlt heute kraftvolle Führungspersönlichkeiten und weniger Verbindlichkeit gegenüber Vor-

35 «Bernd Pischetsrieder: Marathon-Mann». Wirtschaftswoche Nr. 14/30. 3. 1995, op. cit., S. 73 f
36 Christiane Oppermann: «Der Preis der Angst. Eine neue Studie enthüllt, wie Angst am Arbeitsplatz die Betriebe lähmt. Schaden: 100 Milliarden Mark». Die Woche, 7. 4. 1995, S. 1

standskollegen. Eine Befragung Schweizer Unternehmensleiter soll eine deutliche Bevorzugung eines zupackenden Führungsstils ergeben, wie ihn etwa Ferdinand Piëch im Gegensatz zu Daniel Goeudevert repräsentieren will. VW-Chef Piëch dient in dem Bericht über das verbreitete Duckmäusertum als Beleg, daß «selbstherrliche Konzernmanager» wie er zwar über die «große Gemeinde der Jasager» klagen, bei VW Mitarbeiter aber «keine lange Verweildauer» haben, wenn sie sich «nicht der herrschenden Meinung unterordnen».[37] Daimler-Benz-Chef Edzard Reuter wiederum blieb durch seinen Führungsstil als Einzelgänger von vornherein in Distanz zu den Beschäftigten seines Konzerns. Er nahm es hin, daß er sein Management mit seiner Vision einer Umwandlung des reinen Autounternehmens in einen Technologiekonzern völlig verunsicherte.[38] Einwände duldete er nicht.[39]

In der Folge verwandelte sich Daimler-Benz vom Aushängeschild deutscher Tüchtigkeit in einen Sanierungsfall: Mitte der achtziger Jahre, vor dem Amtsantritt Reuters als Vorstandsvorsitzender, erwirtschaftete Daimler einen Jahresgewinn von vier Milliarden DM. 1992 fiel das Bilanzergebnis des Daimler-Benz-Konzerns mit 1,7 Milliarden DM negativ aus[40]; 1993 stürzte das «Ergebnis der betrieblichen Tätigkeit» auf minus 3,3 Milliarden DM ab. Erst nach einer Kursänderung im Automobilbereich durch Niefer-Nachfolger Helmut Werner erwirtschaftete Daimler 1994 wieder 1,9 Milliarden DM Gewinn – «normal» wären allerdings vier Milliarden DM.[41]

Das Institut für Weltwirtschaft in Kiel stellte soeben die Ergebnisse einer Führungskräftebefragung vor, mit der geprüft werden sollte, inwieweit es zu einem Paradigmenwechsel in der Unternehmensführung kommt.[42] In den 110 persönlichen Interviews – mit Führungskräften aus 59 deutschen und 51 amerikanischen Unternehmen – wurde ersichtlich, daß sich derzeit in beiden Ländern ein tiefgreifender Wandel in der Un-

37 ibid.
38 Heinz Blüthmann: «Voll von Trümmern großer Reiche». Die Zeit, op. cit., S. 35
39 «‹Ich bin unbelehrbar›. SPIEGEL-Redakteur Dietmar Hawranek über die politischen Ambitionen des Daimler-Chefs Edzard Reuter». Der Spiegel, 19.9.1994
40 Heinz Blüthmann: «Total verfahren – Daimler-Benz: Edzard Reuter steuert den größten deutschen Industriekonzern in die falsche Richtung». Die Zeit, 26.11.1993
41 Heinz Blüthmann: «Voll von Trümmern großer Reiche». Die Zeit, op. cit.
42 Frank Bickenbach und Rüdiger Soltwedel: «Trends in Führungsphilosophie und Unternehmensorganisation». Gütersloh 1995

ternehmensorganisation und der Führungsphilosophie ereignet. Dabei wurden die Unterschiedlichkeiten im Selbstverständnis der amerikanischen und der deutschen Manager wieder einmal ersichtlich. Umorganisieren und Umdenken bedeutet für deutsche Manager Kostenverringerung und schlankere Organisation, für die amerikanischen Manager dagegen weit häufiger eine größere Kundennähe. Amerikanische Manager sehen ihre Betriebe aus der Perspektive des Absatzes und diesen wiederum aus der Sicht des Abnehmers. Dagegen versteht in Deutschland – wahrscheinlich auch sonst auf dem Kontinent – das Management die Unternehmung unter dem Aspekt der Leistungserstellung, und diese glaubt man mehrheitlich durch organisatorische Änderungen verbessern zu können.

Einig ist man sich allgemein, daß Verantwortung und Entscheidungskompetenz möglichst weit nach unten zu verlagern sind und daß versucht werden muß, eine individuelle Leistungsbewertung und Gegenleistung gegenüber der bürokratischen Organisation durchzusetzen. Das erfordere eine neue Unternehmenskultur – wobei allerdings nicht deutlich wird, wie diese im einzelnen aussehen soll. Überraschend war bei dieser Untersuchung, daß der Anteil der Manager, die von einem bereits abgeschlossenen radikalen Wandel sprachen, in Deutschland um ein Vielfaches höher als in Amerika war. Dort wurde der erforderliche Wandel häufiger als ein kontinuierlicher Prozeß ohne Brüche verstanden.

Genauer auf die wünschenswerte Unternehmenskultur geht ein gemeinsames Forschungsprojekt der Bertelsmann-Stiftung und der Hans-Böckler-Stiftung ein.[43] Zentral für die Überlegung ist der Akzent auf der «Ressource Mensch». Die neuen Produktivitätskonzepte wie Gruppenarbeit und Qualitätsmanagement setzen das Mitdenken der Mitarbeiter voraus. «Die Annäherung sachlicher Erfordernisse und persönlicher Interessen begründet ein großes betriebliches und gesellschaftliches Innovationspotential.»[44] Und: «Bei wechselseitigem Vertrauen in die Handlungen und Absichten des Gegenübers sind Anordnungen weitgehend überflüssig und Kontrollen oftmals entbehrlich.»[45]

Es ist selbstverständlich abzuwarten, ob sich dieser partnerschaftliche

43 Heinrich Beyer, Ulrich Fehr und Hans G. Nutzinger: «Vorteil Unternehmenskultur». Gütersloh, 4. Auflage 1994
44 ibid., S. 8
45 ibid., S. 47. Siehe auch: Stefan Empter und Norbert Kluge (Hg.): «Unternehmenskultur in der Praxis». Gütersloh 1995

Stil tatsächlich ausbildet und auch bewährt. Und erst recht kann nur die zukünftige Entwicklung Auskunft darüber geben, wie das in dem Zusammenspiel zwischen Unternehmensführung und Unternehmensumwelt durchzusetzen ist. Die Gegenwart beschreiben diese Vorstellungen jedenfalls nicht.

Das Beharrungsvermögen von Unternehmensführung und die Unternehmensumwelt dürften sperrig wirken, wenn ein wieder aus Japan zu uns zurückkommendes neues Konzept der Unternehmensführung adaptiert werden soll: die «Netzwerkfirma». Sie soll solche Modelle wie das «Ford-Modell» oder das «Taylor-Modell» oder das «Toyota-Modell» ablösen. Einerseits werden in der Netzwerkfirma Managerfunktion und finanzielle Entscheidungen stärker zentral gebündelt. Andererseits werden Unternehmensabteilungen mit größerer Autonomie ausgestattet, bis hin zu dem Status von Tochterunternehmen. Die moderne Kommunikation erlaubt dann die Vernetzung der Einheiten, wobei das Management sich vor allem auf Grundsatzentscheidungen konzentriert, die den Rahmen für die selbständig handelnden Untereinheiten bilden.[46]

So neu dürfte das Netzwerkmodell übrigens nicht sein. Vieles erinnert an das Matrix-Modell, wie es etwa bei Nestlé verwirklicht ist. Dort sind operative Einheiten und Serviceeinheiten als Gitter miteinander verflochten. Auch dies bewirkt, daß fortwährend vom Management Signale zu entschlüsseln sind, die von weitgehend selbstentscheidenden Bereichen ausgesandt werden. Management wird in diesem Sinn politischer sein müssen und nicht so dominant durch Kostenrechnung und ein technisches Verständnis von Produktion, wie es in Deutschland Tradition hat.

Das Umfeld des Managers wird bei seiner Beurteilung oft nicht ausreichend bedacht. Also fragten wir hiernach. Umfeld des Spitzenmanagers bedeutet: Aufsichtsrat, Anteilseigner und andere Vorstandsmitglieder. Dabei ist es eine Besonderheit des deutschen Aktienrechts – im Gegensatz zum amerikanischen –, daß der Vorstand als Kollegialgremium gedacht wird. Ein Spitzenmanager kann bei uns nur in Ausnahmefällen etwas im Alleingang bewegen. Die erwähnten Odewald, Niefer und Reuter sind eher Ausnahmen, welche die Regel bestätigen. Weitgehende Übereinstimmung besteht nach unserer Befragung, daß in dem genannten Dreieck der Vorstand die stärkste Kraft ist.

---

46 Bertelsmann-Stiftung: «Weiterentwicklung und Perspektiven der Sozialen Marktwirtschaft». Gütersloh 1993, insbesondere S. 20 ff

Dagegen streuen die Urteile über Effizienz und Entscheidungsgewicht der beiden anderen Größen sehr erheblich. Zwei Drittel der uns Antwortenden berichten, daß die Anteilseigner Einfluß zu nehmen versuchten. Aber nur etwa ein Drittel maß dem ein großes Entscheidungsgewicht bei. Ein Viertel hielt die Bedeutung der Anteilseigner sogar für gering. Allerdings ist entsprechend der unterschiedlichen Struktur des Eigentums an Unternehmen die Streubreite der Antworten erheblich. Bei der Beurteilung des Aufsichtsrats ist diese Bandbreite noch größer, obgleich hier die Urteile etwas günstiger als für die Anteilseigner ausfallen. Die Hälfte der Spitzenmanager mißt dem Aufsichtsrat lediglich ein mittleres Gewicht bei.

Die Gewichtsverteilung in dem erwähnten Dreieck Anteilseigner – Aufsichtsrat – Vorstand wird im Konfliktfall deutlicher. Hier sind nach dem Urteil der Spitzenmanager die Anteilseigner von geringster Bedeutung. Angesichts der erheblichen Blöcke an Anteilen – und der im Vergleich zu England und USA geringeren Streuung des Wertpapierbesitzes – ist das wohl eine Verzeichnung. Oder sollte den Anteilseignern der Lauf der Dinge egal sein, solange die Kasse stimmt?

Auch der Aufsichtsrat insgesamt wird nicht als Gremium angesehen, mit dem ein Konsens herbeigeführt werden muß. Vorrang hat der Konsens im Vorstand, gefolgt von der Übereinstimmung nur mit dem Vorsitzenden des Aufsichtsrates.

Spötter formulierten, der Aufsichtsrat sei überflüssig, wenn alles gutgehe, und wirkungslos, wenn es schief laufe. Gegen die Wirksamkeit der Aufsichtsgremien spricht in der Tat, daß bedeutende Fälle von Fehlverhalten auf Vorstandsebene nur durch anonyme Anzeigen ans Licht kamen.

▶ Besonders offensichtlich ist das Versagen der Aufsichtsgremien bei den jahrelangen Betrügereien von *Bernd Otto*. Ausdrücklich war denn auch in dem späteren Prozeß gegen Otto von dessen Verteidiger Rudolf Karras behauptet worden, Otto sei nicht der Haupttäter; das Aufsichtsratspräsidium habe den Vorschlägen des Vorstandes ja schließlich zugestimmt.[47] Otto, Jahrgang 1940, hatte seine Karriere im DGB gestartet. Mit nur 34 Jahren schaffte er den Sprung als Vorstandsmitglied in die neu gegründete co op, einen Zusammenschluß von lokalen Konsumge-

47 Klaus Dieter Oehler: «Der Verurteilte ist stolz auf seine Management-Fähigkeiten». Stuttgarter Zeitung, 15. 6. 1993

nossenschaften. Sechs Jahre später ernannte ihn *Alfons Lappas* – vormals Finanzchef im geschäftsführenden Vorstand des DGB und zum relevanten Zeitpunkt Vorstandsmitglied der Gewerkschaftsholding BGAG sowie Aufsichtsratsvorsitzender der co op – zum Vorstandsvorsitzenden dieses Unternehmens. Otto legte sich zwischenzeitlich einen Lebensstil zu, der auch mit jährlichen Bezügen von deutlich mehr als einer Million DM nicht zu finanzieren war. Bemerkenswerterweise nahmen die Aufsichtsgremien keinen Anstoß an dem höchst aufwendigen Lebensstil, obgleich dieser kaum zu übersehen war.

1986 mußte die BGAG, zu deren Vorstandsvorsitzendem zwischenzeitlich Lappas aufgestiegen war, ihren Aktienanteil der co op veräußern. Otto und seine mitverschworenen Vorstandsmitglieder Dieter Hoffmann und Werner Casper beschlossen den Kauf der eigenen Aktien, was aber nur verdeckt geschehen durfte und wegen der undurchsichtigen Struktur des Handelskonzerns mit rund 300 in- und ausländischen Tochtergesellschaften auch nicht augenfällig wurde. Obgleich die co op selbst finanziell schlecht gestellt war, liehen die drei sich Geld von der niederländischen Amro-Bank, um über eine Tarnfirma die eigenen Aktien zu kaufen. Über den Schweizerischen Bankverein und die Dresdner Bank ließen sie dann diese Aktien im deutschen Wertpapierhandel dem Publikum anbieten, wobei mit geschönten Bilanzen geworben wurde. Erst durch einen Bericht im *Spiegel* vom 17. 10. 1988 wurde das Hin- und Herschieben von Aktien auf Pump von einem zum anderen «Altaktionär» aufgedeckt, wie die als Besitzer getarnten Briefkastenfirmen offiziell hießen. Dabei wurde auch aktenkundig, daß Aufseher Alfons Lappas von Otto mit riesigen Provisionszahlungen aus dem co op-Vermögen bedacht worden war.[48] Co op ging pleite. Der Schaden wird auf etwa zwei Milliarden DM geschätzt. Otto kam durch einen Kuhhandel mit der Staatsanwaltschaft mit viereinhalb Jahren Haft davon. Sein Vermögen hatte er zum Teil auf seine Frau übertragen und ist somit nach wie vor ein begüterter Mann. Er ist im übrigen ein besonders krasses Beispiel für einen Manager, dem offensichtlich jedes Unrechtsbewußtsein abgeht.[49]

Alfons Lappas erhielt eine Freiheitsstrafe von zwei Jahren – auf Bewäh-

48 «Klare Fährte nach Vaduz». Der Spiegel, 17. 2. 1992
49 Helga Einecke: «Ungewöhnliches Ende einer erstaunlichen Karriere. Vom Aufstieg und Fall des früheren co op-Vorstandsvorsitzenden Bernd Otto». Süddeutsche Zeitung, 15. 6. 1993

rung. Als strafmildernd bewertete es das Gericht unter anderem, daß Lappas ohne einschlägige Ausbildung «eine beachtliche berufliche Leistung vorzuweisen habe». Das ist zweifellos eine ungewöhnliche Begründung für einen teilweisen Verzicht auf Strafe. Immerhin wirkte es strafverschärfend, daß die Überwachung der Geschäftsführung durch den Aufsichtsrat unterlaufen wurde und Lappas dies nicht nur nicht beanstandete, sondern daran teilhatte.[50]

Beim Kollegialprinzip des deutschen Vorstandes ist es oft schwierig, persönliche Verantwortung zuzurechnen. So urteilt denn die Kienbaum-Personalberatung: «Einmal Vorstand, immer Vorstand, es fliegt kaum jemand raus.»

Zu Beginn verwiesen wir bereits auf unterschiedliche Vorstellungen über den Grad, zu dem wir die Führungsschicht als eine – wenigstens grosso modo – Einheit behandeln können. In manchen Bereichen ist dies vielleicht nicht empfehlenswert. Bei einer Auswertung der nach Tätigkeitsbereichen geordneten Fragebögen, wie das Entscheidungsumfeld für Führungskräfte beurteilt wird, zeigten sich dann auch erhebliche Unterschiede. Am positivsten wurde die Effizienz des *Aufsichtsrates* beurteilt vom Führungspersonal im Handel, gefolgt von dem in der Grundstoffproduktion. Am negativsten fiel das Urteil über den Aufsichtsrat in der Branche Dienstleistungen aus, gefolgt von Banken und Versicherungen.

Gefragt nach der Einflußnahme durch *Anteilseigner*, stimmten die Ergebnisse über Effizienz und Kontrolle nur bei der Grundstoffproduktion besonders stark und bei Banken und Versicherungen relativ schwächer mit den Aussagen über den Aufsichtsrat überein. Häufigere Versuche der Eigner, Einfluß zu nehmen, wurden berichtet aus der Investitionsgüter- sowie der Nahrungs- und Genußmittelbranche. Auch bei der Grundstoffproduktion sollen die Eigner lenkend eingegriffen haben, während die Vorstände bei Banken und Versicherungen relativ häufig diesen Einfluß bestritten. Allgemein wird der Versuch der Einflußnahme von seiten der Eigner in den meisten Branchen deutlich höher angesetzt als der der Aufsichtsräte.

Ein schärferes Kriterium für Außenkontrolle der Unternehmungsleitung ist die Frage nach dem Entscheidungsgewicht von Eigentümern,

---

50 «Lappas zu zwei Jahren Haft auf Bewährung verurteilt. Co op-Prozeß / Angeklagter muß Gelder zurückzahlen». Handelsblatt, 22. 2. 1994

Aufsichtsrat und Vorstand in Relation zueinander. Wegen der Gewichtigkeit dieser Fragestellung wollen wir die Ergebnisse zunächst als Tabelle ausweisen[51]:

Branche	Eigentümer	Aufsichtsrat	Vorstand
	(Durchschnittsgewichte)*		
Verbandswesen	1,9	1,8	1,0
Grundstoffproduktion	1,8	1,7	1,3
Investitionsgüter	1,9	2,1	1,2
Nahrungs- und Genußmittel	1,8	1,9	1,5
Baugewerbe	1,6	1,6	1,1
Handel	2,0	1,5	1,0
Banken und Versicherungen	1,9	1,8	1,1
Dienstleistungen	1,6	1,8	1,1
Wissenschaft und Bildung	1,7	1,6	1,0
Andere außerwirtschaftliche Tätigkeiten	2,7	2,1	1,1

* Gewichtet: 1 = groß, 2 = mittel, 3 = gering

In drei der unterschiedenen zehn Branchen wurde der Einfluß des Eigentümers bei Entscheidungen für größer gehalten als der des Aufsichtsrates. Für sechs Branchen traf das Gegenteil zu. Die Differenzen zwischen den Branchen verblassen aber völlig gegenüber der Bewertung des *Vorstandes* als Entscheidungsgremium. Lediglich bei Nahrungs- und Genußmittel ist er weniger dominant als sonst üblich. Daraus läßt sich ableiten, daß die wirtschaftliche Führungsschicht ungeheuer selbstbewußt ist – ein Eindruck, den wir auch bei anderen Fragen bereits gewonnen hatten.

Dieser Eindruck wird durch die Antworten auf die Frage bestätigt, mit wem im Konfliktfall in erster Linie ein Konsens angestrebt wird. Wiederum ist der Vorstand ganz eindeutig dominant, und zwar über alle Branchen hinweg – mit Ausnahme des Bereiches Wissenschaft und Bildung. Wenn außerhalb des Vorstandes Konsens gesucht wird, dann ganz

51 Wir gewichteten die drei Antwortmöglichkeiten «groß», «mittel» und «gering» mit den Multiplikatoren 1, 2, 3. In dieser Tabelle sind die Durchschnittsgewichte ausgewiesen. Dabei ist der Einfluß um so größer, je *geringer* der Durchschnittswert ausfällt.

eindeutig in erster Linie mit dem Aufsichtsratsvorsitzenden. Auch dieses Ergebnis ist über alle Branchen hinweg dasselbe – mit einer gewissen Ausnahme in der Investitionsgüterbranche, wo auch schon einmal Kontakt mit dem Aufsichtsrat insgesamt gesucht wurde. Nur in einem einzigen Fall wurde bei einem Konflikt als erste Kontaktperson der Anteilseigner genannt. Unternehmensführung bedeutet also Suchen nach Konsens im Vorstand und ggf. Heranziehung des Aufsichtsratsvorsitzenden.

Gar nicht vorgekommen sind in unseren Erhebungen private Aktionäre. Als Privatpersonen hatten sie bisher in Deutschland ja auch wenig zu sagen. Ihre Einflußmöglichkeiten engte nicht zuletzt der deutsche Gesetzgeber ein, indem er den Banken das Stimmrecht für Aktien zusprach, die ihnen gar nicht gehören und bloß bei ihnen «geparkt» sind (Depotstimmrecht). Dagegen gibt es in den USA mit dem viel größeren Streubesitz regelrechte Wahlkämpfe um Aktionäre, in denen Mehrheiten zusammengesucht werden. Teilweise werden diese Wahlkämpfe vom Vorstand organisiert, etwa um eine unfriedliche Übernahme durch Aufkauf an der Börse zu verhindern. Ein Beispiel ist die rauhe Art und Weise, mit der sich in Veröffentlichungen der Vorstand der damals noch britischen Süßwarenfirma Rowntree gegen die Übernahme durch Nestlé zu wehren suchte. Hier haben doch deutsche Spitzenmanager ein ruhigeres, in abgrenzbaren Bahnen verlaufendes Leben – aber sicher ist auch, daß der Raum für Einzelinitiativen nicht so groß wie der eines Direktors eines US-Boards ist.

In welchen Vernetzungen sie entscheiden – Über die gegenseitige Durchdringung von Großunternehmen mit Kapital und Personal

Die Urteile über die Bedeutung von Anteilseignern, Vorständen und Aufsichtsgremien und über die Fähigkeit zur eigenen Entscheidung dekken sich nur teilweise mit den Ergebnissen einer Untersuchungstradition in den Sozialwissenschaften: der Analyse von Verflechtungen zwischen Unternehmen und Eignern. Solche Forschungen gehen in Deutschland zurück bis zu einer Dissertation aus dem Jahre 1905 und werden inzwischen mit hohem mathematischem Aufwand als Netzwerkuntersuchungen durchgeführt. Außerhalb akademischer Zirkel bleiben die Ergebnisse ziemlich unbekannt. Doch selbst im betriebswirtschaftlichen Verständnis dominiert die Sicht des Betriebes und seines Vorstandes als autonome Entscheider, was selbstverständlich nicht zutrifft. Vom VW-Vorstandsvorsitzenden Ferdinand Piëch wird berichtet, daß er nichts tue, was seinen Aufsichtsratsvorsitzenden, den SPD-Ministerpräsidenten Gerhard Schröder, irritiere und daß umgekehrt Schröder fest zu Piëch stehe.

Bei einer Analyse von 450 Großunternehmen kommt Rolf Ziegler zu dem Schluß, daß zwei Prozent aller Inhaber von Kontrollpositionen (Vorstand und Aufsichtsrat) für 69 Prozent aller Verknüpfungen von Unternehmensführungen verantwortlich sind. Dabei waren es in erster Linie die Finanzinstitute, über die Unternehmen miteinander verbunden sind. «Die Deutsche Bank ist als zentralstes Unternehmen mit 78 Betrieben direkt und mit 161 über ein Zwischenglied verbunden.»[52] In einer zweiten Auswertung desselben Materials zeigt Franz Pappi, daß etwas weniger als die Hälfte der Aufsichtsräte von außerhalb der Wirt-

52 Rolf Ziegler: «Das Netz der Personen- und Kapitalverflechtungen deutscher und österreichischer Wirtschaftsunternehmen». Kölner Zeitschrift für Soziologie und Sozialpsychologie, Jg. 36, 1984, S. 585–614

schaftselite rekrutiert ist: Politiker, Verbandsfunktionäre, Gewerkschaftler.[53] Hier besteht also über die Aufsichtsräte eine Anbindung an andere gesellschaftliche Bereiche.

Nach der neuesten Untersuchung der 623 größten Unternehmen in Deutschland durch eine Forschergruppe an der Universität Trier ist in der Bundesrepublik im Vergleich zu England und den USA der hohe Konzentrationsgrad des Eigentums auffällig. Zusätzlich zum Depotstimmrecht für den von Finanzinstituten verwalteten Streubesitz wird über direktes Eigentum die Personalpolitik betrieben. Hierbei ist für Deutschland die gegenseitige Beteiligung kennzeichnend, so daß kreisförmige Verflechtungen entstehen, in deren Zentrum die deutschen Banken und Versicherungen ausgemacht werden. «Zum Zentrum gehören nicht nur die Allianz und die Deutsche Bank, sondern auch Volkswagen, Thyssen, Hoch-Tief und MAN.»[54] Kapitalverflechtung und Personalverflechtung laufen hiernach parallel. Personell werden solche Verflechtungen sehr häufig über Funktionäre des BDI und des BDA hergestellt. «46,4 Prozent der Funktionäre des BDI/BDA sind auch im Netz der Personalverflechtungen der Großunternehmen... vertreten.»[55]

Bedeutende «Verflechter» sind Friedel Neuber von der WestLB, Wolfgang Röller von der Dresdner Bank, Hilmar Kopper von der Deutschen Bank oder Wolfgang Schieren von der Allianz. Mit dem Stand 15.10.1991 wurden für Dr. hc. Horst K. Jannott folgende Positionen aufgelistet: Vorstandsvorsitzender der Münchener Rückversicherung (inzwischen Aufsichtsrat), Aufsichtsratsvorsitzender der Berliner Leben, der Hamburg-Mannheimer Versicherung, der Hermes Kreditversicherung und der Karlsruher Leben. Er war ferner gleichzeitig Mitglied von acht Aufsichtsräten, Vice-Chairman zweier Holding-Gesellschaften, Mitglied der «Board of Directors» von neun weiteren Gesellschaften und Mitglied von sechs Beiräten. 61 «Schlüssel-Verflechter» haben wir ausgemacht, die sich wiederholt in 80 Unternehmen auf der Führungsetage begegnen. In diesem zentralen Einflußzirkel ist ein noch kleinerer Zirkel von 20 Topverflechtern zu erkennen:

---

53 Franz Urban Pappi, Peter Kappelhoff und Christian Melbeck: «Die Struktur der Unternehmensverflechtungen in der Bundesrepublik». Kölner Zeitschrift für Soziologie und Sozialpsychologie, Jg. 39, 1987, S. 693–717

54 Paul Windolf und Jürgen Beyer: «Kooperativer Kapitalismus». Kölner Zeitschrift für Soziologie und Sozialpsychologie, Jg. 41, 1995, Heft 1

55 eodem loco

Die 20 wichtigsten Verflechter von Großunternehmen

Name	Position
Dr. Marcus Bierich	Aufsichtsratsvorsitzender der Bosch (früher Vorsitzender der Geschäftsführung bei Bosch)
Dr. Werner Breitschwerdt	Aufsichtsratsmitglied von Daimler-Benz
Dr. Ulrich Cartellieri	Vorstand Deutsche Bank
Dr. Friedrich Wilhelm Christians	Aufsichtsratsvorsitzender der Deutschen Bank (früher Vorstandssprecher Deutsche Bank)
Erwin Conradi	Geschäftsführer der Metro Aufsichtsratsvorsitzender der Kaufhof
Rolf Diel	Aufsichtsratsvorsitzender der Dresdner und der Münchner Rückversicherer (Stellvertreter)
Dr. Werner H. Dieter	Vorstandsvorsitzender der Mannesmann (bis Mitte 1994)
Prof. Herbert Grünewald	Stiftungskommissar bei Zeiss (früher Vorstandsvorsitzender bei Bayer)
Dr. Carl H. Hahn	Aufsichtsratsstellvertreter bei AGIV (früher Vorstandsvorsitzender bei VW)
Martin Kohlhaussen	Vorstandsvorsitzender der Commerzbank
Hilmar Kopper	Vorstandssprecher der Deutschen Bank
Prof. Hans Joachim Langmann	Vorsitzender der Geschäftsleitung Merck
Dr. André Leysen	Aufsichtsratsvorsitzender der Hapag-Lloyd
Dr. Klaus Liesen	Vorstandsvorsitzender der Ruhrgas
Friedel Neuber	Vorstandsvorsitzender der WestLB
Dr. Wolfgang Röller	Vorstandsvorsitzender der Dresdner Bank
Dr. Wolfgang Schieren	Aufsichtsratsvorsitzender der Allianz Versicherung (früher Vorstandsvorsitzender der Allianz)
Dr. Walter Seipp	Aufsichtsratsvorsitzender der Commerzbank
Prof. Dieter Spethmann	Aufsichtsratsvorsitzender der Münchener Rück (früher Vorstandsvorsitzender der Thyssen)
Hermann Josef Strenger	Aufsichtsratsvorsitzender bei Bayer und VEBA (früher Vorstandsvorsitzender von Bayer)

Im Verflechtungsgewirr der deutschen Großunternehmen lassen sich innerhalb des Netzwerkes der 80 besonders miteinander personell verklammerten Unternehmen 30 identifizieren, die als bevorzugte Bühnen für die 61 Schlüsselverflechter wirken (siehe nächste Seite).

Eindeutig herrschen «klassische» Geschäftsbereiche vor, auch wenn einige der Mischkonzerne Einheiten auf dem Gebiet von High-Tech mit

Die wichtigsten «Bühnen» für die bedeutendsten Verflechter*

Banken und Versicherungen:
Deutsche Bank
Dresdner Bank
Commerzbank
Allianz Versicherung

Chemie:
BASF
Bayer
Hoechst
Schering

Öl:
Mobil Oil
Shell

Versorgungsbetriebe:
RWE
Ruhrgas

Mischkonzerne mit Nähe zur Metallindustrie:
Degussa
MAN
Preussag
Thyssen
VEBA
VIAG

Maschinen und Anlagen:
Mannesmann
Asea Brown Boveri
Metallgesellschaft

Fahrzeugbau (als wichtigster Teil):
KHD
Daimler-Benz
Volkswagen

Elektro (als Schwerpunkt):
Alcatel SEL
Siemens

Verschiedenes:
Hapag-Lloyd (Transport)
Holzmann (Bau)
Karstadt (Kaufhaus)
Linde (Mischkonzern. Akzent: Flurförderfahrzeuge)

* Viele der Unternehmen sind inzwischen Mischkonzerne (conglomerates), bei denen die Zuordnung zu einem einzelnen Geschäftsbereich problematisch ist. Beispiel: Nach wie vor ist Linde in der Kältetechnik engagiert, aber diese dürfte nur noch geschätzte 15 Prozent vom Konzernumsatz ausmachen.

einschließen. Nach diesen Aufschlüsselungen wird jedoch die deutsche Großwirtschaft nach Personen und Betrieben von den Geschäftsbereichen dominiert, die das Wachsen der Wirtschaft in den ersten drei Dekaden der Nachkriegszeit bestimmten.

Der Begriff «Verflechtung» ist eigentlich zu ungenau, um die gegenseitige Durchdringung der Entscheidungsgremien und Eigentumsverhältnisse in Deutschland zu kennzeichnen. Verfilzung ist der angemessenere Ausdruck. So hält die *Deutsche Bank* etwas unter 30 Prozent der Anteile an der Daimler-Benz AG sowie Anteile an der Allgemeinen Verwaltungsgesellschaft für Industriebeteiligung. Diese wiederum ist Teilbesitzer der Metallgesellschaft, und an der ist auch Daimler-Benz mit über zehn Prozent Anteilseigner. So ist also die Deutsche Bank zweimal indirekt mit der Metallgesellschaft verbunden.

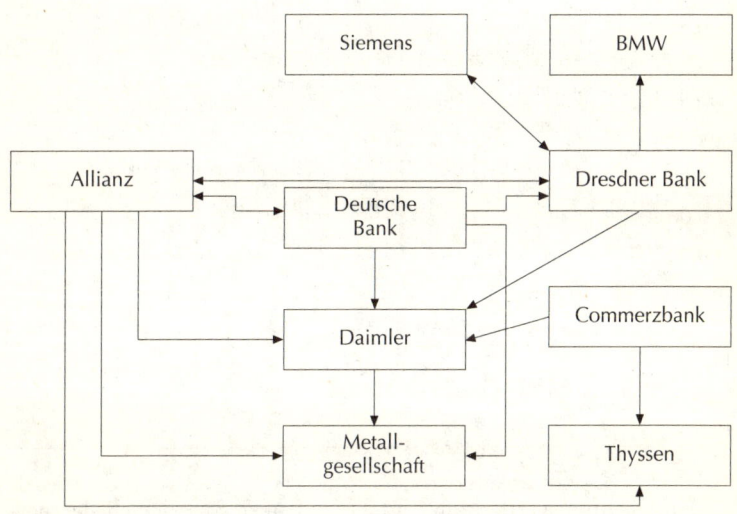

Die *Dresdner Bank* hat Anteile an der Allianz Versicherung. Die wiederum ist ein Großaktionär bei der Dresdner Bank. Inzwischen sind auch Deutsche Bank und Gerling eine Bindung eingegangen. Die Münchener Rückversicherung ist Großaktionär bei der Allianz und die Allianz größter Anteilseigner bei der Münchener Rück – in beiden Fällen mit jeweils 25 Prozent. Weitere Großaktionäre bei der Münchener Rück sind die Deutsche Bank und die Dresdner Bank.

Die *Deutsche Bank* ist – wie erwähnt – Direktaktionär bei Daimler-Benz, daneben bei Kaufhausunternehmen Karstadt und Horten, der Südzucker AG, der Philip Holzmann AG, der Hapag-Lloyd, Hutschenreuter Porzellan, Klöckner-Humboldt-Deutz und – wie ebenfalls erwähnt – beim Versicherungsriesen Gerling. Außerdem ist sie indirekt beteiligt – neben der Metallgesellschaft – an der Nürnberger Lebensversicherung, der Sektfirma Deinhardt und den Vereinigten Elektrizitätswerken Westfalen (VEW). Die nachstehende Grafik listet die Firmen auf, an denen die Deutsche Bank mit mindestens 10 Prozent beteiligt ist.[56]

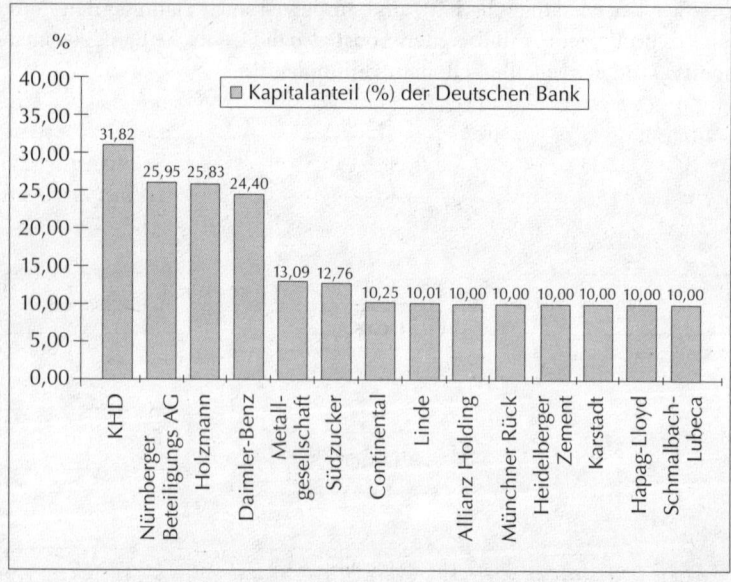

Der Eigentumsverflechtung direkt und über Zwischenglieder entspricht die personelle Verflechtung. Die 14 Vorstandsmitglieder der Deutschen Bank halten ca. 150 Aufsichtsratsmandate. Im Aufsichtsrat der Allianz finden sich als stellvertretender Vorsitzender Dr. Wilfried Guth (Aufsichtsrat der Deutschen Bank) und als Mitglieder Dr. Wolf-

56 «Kräfiger Gewinnrückgang bei der Deutschen Bank. Betriebsergebnis sinkt um 23 Prozent». FAZ, 30.3.1995, S. 20

gang Röller (Vorstandssprecher der Dresdner Bank) sowie Dr. Albrecht Schmidt (Vorstandssprecher der Bayerischen Vereinsbank). Im Aufsichtsrat der Allianz sind ferner vertreten die Unternehmen Mannesmann, Ruhrgas, Siemens und Daimler-Benz – und damit dann wieder auch indirekt die Deutsche Bank. Der Aufsichtsratsvorsitzende Dr. Wolfgang Schieren ist auch Vorsitzender des Aufsichtsrats der Linde Eis-Maschinen, stellvertretender Vorsitzender bei MAN, Siemens und Thyssen sowie Aufsichtsratsmitglied bei der Dresdner Bank, Karstadt und RWE. Martin Kohlhaussen, Vorstandsvorsitzender der Commerzbank, sitzt in den Aufsichtsräten von Daimler-Benz, Karstadt, Bayer und der FAG Kugelfischer.

In der Politik machten wir als Prinzip, sich gegen Kontrolle abzusichern, das Herstellen maximaler Undurchsichtigkeit aus. Eine Betrachtung der Vernetzung unter Großunternehmen zeigt das gleiche: Undurchsichtigkeit – wie immer entstanden.

Bei den zehn größten deutschen Unternehmen in mehrheitlichem Streubesitz (!) sind die drei größten deutschen Privatbanken teilweise sehr stark vertreten [57]:

Stimmrechtsanteile in Prozent der Banken in den Hauptversammlungen*				
	Alle Banken	Deutsche Bank	Dresdner Bank	Commerz-bank
Siemens	95,5	17,6	12,4	4,5
Volkswagen	44,1	5,9	6,7	2,4
Hoechst	98,5	9,0	32,8	27,7
BASF	94,7	18,6	17,6	4,2
Bayer	91,3	19,0	17,9	4,8
Thyssen	45,4	7,2	9,9	2,0
VEBA	90,9	13,0	25,3	3,7
Mannesmann	98,1	15,9	18,8	4,1
Deutsche Bank	94,7	32,1	14,1	3,0
MAN	48,2	7,1	9,5	2,3

* Stand 1993; Quelle: Institut für Handels- und Wirtschaftsrecht der Universität Osnabrück 1994

57 «Konzern Deutschland». Der Spiegel 5 / 1995, 30. 1. 1995, S. 82

Der Würzburger Ökonom Ekkehard Wenger zog den Vergleich zum Politbüro der DDR. Wie dort beherrschten «zwei bis drei Dutzend Leute an der Spitze der Großbanken und einiger Konzerne die deutsche Wirtschaft»[58]. Das ist sicher überzogen und blendet vor allem die bedeutende Stellung der mittelständischen Wirtschaft aus. Dennoch entspricht all das selbstverständlich nicht dem Konkurrenzmodell, das Studenten in den Vorlesungen der Volkswirtschaftslehre erlernen.[59]

Nach einem inzwischen älteren Bericht der Monopolkommission ist der Einfluß der Banken auf die Entscheidungen der größten Unternehmen weit höher, als es dem Anteilseigentum von ca. fünf Prozent an den Großfirmen entspricht.[60] Nach John Cable geben die deutschen Aktionäre mehr als die Hälfte ihrer Aktien (= Stimmen) den Banken als Depot, nicht zuletzt um die Bearbeitungskosten, welche sonst anfielen, zu minimieren.[61] Durch das Depotstimmrecht kontrollieren Banken in den hundert umsatzstärksten Gesellschaften 36 Prozent der Stimmen, und bei den zehn größten Unternehmen Deutschlands steigt der Anteil an Stimmrechten, die von Banken wahrgenommen werden, auf über 50 Prozent[62] (siehe auch Anhang B2).

Die Einstellung der Bevölkerung zu Banken ist ambivalent. Nach einer Umfrage der Forschungsgruppe Wahlen 1991 rangiert die Glaubwürdigkeit der Banken auf einer Skala von + 5 bis ./. 5 innerhalb der Bevölkerung allgemein bei 1,2; lediglich Anhänger der Grünen haben sehr viel weniger Vertrauen in Banken. Zugleich meinten drei Viertel eines Querschnitts der Bevölkerung, daß Banken zuviel Einfluß hätten. In der bundesdeutschen Elite gelten Banken nach einer Allensbach-Erhebung als weitaus einflußreicher im Vergleich zu Versicherungen und zugleich als förderlich für die wirtschaftliche Entwicklung.[63]

Auf dem Bankentag 1995 in Bonn wurde selbst von Vertretern des

58 ibid.
59 Im Anhang ist für einen inneren Zirkel von Verflechtern angegeben, welche Betriebe auf welche Weise miteinander personell verflochten sind.
60 Monopolkommission: Hauptgutachten Baden-Baden 1978
61 John Cable: «Capital Market Information and Industrial Performance – the Role of West German Banks». The Economic Journal, Jg. 95 (März 1985), S. 118–132
62 Julie Ann Elston und Horst Albach: «Bank Affiliations and Firm Capital Investment in Germany». Wissenschaftszentrum Berlin. Vervielfältigtes Manuskript. Juli 1994, FS IV 94–10
63 «Zum Bankenbild in der Öffentlichkeit: Ergebnisse aus den Meinungsumfragen». Zeitschrift für das gesamte Kreditwesen. Heft 7–95, 1. 4. 1995, S. 320–323

Kreditwesens insbesondere das Verhalten der Großbanken beanstandet. Sie erscheinen ihnen als verlängerter Arm der Politik wegen der «‹Freundschaftsdienste›, die sie der öffentlichen Hand gewähren, indem sie Kredite an faule Schuldner herausgeben, wie z. B. im Augenblick an die mexikanische Regierung (oder an die russische, polnische...)... Natürlich tut die öffentliche Hand auch einiges für die Banken. Würden sich die Finanzminister nicht fortlaufend so stark verschulden, so fiele das Rentengeschäft zusammen, und die Wertpapierabteilungen müßten wirklich ‹lean› gemacht werden. Die öffentliche Hand – und das überall in der Welt – stellt den Anlageexporteuren Garantien für ihre Außenstände mit der Folge, daß viel mehr exportiert wird, als eigentlich von den Importeuren bezahlt werden kann ... Sie brauchen beide einander. Die Politiker brauchen die Bankleute, und die Bankleute bekommen auch Douceurs von den Politikern.»[64]

Die Macht der Banken – finanziell wie personell – wird jetzt zu einem Thema auch der Parteipolitik. Die SPD hat den «Entwurf eines Gesetzes zur Verbesserung von Transparenz und Beschränkung von Machtkonzentration in der deutschen Wirtschaft» im Bundestag eingebracht, der noch im Laufe dieser Legislaturperiode entschieden werden soll. Die Banken wehren sich bisher gegen die Behauptung, sie seien mächtig.[65] So heißt es in einer Broschüre des Bundesverbandes Deutscher Banken: «Alle Firmenbeteiligungen der zehn größten privaten Banken entsprechen zusammengenommen nicht einmal 0,5 Prozent aller deutschen Kapitalgesellschaften.»[66] Beachtlich ist die Einschränkung in dieser Wendung. Hier werden lediglich die Anteile der größten Banken angesprochen, soweit sie sich in *privater* Hand befinden. Unter den zehn größten Banken sind aber vier staatliche Kreditinstitute vertreten, deren Anteile hier außen vor bleiben. Die Höhe des Besitzes ist auch nicht das einzige Kriterium; es geht um die Kombination von Besitzanteilen mit der Macht, die ein Kredit verleiht, und der personellen Vertretung in Aufsichtsgremien. Vor allem bleibt die sehr große Macht unerwähnt, die aus der deutschen Einrichtung des Depotstimmrechts folgt.

64 Carl Zimmerer meint: «Syndicus non calculat». In: Zeitschrift für das Kreditwesen, Heft 7–95, S. 310
65 «BDI gegen SPD-Pläne für neues Aktienrecht» und «Kein Mißbrauch von Bankenmacht». Handelsblatt, 6. 4. 1995, S. 7 und S. 11
66 «Banken im Gespräch». Bundesverband Deutscher Banken, Köln 1995, S. 17

In seiner Verteidigung der deutschen Banken auf dem Deutschen Bankentag 1995 nennt der Präsident des Bundesverbandes, Karl-Heinz Wessel vom Privatbankhaus Oppenheim, die Zahl von lediglich 99 Aufsichtsratsmandaten, die von Bankenvertretern bei den hundert größten deutschen Unternehmen eingenommen werden.[67] Selbst wenn diese Zahl stimmen sollte, kann sie auch anders gelesen werden: nämlich als Aussage darüber, daß bei einem sehr hohen Anteil der größten Unternehmen Bankiers sowohl Kreditgeber wie Anteilseigner und Mitglied in Aufsichtsgremien sind.

Im Augenblick jedenfalls kommt noch kein Dialog über die Problematik der Macht der Kreditwirtschaft zustande. Insbesondere die *Süddeutsche Zeitung* geht fortwährend auf dieses Thema ein[68], aber hierauf reagieren die Banken mit einem totalen Abblocken.[69] Alles wird als unproblematisch dargestellt, was das deutsche Bankwesen kennzeichnet: neben dem Depotstimmrecht die Verschachtelung der Besitzverhältnisse (gemeinsam mit den Versicherungen), die Aufsichtsratsmandate von bis zu zehn pro Vorstandsmitglied – auch das Universalbankprinzip.

Die Vernetzung bedeutet Undurchsichtigkeit, und diese wiederum mindert – trotz oder gerade wegen der Konzentration von Aufsichtsratsmandaten – die Möglichkeit der Kontrolle über die Unternehmen.

▶ Wie unvollkommen das System der Aufsicht über die Spitzenmanager ist, erwies sich im Falle des Milliarden-DM-Verlustes, den der Marktführer für Sportböden, *Balsam* in Bielefeld, produzierte. Hier waren über lange Zeit hinweg Luftgeschäfte mit der Faktoring-Firma Procedo getätigt worden. Procedo kaufte Forderungen von Balsam auf und gab

---

67 Michael Gaßmann: «Banken wehren sich gegen Vorwurf des Machtmißbrauchs». Kölnische Rundschau, 6. 4. 1995
68 Uwe Jens: «Plädoyer für mehr Marktwirtschaft – Bankenmacht lähmt den Wettbewerb – Festgefügte Strukturen behindern den Wandel – Aktionäre werden um ihre Rechte gebracht». Süddeutsche Zeitung, 7. 2. 1995, S. 18; Ekkehard Wenger: «Droht wieder eine Scheinreform? – Den Lobbyisten der Banken das Handwerk legen – Die notwendige grundlegende Novellierung des Kapitalmarktrechts bedarf einer wachsamen Öffentlichkeit». Süddeutsche Zeitung, 14. 2. 1995, S. 24; Helga Einecke: «Es darf nicht bei Lippenbekenntnissen bleiben: die Machtmixer entschärfen – Neue Kritikwellen an der Bankenmacht setzen Regierung und Opposition unter Zugzwang». Süddeutsche Zeitung, 16. 2. 1995, S. 24
69 Siehe hierzu den Beitrag des Hauptgeschäftsführers des Bundesverbandes Deutscher Banken, Manfred Weber: «Phänomen ‹Bankenmacht›». Die Bank, 4/95, S. 196–198

dieser Firma dann 90 Prozent des Rechnungsbetrages als Barmittel. Auf diese Weise blieb Balsam bis zuletzt liquide, obwohl die Lage in Wahrheit längst desaströs war. Regelmäßig wurde die Firma durch Wirtschaftsprüfer untersucht, und die WestLB hatte solches Vertrauen, daß sie einen dreistelligen Millionenbetrag zur Verfügung stellte.

Am 30. 11. 1992 erfolgte eine anonyme Strafanzeige gegen Balsam, aber erst nach einem Fernsehbericht im Mai 1994 wurden die Strafbehörden in Nordrhein-Westfalen aktiv. Da gestand im Juni 1994 der Finanzchef von Balsam, daß die Firma bereits 1984 konkursreif gewesen sei. Weder die WestLB noch der Aufsichtsrat, noch die Wirtschaftsprüfer hatten über zehn Jahre hinweg bemerkt, daß die Firma todkrank war. Der Untersuchungsausschuß über den Balsam-Konkurs kam in seinem Abschlußbericht zu dem Urteil: Die Aufsicht durch Banken, darunter die WestLB, Wirtschaftsprüfer und Kontrollgremien entspreche dem derzeit Üblichen, aber der Fall gebe erneut Anlaß, «an der Funktionsfähigkeit der inneren Kontrollsysteme der Banken zu zweifeln und stelle das bisherige Vertrauen in Wirtschaftsprüfer und Aufsichtsräte in Frage»[70].

▶ Die *Deutsche Bank* ist – schon wegen ihrer Größe und ihres Renommees – in den letzten Jahren ein besonderes Objekt der Kritik an der Urteilsfähigkeit von Kreditinstituten geworden. Dem Vorstandsmitglied Ronaldo Schmitz wurden nicht nur die Verluste der Bank beim Baulöwen Jürgen Schneider angekreidet. Er hatte mit der Sachsen-Milch die erste börsennotierte Aktiengesellschaft in den neuen Bundesländern forciert, mußte dann aber für Millionen eine Rückkaufaktion einleiten. Der neben Jürgen Schneider schlimmste Fall von fehlender Aufsicht waren die Ölspekulationen, welche die Frankfurter Metallgesellschaft an den Rand des Ruins brachten, und wiederum hatte Ronaldo Schmitz davon nichts gemerkt. Das war sicherlich auch durch Verschleierung von seiten der Metallgesellschaft verursacht, aber das derzeitige System läßt solche Verschleierungen eben erfolgreich werden.

Mitentscheidend für die späten Reaktionen dürfte eine Kultur der Undurchsichtigkeit und des Abschottens gegenüber sogenannten Dritten bei deutschen Großunternehmen – allerdings nicht nur hier – als eine Art

70 Heinz Tutt: «Auch bei Balsam waren die Banken vertrauensselig. Abschlußbericht zur Pleite des Sportboden-Herstellers». Kölner Stadt-Anzeiger, 25. / 26. 3. 1995, S. 11

deutscher Norm sein. So wandte sich der Verwalter des Schneider-Konkurses, Gerhard Walter, dagegen, daß der in solchen Fällen übliche Gläubiger-Ausschuß gebildet wurde: «Die Konstituierung eines solchen Ausschusses hätte bedeutet, den Mitgliedern komplette Akteneinsicht und Kontrollrechte zu gestatten. Die Banken als Hauptgläubiger wünschten aus ebendiesem Grund keine solche Kontrollinstanz. Schließlich hätte dann eine breitere Öffentlichkeit erfahren, zu welchen Konditionen und Vorgaben sie Kredite bewilligt haben, ob die Darlehen vom Vorstand direkt oder auf Zuruf ausgeliehen wurden. Sie dürfen nicht vergessen, daß manche Objekte teilweise bis zum Fünf- bis Sechsfachen ihres Verkehrswerts beliehen wurden. Bisher ist daher alles sehr diskret und geräuschlos vor sich gegangen.» [71]

Vorstandsmitglied Ulrich Weiss wurde Unentschlossenheit bei der Schieflage des großen deutschen Reifenherstellers Continental angelastet, und Vorstandsmitglied Rolf Breuer war erfolglos als Aufsichtsratschef bei dem Werkzeugmaschinenhersteller Maho/Deckel. Vorstandsvorsitzender Kopper selbst wurde und wird heftig kritisiert wegen seiner Politik bei der Verschmelzung von Mercedes mit anderen Firmen. Auf diese Kritik angesprochen, erklärte Kopper gegenüber einem Interviewer: «Wir haben einfach nicht genug Zeit für solche Aufgaben.» [72]

Aber warum behält dann die Deutsche Bank für ihren Vorstand – als Beispiel – 150 Aufsichtsratsmandate bei anderen Firmen? Grundsätzlich wäre Kopper bereit, die Zahl dieser Mandate stark auszudünnen. Aber: Es gibt ja gar nicht genug erstklassige Leute für all die vielen wichtigen Aufsichtsratspositionen dieses Landes. Kopper: «Die Frage nach der Begrenzung von Aufsichtsratsmandaten ist keine Frage für die Deutsche Bank, sondern für die deutsche Industrie. Woher nehmen die denn dann andere Aufsichtsräte?» [73] Wiederum eine Analogie zur Politik, wenn über die mangelnde Qualität von Landtagen und Bundestag geklagt wird.

---

71 «‹Eine feine Pleite›. Insolvenzverwalter Gerhard Walter über die diskrete Abwicklung des Schneider-Konkurses». Focus 16/1995, S. 260
72 Klaus Dieter Oehler: «Nur Populisten werfen Steine auf die Glaspaläste». Stuttgarter Zeitung, 21. 4. 1994
73 Hans Otto Eglau und Nikolaus Piper: «‹Mehr selbstbewußte Bescheidenheit›. Zeit-Gespräch mit Vorstandssprecher Hilmar Kopper über die Folgen der Schneider-Pleite für Geschäft und Image des Branchenführers». Die Zeit, Nr. 18, 29. 4. 1994, S. 27 ff

Für die in den 16 deutschen Landtagen und im Bundestag insgesamt zu besetzenden 3481 Mandate (Landtage 2809, Bundestag 672) gibt es nach Meinung von Politikern kein ausreichendes Reservoir an entsprechend qualifizierten Personen. Ja, bei weitem könne man nicht einmal alle Kabinettspositionen so besetzen, wie das jeweilige Amt es eigentlich erfordere. Aber ist dies richtig? Hat dieses Land wirklich nicht die paar tausend erstklassigen Menschen, die es für die erwähnten Funktionen benötigt?

Die Vernetzung von Wirtschaft und Politik über Banken – das Beispiel WestLB

Es wurde bereits erwähnt, daß sich unter den zehn größten Banken vier im Besitz bzw. unter Kontrolle der öffentlichen Hand befinden: die Kreditanstalt für Wiederaufbau und die drei Landesbanken WestLB, Bayerische Landesbank und NordLB (siehe Grafik, S. 68). Über sie erhält die Politik zusätzlichen Einfluß auf die Wirtschaft. Dies war nur möglich, indem zugelassen wurde, daß diese Banken sich von ihrer eigentlichen Zweckbestimmung weit hinweg entwickelt haben und daß ihr Kreditrahmen über Nacht durch die Zuordnung ihrer jeweiligen Wohnungsbauförderungsanstalt gewaltig vergrößert wurde. Zugleich übertragen Politiker in Ländern, wo das noch nicht geschehen ist (wie in Schleswig-Holstein), den Landesbanken als zusätzliches Geschäft Anteile an Glücksspieleinrichtungen (Lotto, Spielbanken).

Die WestLB ist die größte unter den Landesbanken, inzwischen die Nummer drei unter allen Banken. Wie andere Landesbanken entstand sie aus Girozentralen für die Sparkassen – üblicherweise im Kommunalbesitz – eines Bundeslandes. Heute besteht die WestLB praktisch aus vier Banken unter einem Dach:

- sie fungiert immer noch als **Sparkassen-Zentralbank** (Giro-Zentrale für über 150 Kassen des Landes Nordrhein-Westfalen;
- sie ist daneben eine **Universalgeschäftsbank**,
- zusätzlich die **Staatsbank** des Landes und
- eine **Hypothekenbank**.

Inzwischen wurde der WestLB auch noch die Wohnungsbauförderungsanstalt des Landes angegliedert. Mit dieser Übertragung konnte die WestLB ein zusätzliches haftendes Eigenkapital von rund vier Milliarden DM verbuchen. Damit gelang ihr die Erweiterung ihres Kreditrahmens

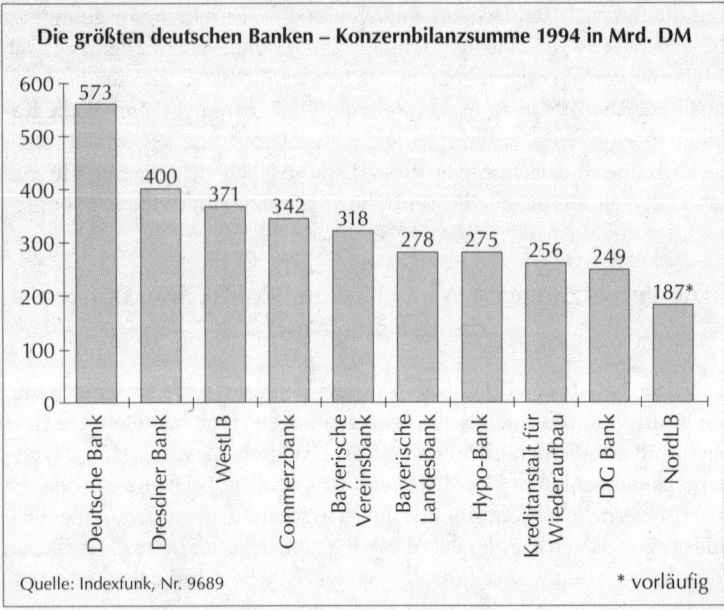

Die größten deutschen Banken – Konzernbilanzsumme 1994 in Mrd. DM

Deutsche Bank: 573
Dresdner Bank: 400
WestLB: 371
Commerzbank: 342
Bayerische Vereinsbank: 318
Bayerische Landesbank: 278
Hypo-Bank: 275
Kreditanstalt für Wiederaufbau: 256
DG Bank: 249
NordLB: 187*

Quelle: Indexfunk, Nr. 9689   * vorläufig

um weitere etwa 40 Milliarden DM, was in Kreisen der privaten Banken und der Kreditgenossenschaften in seiner Legitimität äußerst umstritten war.[74] Dem Sachvermögen nach handelt es sich ja um die Aktivierung von Immobilienbesitz, der als steuerlich geförderter (!) Wohnungsbau entstand.

Der größte Anteilseigner sind nicht die Sparkassen – sie verfügen über 33,4 Prozent der Anteile –, der größte Anteilseigner ist das Land Nordrhein-Westfalen mit 43,2 Prozent. Hinzu kommen die Landschaftsverbände Rheinland und Westfalen-Lippe – die ihrerseits wiederum von den Kommunen getragen und bestimmt werden. Schließlich hat auch noch der Rheinische Sparkassen- und Giroverband 16,7 Prozent des Besitzes. Die Bank ist mithin voll im Besitz öffentlicher Träger, die für eventuelle Haftungsfälle dann mit Steuergeld für Bankverluste aufkommen müßten. «Die Kreditanstalten des öffentlichen Rechts entpuppen sich vielfach als ein Filzknäuel aus Wirtschaft und Politik, von dem niemand so recht

74 «In aller Stille. WestLB-Chef Friedel Neuber jongliert gern mit Firmen. Doch nun braucht er Geld». Der Spiegel, 24. 6. 1991

weiß, wer da eigentlich wen kontrolliert und von wem profitiert.»[75] Sprichwörtlich hierfür wurde die HeLaBa – die Hessische Landesbank.

Aber auch die WestLB hat eine einschlägige Vergangenheit. Ludwig Poullain, der als «Sonnenkönig» unter den deutschen Bankern galt, wurde 1977 fristlos entlassen, was in Düsseldorf eine Regierungskrise auslöste. Poullain hatte einem Grundstücksmakler in Konstanz Millionenkredite gewährt und von diesem Kreditnehmer einen Beratervertrag über 1,1 Millionen DM erhalten; die Maklerfirma machte Pleite. Die WestLB wurde in verschiedenen Verfahren der Konkursverschleppung beschuldigt und verantwortlich gemacht für den Konkurs der Beton- und Monierbau AG 1979. Poullains Nachfolger Johannes Völling stürzte 1981 über Fehlkalkulationen der WestLB und auch durch politische Intrigen.[76]

Seither wird die WestLB von Friedel Neuber geleitet. Noch 1984 lastete man Neuber an, daß seine Geschäfte der WestLB 2,5 Milliarden DM Verlust einbrachten. Dennoch expandierte die WestLB unentwegt. Der Beteiligungsbesitz der WestLB – einschließlich der Banktöchter – belief sich bei Neubers Amtsantritt 1981 auf 938 Millionen DM. Innerhalb von zehn Jahren vergrößerte Neuber diese Anteile um mehr als das Vierfache auf 4,36 Milliarden DM[77]; inzwischen wird der Wert der Beteiligungen auf sechs Milliarden DM geschätzt.[78] Für Niedersachsens Wirtschaftsminister Peter Fischer ist diese Bank die «Wildwest LB» und Neuber ein «kapitalistischer Imperialist»[79].

Die Tabelle auf der nächsten Seite listet die wichtigsten Beteiligungen der WestLB auf.[80]

Es sind in ihr freilich nur direkte Beteiligungen angeführt. Hinzu kommen indirekte Beteiligungen nach dem Schachtelprinzip, zum Beispiel am Marktführer des Tourismus in Deutschland, TUI, über die Walter-Kahn-Verwaltungs-GmbH. Bei der hatten sich viele Splittergesellschaften der TUI zusammengefunden. Der Einstieg in die TUI war Neuber soviel wert, daß er jeden der Prozentpunkte an der Walter-Kahn

75 Rüdiger Liedtke: «Wem gehört die Bundesrepublik? Die Konzerne und ihre Verflechtungen – Namen. Zahlen. Fakten '94», Frankfurt am Main 1993, S. 487
76 ibid.
77 Munzinger-Archiv/Internat. Biograph., Archiv 47/94
78 Focus 12/1995, S. 250
79 «Friedel Neuber: Absurder Verdacht. Der Chef der WestLB wehrt sich gegen jede Kritik an seiner Industriepolitik». Wirtschaftswoche Nr. 41/2. 10. 1992, S. 166
80 Focus Heft 12/1995, op.cit., S. 250

Wichtige Beteiligungen der WestLB Anfang 1995		
	Anteil in Prozent	**Marktwert (Mio. Mark)** *
Preussag	33,5	2300
VEW	10,6	900
LTU	34,3	600
Thomas Cook	90,8	500
Friedr. Krupp	7,1	310
TUI	30,0	300
Asko	10,0	250
Harpener	20,0	160
Kaufhof WaHa	12,5	160
Babcock	10,0	130
Horten	6,0	65
Gerresheimer Glas	10,0	55
Fuchs Petroclub	11,2	35
Summe insgesamt:		**5765**

* Zum Teil geschätzt

mit zehn Millionen DM bezahlte, während seine Mitbewerber bereits bei acht Millionen DM nicht mehr mithalten wollten. Über diese Walter-Kahn-Anteile kann Neuber jetzt indirekt über die TUI verfügen. Nun galt es für Neuber nur noch, das Horten-Stimmrecht an der TUI in seinem Sinn zu klären. «Die Horten-AG steht unter WestLB-Einfluß und hielt ihrerseits wie Schickedanz 50 Prozent an einer Holding, die wiederum 25 % an der TUI besitzt.»[81] Die damit eingeleitete gewaltige Ausdehnung der WestLB im Tourismusgeschäft war nur möglich durch einen weiterhin außerordentlich großzügigen Umgang mit Geld. So zahlte die WestLB für eine Beteiligung von 34 Prozent an der LTU-Lufttransportunternehmung 630 Millionen, während ein Konkurrent, der als besonders gut kalkulierendes Wirtschaftsunternehmen gilt, ab 300 Millionen DM nicht mehr mitbot. Für Thomas Cook gab die WestLB 500 Millionen DM aus, was für Branchenkenner nicht nachvollziehbar war. Allerdings wird für diese Abenteuer in der Touristikbranche auch

81 «Der Konzernschneider von Düsseldorf. Wie Friedel Neuber die Rolle seiner Westdeutschen Landesbank versteht». Süddeutsche Zeitung, 10. 2. 1993

ein politischer Grund vermutet, der dann die unternehmerisch schwer zu rechtfertigenden Ausgaben erklären würde: Der LTU ging es damals schlecht, und sie erwog, aus dem heimatlichen Airport Düsseldorf abzuwandern. Das wollte Ministerpräsident Johannes Rau unter allen Umständen verhindern.[82]

Ein Ende der Expansion ist so lange nicht abzusehen, wie es noch gutgeht. Neuber schwebt wohl eine Tourismus-Holding vor, die er mit der Beteiligung am Airport Düsseldorf, der Kontrolle der Fluglinie LTU, der Beteiligung an TUI, Thomas Cook und an der Köln-Düsseldorfer Deutsche Schiffahrt, von der die WestLB 89 Prozent hält, bilden könnte. Der Einstieg in das Versicherungsgeschäft könnte genutzt werden, um massenhaft über Sparkassenschalter Versicherungen an Private zu verkaufen. Und warum dies alles? Der Sozialdemokrat Neuber: «Der Rendite wegen.»[83]

Heute ist die WestLB in 35 Ländern vertreten. In der Bundesrepublik gehören zu ihren Beteiligungen neben den oben aufgelisteten Unternehmen der Spezialmaschinenhersteller Autania AG, Penta Hotels, Schuh-Union, Pfälzische Lederwerke. Inzwischen ist neben dem Tourismus das Glücksspiel als ein zweiter Schwerpunkt auszumachen. Anteilseigner ist die WestLB nicht nur bei den Spielkasinos des Landes Nordrhein-Westfalen, sondern auch bei folgenden Spielbanken: Spielbank Kassel, Neue Deutsche Spielcasino Berlin, Bremer Spielcasino, WestSpiel Casino Dänemark und nicht zuletzt beim Nordwestlotto.

Wichtige Einflußmöglichkeiten sicherte sich die WestLB durch Beteiligungen an anderen Landesbanken: 40 Prozent an der Landesbank Schleswig-Holstein, 37,5 Prozent an der Landesbank Rheinland-Pfalz. Das geschah jedesmal in Zusammenarbeit mit der Südwestdeutschen Landesbank Stuttgart, die ihrerseits 9,9 Prozent der Kieler und 12,5 Prozent der Mainzer Bank übernahm. Indem sie mit der Stuttgarter Bank kooperiert, ist die WestLB zugleich mit der Sächsischen Landesbank verbunden – wiederum ein Beispiel für die Schachtelei. Eine Fusion mit der HeLaBa dagegen war gescheitert. Neuber und die WestLB verfolgten ursprünglich das Ziel, zu einem Zusammenschluß von Landesbanken unter Einbezug der Deutschen Girozentrale zu kommen. Eine denkbare Lösung für Neuber war, sollte es nicht zu einem Zentralinstitut kommen,

82 ibid.
83 Focus 12/1995, op. cit., S. 251

die WestLB zur führenden Bank zu formen, die dann andere Landesbanken hätte aufnehmen können.[84] Neubers Expansionsgelüste stießen insbesondere bei der niedersächsischen Landesregierung auf Widerstand. Für Ministerpräsident Gerhard Schröder ist sein Parteigenosse – wie für seinen Wirtschaftsminister – schlicht ein machtgieriger «Imperialist»[85].

Das mit dieser Expansion geförderte Zusammenwirken zwischen Politik und Wirtschaft wird an dem Werkzeugunternehmen Gildemeister AG in Bielefeld deutlich. An dem wirtschaftlich sehr angeschlagenen Unternehmen beteiligte sich die WestLB – wie Neuber erklären ließ – mit weniger als 20 Prozent.[86] Inzwischen hat es wiederholt erhebliche Hilfsgelder von der Landesregierung empfangen. Die WestLB steckte 1994 in die Gildemeister AG ca. 200 Millionen DM. Bereits 1993 war unter Führung der WestLB auf Forderungen von 32 Millionen DM der kreditgebenden Banken verzichtet worden, und zuvor, im Jahre 1985, hatte die WestLB die Rückzahlung von Darlehen in Höhe von 47 Millionen DM gestrichen. Der wichtigste Konkurrent der trotz dieser Unterstützungen weiter am Rande des Bankrotts lavierenden Gildemeister AG ist die Kölner Firma Alfred Schütte, die nichts aus öffentlichen Kassen erhält und dennoch schwarze Zahlen schreibt. Sie protestiert verständlicherweise gegen diese Wettbewerbsverzerrung im Gefolge einer Interessengemeinschaft von Politik und Bank.[87]

In bezug auf einige Gewohnheiten und vor allem im Führungsstil ist Neuber Politiker geblieben. Von ihm heißt es, daß er Mitarbeiter betont menschlich behandelt, sich Informationen an den offiziellen Wegen vorbei sucht und öfters nach Gefühl entscheidet. Er legt aber auch Wert darauf, daß sein Handeln stets durch Vorstandsbeschlüsse gedeckt ist, die nach schriftlichen Vorlagen erfolgen.[88] Zugleich schildern ihn andere aber auch als Machtmenschen. So knüpfte Neuber vor allem in Nord-

84 «‹Unser Konzept steht›. Ein ZEIT-Gespräch mit dem Vorsitzenden der Westdeutschen Landesbank, Friedel Neuber / Von Bernhard Blohm und Heinz-Günter Kemmer». Die Zeit, 13.10.1989; «Wir haben eine Neigung, vieles zu zerreden». Der Vorstandsvorsitzende der Westdeutschen Landesbank, Friedel Neuber, im Gespräch mit DS-Redakteur Ewald B. Schulte». Deutsches Allgemeines Sonntagsblatt, Nr. 51/52, 21.12.1990, S. 12f
85 «Friedel, was machst du da?». Der Spiegel, op cit.
86 Munzinger-Archiv, op. cit., S. 3
87 Ingrid Herden: «Schütte-Beschwerde findet lebhaftes Echo in der Branche». Kölner Stadt-Anzeiger, 23./24.4.1994
88 «Friedel Neuber: Absurder Verdacht». Wirtschaftswoche, op. cit.

rhein-Westfalen ein umfassendes Beziehungsnetz, zu dem nicht nur Politiker von SPD, CDU und FDP gehören, sondern auch einflußreiche Wirtschaftler wie Erwin Conradi, Karl-Josef Neukirchen und Berthold Beitz.[89]

Die WestLB kann als Musterbeispiel für den Einzug von Parteipolitikern in Kontrollpositionen der Wirtschaft gewertet werden.

Vorstandsvorsitzender Friedel Neuber ist zugleich

- Vorsitzender des Aufsichtsrates der Preussag AG,
- des Aufsichtsrates der Deutschen Babcock AG sowie
- des Aufsichtsrates der LTU;
- Aufsichtsratsmitglied bei der Friedr. Krupp AG Hoesch-Krupp,
- der RWE AG,
- der STEAG,
- der Deutschen Bahn AG,
- der Solvay GmbH (Chemie),
- der Douglas Holding AG sowie
- der VIAG AG;
- Vorstandsvorsitzender des Verbandes öffentlicher Banken (VöB).

Im Verwaltungsrat der WestLB sitzen unter anderem

- Landesfinanzminister Heinz Schleußer, SPD, als Vorsitzender,
- Wirtschaftsminister Günther Einert, SPD
- Leo Dautzenberg, CDU Vorsitzender des Haushaltsausschusses von NRW,
- Friedhelm Farthmann, Ex-Fraktionsvorsitzender der SPD,
- Michael Geuenich, Bundesvorstand des DGB,
- Heinz Ruhnau, SPD, früher u.a. Chef der Lufthansa.

Den im Verwaltungsrat dominierenden Politikern wird – ebenso wie Neuber selbst – vorgeworfen, sich «nicht immer von bankwirtschaftlichen Motiven leiten zu lassen»[90].

Unter Fachleuten gibt es Zweifel, ob die Eigenkapitalmasse der WestLB die rasante Ausdehnung von Beteiligungen in Risikobereichen letztlich trägt. Für Manager der Deutschen Bank beispielsweise fährt Neuber «einen höchst gefährlichen Expansionskurs»[91]. Aber wie der Konkursfall Crédit Lyonnais im Frühjahr 1995 in Frankreich zeigt, kann

89 Der Spiegel, 28. 9. 1992
90 Wirtschaftswoche (Peter Hauptvogel und Markus Hennes): «Teure Rentnerband». 14. 2. 1992, S. 134 f
91 «Friedel, was machst du da?». Der Spiegel, op. cit.

im Fall eines Fehlschlages einer Staatsbank wenig passieren. So wie bei Crédit Lyonnais der französische Staat einspringt, wäre im Fall eines Fehlschlages der WestLB der Steuerzahler des Landes Nordrhein-Westfalen genötigt, die Bank aufzufangen.

Daß dies alles kein Thema öffentlicher Diskussion ist, dürfte nicht zuletzt der geschickten PR-Politik von Friedel Neuber und der WestLB zu danken sein. So gehört zur Betreuung von Journalisten womöglich das Bemühen, ihnen über einen Investment-Club von Nutzen zu sein. Vorsitzender des Investment-Clubs für Journalisten in Düsseldorf ist jedenfalls der Pressesprecher der WestLB, Dr. Friedhelm Plogmann.

Die gegenseitige Durchdringung schreitet fort

Die gegenseitige Durchdringung verschiedenster Unternehmen im Kapitalbesitz von *Bayernwerk*[92] und der *Viag* – unter maßgeblicher Beteiligung öffentlicher Hände, direkt oder um Ecken – ist ein charakteristisches Beispiel für die Entwicklung der deutschen Wirtschaftsstruktur.

Zu Beginn der sechziger Jahre war das Bayernwerk ein regionaler Stromversorger, der sich unter dem Einfluß Jochen Holzers, seit 1978 stellvertretender Vorstandsvorsitzender, zum drittgrößten Energieversorgungsunternehmen in Deutschland entwickelte. Mehrheitsaktionär war der Freistaat Bayern. Ab 1988 expandierte das bayerische Unternehmen dann vom alleinigen Stromversorger Bayerns[93] zu einem Firmenkonglomerat.

Zuerst kaufte das Bayernwerk 14,9 Prozent der Aktien des vormals staatlichen Mischkonzerns Viag nach dessen Privatisierung durch den Bund. Ein Jahr später erhöhte es seine Beteiligung bei seinem eigenen größten Anteilseigner auf 24,9 Prozent. Die Viag hielt zu diesem Zeitpunkt 38,8 Prozent der Aktien des Bayernwerkes.[94] Zudem übernahm der Münchener Konzern knapp 50 Prozent der PWA Papierwerke und

---

92 Siehe zum Bayernwerk auch: Rüdiger Liedtke: «Wem gehört die Republik? '94». Frankfurt am Main 1993, S. 69–75
93 Die deutsche Elektrizitätswirtschaft wird durch Gebietsmonopole bestimmt. Diese waren in den zwanziger Jahren im Gefolge wirtschaftlicher Turbulenzen durchgesetzt worden und blieben bis heute unangetastet – ja, sie wurden auf das Gebiet der früheren DDR ausgedehnt.
94 «Gegen das Bayernwerk geht jetzt bei der Viag nichts mehr». FAZ, 21.7.1989

die Mehrheit des Düsseldorfer Glasherstellers Gerresheimer Glas AG. Mit der Viag erwarben die Bayern über die gemeinsame Zwischenholding VBB Viag-Bayernwerk-Beteiligungsgesellschaft das Duisburger Handelshaus Klöckner, das sich zuvor durch Ölgeschäfte 600 Millionen DM Verluste eingehandelt hatte. Die Begründung Holzers für das Engagement in Branchen außerhalb des erfolgreichen Energiebereichs: Er müsse drei Milliarden DM liquide Mittel anlegen, die in späteren Jahren bei Entsorgung und Abriß der fünf Atomkraftwerke benötigt würden; und auf ein Girokonto könne er das Geld ja nicht legen. Daß das Management des Bayernwerks in diesen neuen Branchen nicht sachkundig sei, hielt Holzer für unproblematisch. Für die *Zeit* war er damit das Gegenteil eines «trägen Verwalters eines risikolosen Geschäfts»[95]. Ein weiterer spektakulärer Zukauf von Viag und Bayernwerk über die VBB war 1992 die Übernahme von 33 Prozent des Transport- und Verkehrsunternehmens Kühne & Nagel. Gestützt durch die große Finanzkraft des Bayernwerkes, sicherte Holzer damit den Ausbau von Viag zu einem in Industrie und Handel maßgeblichen Konzern.

Das Ziel hinter diesen Aktivitäten, welche Holzer gemeinsam mit dem Viag-Vorstandsvorsitzenden Dr. Alfred Pfeiffer verfolgte, war, beide Unternehmen zu einem großen Mischkonzern zusammenzuführen, der dominant privatwirtschaftlich ausgerichtet ist. Bei Ministerpräsident Max Streibl scheiterte Holzer mit seinem Wunsch. Streibl war nicht bereit, «Tafelsilber» zu verkaufen.[96] Sein Nachfolger Edmund Stoiber machte dann im Juli 1993 den Weg zu der Firmenverschmelzung frei: Die Regierung verkaufte ihren Anteil am Bayernwerk an die Viag, bezog dafür einen Barausgleich von 2,3 Milliarden DM, sicherte sich aber als größter Aktionär eine Sperrminorität durch die Übernahme einer Viag-Beteiligung von 25,1 Prozent. Damit behielt die Landesregierung ihren maßgeblichen Einfluß auf die Neuordnung der Viag – wie Stoiber formulierte, aus «Verantwortung» gegenüber dem Bayernwerk und seiner Tochtergesellschaften. Auch wünsche Bayern als Anteilseigner weiter Einfluß auf die Energiepolitik ausüben zu können. Längerfristig wolle die Regierung allerdings, daß sich der Staat aus dem Unternehmen zurückziehe.[97]

95 Karl-Heinz Büschemann: «Reich und unersättlich. Durch Firmenaufkäufe wandelte sich der Stromversorger zum Industriemulti». Die Zeit, 3. 2. 1990
96 «Das Bayernwerk und die Viag rücken enger zusammen». FAZ, 28. 10. 1992
97 «Überraschend hoher Preis für Teilverkauf des Bayernwerkes». FAZ, 11. 3. 1994

Seit 1988 haben sich Umsatz, Ergebnis und Zahl der Beschäftigten bei der Viag – insbesondere durch die Übernahme des Bayernwerkes – vervierfacht, so Viag-Finanzchef Georg Obermeier. Eine solche Entwicklung habe kein vergleichbares Unternehmen in Deutschland vorzuweisen.[98] Das Ende der Expansion sei – so Holzer – aber jetzt erreicht. Holzer als Mentor von Obermeier hat diesen im übrigen für die Nachfolge des zum 1. August 1995 vorzeitig ausscheidenden Vorstandsvorsitzenden Pfeiffer durchgesetzt.[99]

Instruktiv ist auch die Undurchsichtigkeit von Entwicklung und Konstruktion der *Metro-Gruppe*[100] seit 1964. Indem möglichst Publizität vermieden wurde, entstand durch Zukauf von Anteilen von Horten, Kaufhof, LTU, ITS[101], Huma, Saturn, Hansa, Realkauf und wahrscheinlich auch TUI ein Handelsriese. Anhand der Entwicklung dieser Metro-Gruppe läßt sich die heutige Wirkungslosigkeit des Kartellamtes und die Vorliebe des Führungspersonals auf höchster Ebene für Verflechtungen besonders deutlich zeigen.

Begonnen hatte alles mit einer Übertragung amerikanischer Ideen in die Bundesrepublik durch die Unternehmerpersönlichkeit Otto Beisheim. Er gründete in der Bundesrepublik, zunächst auf der Ebene des Großhandels, Selbstbedienungsläden des Typs Cash und Carry. 1977 wurden die inzwischen 60 Großmärkte durch Einzelhandelsketten erweitert. Hierfür war der Erwerb der Hurler-Gruppe eine Schlüsselentscheidung. Dem ging die Erweiterung des Geschäftes nach Frankreich, Dänemark und die Niederlande voraus. Anfang der achtziger Jahre wurde die Kontrolle über den Kaufhof-Konzern erlangt, der selbst wiederum eine ganze Kette von Unternehmen kontrolliert: so Kaufhalle, Saturn/Hansa und ITS (die – wie ausgeführt – dann 1995 an REWE verkauft wurde), Vobis, Wenz, Reno, Oppermann. Vor allem aber kontrollierte inzwischen der Kaufhof die Kaufhauskette Horten. Damit sind im deutschen

---

98 «Viag vor dem Sprung in neue Dimensionen». Süddeutsche Zeitung, 10. 10. 1994
99 «Obermeier folgt Pfeiffer an der Viag-Spitze». FAZ, 6. 11. 1994
100 Siehe zur Metro auch: Rüdiger Liedtke: «Wem gehört die Republik? '94». Frankfurt am Main 1993, S. 296–303
101 ITS wurde inzwischen weiterverkauft an die REWE, Deutschlands größtem Anbieter auf dem Lebensmittelmarkt. An sich war es der Wunsch des Marktführers auf dem Touristikmarkt, TUI, seinerseits beherrscht von der WestLB, das Touristikunternehmen ITS zu kaufen, aber hier hatte das Kartellamt doch Bedenken geäußert.

Kaufhausgeschäft im wesentlichen nur noch zwei Konglomerate übriggeblieben: Kaufhof / Horten und Karstadt / Hertie.

Der entscheidende Durchbruch gelang mit dem Einstieg bei der Asko. Asko steht als Kürzel für «Allgemeine Saar-Konsum eGmbH»; das Unternehmen begann als sozialdemokratisch beeinflußte Konsumgenossenschaft. Die Asko wurde als erste Konsumgenossenschaft in eine AG umgewandelt, die sich dann zum Discounter Nummer eins auf der grünen Wiese entwickelte. Man machte gemeinsame Sache mit der Leibbrand-Gruppe und erwarb eine 50prozentige Beteiligung an der Massa-AG – einer weiteren Großselbstbedienungsladenkette der Lebensmittelbranche. Anfang 1991 war Klaus Wiegandt Vorstandsvorsitzender geworden, der mit der REWE als weiterem Großunternehmen des Lebensmittelvertriebes verbunden war. Inzwischen sind Leibbrand und Asko über verschiedene Personen miteinander verflochten.

Mit der Mehrheitsbeteiligung bei Asko erreicht die Metro inzwischen einen Umsatz von weit über 70 Milliarden DM. Die bestimmende Figur ist neben dem Unternehmer Otto Beisheim Erwin Conradi, der eng mit Friedel Neuber befreundet ist. Das ist plausibel, weil Neubers WestLB zehn Prozent der Asko-Anteile im Werte von ca. 250 Millionen DM hält und zudem inzwischen Anteilseigner bei Metro geworden ist. Überhaupt wird in der Branche der rasante Aufstieg von Metro damit erklärt, daß die WestLB entsprechende Finanzmittel bereitstellte. Der engen Bekanntschaft von Erwin Conradi mit dem Sozialdemokraten Friedel Neuber von der WestLB tut es keinen Abbruch, daß die Metro Verschachtelungsformen gewählt hat, die sie nicht nur befähigt, die bei deutschen Großunternehmen übliche Publizitätspflicht zu vermeiden, sondern vor allem auch die Mitbestimmung.

Der andere Branchenriese des Lebensmittelvertriebes ist die *REWE*. Sie begann 1926 als Einkaufsgenossenschaft für den Lebensmittelgroßhandel. Insbesondere nach dem Ende des Zweiten Weltkrieges schlossen sich immer weitere örtliche Genossenschaften der REWE an, bald auch Genossenschaften von Einzelhändlern. 1977 wurde Hans Reischl der Vorsitzende, der die komplizierte Genossenschaft straffte und zugleich Anteile an anderen Unternehmungen erwarb. Hierzu gehören die Einzelhandelskette Leibbrand (inzwischen verknüpft mit Metro, siehe oben), die Stüssgen AG sowie Kaiser und Kellermann. Heute ist die REWE-Gruppe die umsatzstärkste Handelsorganisation mit großen Beteiligungen im Ausland. Wie im Lebensmittel-Selbstbedienungsgeschäft allgemein gewinnt der Bereich Non-Food an Bedeutung, und entsprechend hat REWE neben ITS auch Atlas-Reisen gekauft. Zur REWE-Gruppe gehören inzwischen weiter die Penny-Discount-Märkte, die Toom-Warenhäuser und zahlreiche Fachmärkte sowie die Globus-Warenhäuser.

Tengelmann als dritter Konkurrent ist ein Familienunternehmen in vierter Generation, das aus einem 1867 von den Brüdern Schmitz-Scholl gegründeten «Tante-Emma-Laden» hervorging. Alleingeschäftsführender Gesellschafter ist Erivan Haub, der 1969 seinen Onkel Karl Schmitz-Scholl beerbte. Unter seiner Führung expandierte Tengelmann durch den Erwerb zuerst der Kaiser's Kaffee AG (1972) und durch die Gründung der Plus-Kette als Konkurrenz zu Aldi. Innerhalb der Tengelmann-Gruppe ist damit sowohl der anspruchsvolle wie der Billigmarkt an Lebensmitteln abgedeckt. Zum Tengelmann-Reich gehören weiter (unter anderem) der Non-Food-Discounter Rudis Reste Rampe mit so unterschiedlichen Angeboten wie Elektrogeräten, Spielzeug, Freizeitbekleidung, die kaiser's drugstores (kd-Märkte), MAGNET SB-Warenhäuser, GROSSO- und die OBI-Bau- und -Heimwerker-Märkte sowie zuvor von der Hettlage-Gruppe gehaltene Anteile der MODEA-Bekleidungsmarkt GmbH. Mit dem Erwerb von 52 Prozent des ältesten Lebensmittel-Filialunternehmens der Welt, der amerikanischen A&P-Gruppe, wurde Tengelmann der weltweit größte Einzelhandelsfilialist. Erivan Haub, der zu den Reichsten in Deutschland gehört, dürfte zugleich einer der Unbekanntesten sein.[102]

Eine Sonderstellung nimmt die Aldi-Kette ein, die sich – wie Tengelmann – im Familienbesitz befindet. Die beiden Inhaber, die Brüder Karl und Theo Albrecht, entwickelten die Idee, die Bundesrepublik mit einem Netz von «Albrecht-Discount-Läden» («Aldi») zu überziehen, in denen lediglich 600 Artikel schmucklos in Kartons angeboten werden. Zwischenzeitlich verfügen sie über etwa 2250 Filialen (Stand 1992) allein in Deutschland. Anders als die drei großen Konkurrenten Metro, REWE und Tengelmann bauten die Brüder Albrecht ihr Imperium ausschließlich durch Neueröffnungen (statt Zukauf) von Lebensmittelläden auf. Mittlerweile beträgt ihr Marktanteil im Handel mit Nahrungs- und Genußmittel etwa 15 Prozent. Über das Aldi-Imperium gibt es kaum verläßliche Angaben; durch eine geschickte gesellschaftsrechtliche Aufsplitterung in Stiftungen und regionale Gesellschaften haben die Brüder

102 Liedtke: «Wem gehört die Republik?», op. cit., S. 436–441

Albrecht es vermocht, im juristischen Sinn nicht als Konzern zu fungieren und entsprechend auch keiner Publizitätspflicht zu unterliegen.[103]

Die Existenz von Giganten wie dem Duo Metro / REWE und Tengelmann mit ihren Unter-Unternehmen hat zur Folge, daß heute im Lebensmitteleinzelhandel und bei Kaufhäusern, einschließlich der Fachmärkte, eine weitestgehende Verfilzung existiert. Zwar wird untereinander durchaus konkurriert, aber ein Verdrängungswettbewerb zwischen den Großen ist ausgeschlossen. Diese Marktmacht erlaubt es nun den Handelskonzernen, ebenso wie Aldi, den Lieferanten Bedingungen («Konditionen») vorzugeben. Das soll bis zu der Aufforderung an Lieferanten gehen, dies oder jenes als «Spende» an das Führungspersonal dieses oder jenes Hauses zu leisten. Jedenfalls verlagert sich der Wettbewerb vom Preiskampf im Einzelhandel unter den großen Marktführern hin zum Ertrotzen von Konditionen in den Verträgen mit den Zulieferern.

Für den kleinen selbständigen Einzelhandel wird diese Verfilzung der Konzerne inzwischen existenzbedrohend. So bezeichnete der Präsident des Hauptverbandes des Deutschen Einzelhandels (HDE), Hermann Franzen, den durch heftige Preiskämpfe ausgelösten Verdrängungswettbewerb als «kannibalisierenden Preisverfall», der sich nur für die Discounter und Fachmärkte positiv auswirke. Er befürchtet als Auswirkung eine schnell zunehmende Zahl von Unternehmenszusammenbrüchen.[104]

Trierer Forscher orten ein Verflechtungszentrum, das in dieser Geschlossenheit in keinem anderen westlichen Industriestaat existiere. Eine solche gegenseitige Durchdringung der Unternehmen, ein solches Netzwerk über zwei, drei, vier Stufen hinweg nennen sie «kooperativer Kapitalismus»[105]. Man darf annehmen, daß die Intensität der Konkurrenz unter diesen Unternehmen, die überwiegend zur Finanzwirtschaft gehören, sich in Grenzen hält.

Zweierlei ist für die Leitungsebene der größten Unternehmen in Deutschland kennzeichnend:

103 Liedtke: «Wem gehört die Republik?», op. cit. S. 30–33
104 «Der Einzelhandel bleibt von Sorgen geplagt. HDE: Umsatz-Einbrüche und überzogene Lohnforderungen / Harte Tarifrunde angekündigt». FAZ, 24.3.1995, S. 19
105 Paul Windolf und Jürgen Beyer: «Kooperativer Kapitalismus». 1995, op. cit.

- Die zuvor erwähnte wechselseitige Durchdringung mit direkten und indirekten (über Zwischenglieder) gegenseitigen Beteiligungen.
- Wer einmal auf der Vorstandsebene rangiert, fällt bei Versagen und sogar Fehlverhalten fast immer weich. Eigentlich ist «Fallen» die falsche Metapher. Treffender ist zu sagen, daß man seitlich wegrutscht in eine andere Position, die keine grundsätzliche Änderung der Lebensführung erzwingt – ähnlich wie in der Politik.

▶ Ein Beispiel dafür, daß in Deutschland eine Führungskraft, nachdem sie einmal in den Machtadel aufstieg, auch bei Mißerfolgen keineswegs ins Nichts fällt, ist *Manfred Lennings*. Zuerst gelang ihm eine Traumkarriere. Bei der Gutehoffnungshütte Aktienverein (GHH) begann er als Vorstandsassistent. Mit 32 Jahren war Lennings bereits Handlungsbevollmächtigter, mit 33 Prokurist, mit 34 Direktor und noch im selben Jahr Vorstandsmitglied der Deutsche Werft AG, damals mehrheitliche GHH-Tochter. Wieder zwei Jahre später stieg er zum Vorstandsvorsitzenden der Howaldtswerke Deutsche Werft AG auf. Dann beriefen ihn – für die Öffentlichkeit überraschend – die Großaktionäre 1973 im Alter von nur 39 Jahren zum Vorstandsvorsitzenden der GHH. Für *Capital* war er im Februar 1975 der «Manager des Monats»[106].

Seine Karriere bei der GHH endete jedoch abrupt: Die größte der Konzernfirmen, die MAN, war ins Trudeln gekommen. Der Verlust dieses Vielproduktunternehmens belief sich im Geschäftsjahr 1982/83 auf 300 Millionen DM. Schuld an diesem Einbruch bei der traditionsreichen MAN wurde Lennings als Chef der Muttergesellschaft und Aufsichtsratsvorsitzendem der MAN gegeben. Er habe durch seinen Führungsstil – mit Vorliebe delegierte Lennings Aufgaben – der MAN einen zu großen Spielraum für eigene Entscheidungen überlassen und seine Kontrollfunktion vernachlässigt.[107] Lennings legte ein Sanierungskonzept vor, scheiterte mit seinen Plänen für eine Neustrukturierung mit personellen Konsequenzen aber am Widerstand Paul Lichtenbergs, der als Aufsichtsratsvorsitzender der Commerzbank einen der wichtigsten An-

106 «Manfred Lennings, deutscher Industriemanager; Dr.-Ing.». Munzinger-Archiv/Internat. Biograph. Archiv 42/93
107 «Voll getroffen – Manfred Lennings, Vorzeige-Mann der deutschen Industrie, tritt ab». Der Spiegel, 24. 10. 1993

teilseigner im Aufsichtsrat der GHH vertrat.[108] Lichtenberg war auch zuvor schon von Lennings' Managerqualitäten weniger überzeugt gewesen und setzte jetzt die Ablösung Lennings' als Aufsichtsratsvorsitzender der MAN durch Klaus Götte durch. Lennings zog die Konsequenz aus dieser Machtbeschneidung und trat auch als Vorstandsvorsitzender der GHH zurück.[109]

Ihm verblieben aber eine ganze Reihe wichtiger Aufsichtsratsämter. Um eine Führungsposition, die ihm Routine und Abhängigkeiten aufgedrängt hätte, brauchte er sich nach seiner als Unrecht empfundenen Niederlage nicht zu bemühen.[110] Die wichtigste Auffangstation sollte für Lennings Friedel Neuber werden, der ihm unmittelbar nach seiner Demission aus der GHH zum Industrieberater der WestLB ernannte. Von dieser Position aus konnte Lennings dann im Einvernehmen mit Neuber maßgeblich die Übernahme des Dortmunder Konkurrenten Hoesch durch die Essener Traditionsfirma Krupp, zu deren Aktionären die WestLB zählt, vorbereiten.[111] Im Januar 1989 wurde er in den Aufsichtsrat der Fried. Krupp berufen, bereits Mitte des Jahres übernahm Lennings in der Nachfolge von Berthold Beitz den Vorsitz. Auch einen weiteren bekannten Manager beerbte er: Als Jens Odewald den Vorsitz im Verwaltungsrat der Treuhand 1993 niederlegte, rückte Lennings in diese Position nach. Heute ist Lennings wieder oben: Aufsichtsratsvorsitzender von Hoesch-Krupp, der Gildemeister AG (siehe deren Verbindung zur WestLB), der Hamburger Stahlwerke GmbH und der IVG AG sowie Aufsichtsratsmitglied bei Alcatel-SEL, Bayer, Shell, Kabelmetal Electro und Preussag.[112]

108 «Klaus Götte, deutscher Industriemanager und Finanzfachmann; Dr. jur.». Munzinger-Archiv/Internat. Biograph. Archiv 13/92, S. 1
109 Der Spiegel, 24.10.1993, op. cit.
110 «Manfred Lennings 60 Jahre». FAZ, 22.2.1994
111 Manfred Przybilski: «Die Macht am Rhein». Stern, 12.4.1995
112 Lennings, Munziger-Archiv, op. cit.

Der Einfluß von Spitzenmanagern

Verflechtung zwischen Personen und Institutionen hat in Deutschland Tradition. Sie bedeutet eine Fülle von Beziehungen in die Gesellschaft hinein. Nach unseren Auswertungen äußert sich das nicht in erster Linie in Mitgliedschaften in formellen Beratergremien oder in Wahlämtern. Mitglied eines Beratergremiums für Politiker sind nur 16 Prozent, und lediglich vier Prozent haben ein Mandat. Die Kontakte werden vielmehr sowohl über die Mitgliedschaft in wirtschaftlichen Verbänden und Institutionen als auch in Form von persönlichen Beziehungen geknüpft.

	Bloße Mitgliedschaft (in Prozent)	Davon Funktionsträger (in Prozent)
Berufsverbände	11	21
Kammern	7	37
Industrieverbände	9	35
Arbeitgeberverbände	4	29
Handwerksverbände	1	1
Landwirtschaftsverbände	1	1
Sonstige Wirtschaftsverbände	4	22

Der bereits erwähnte Multifunktionär Dr. h. c. Horst K. Jannott listet in der Auskunft über seine Person zehn Ämter in Wirtschaft, Wissenschaft und Politik – «(Auswahl)»! – sowie 17 Mandate in karitativen und kulturellen Institutionen auf. Die früher erwähnten 30 Entscheidungs- bzw. Aufsichtsfunktionen hinzugenommen, kann das selbstverständlich nur bedeuten, daß Jannott lediglich Botschafter für Texte ist, die ihm zugesteckt werden. Von Hilmar Kopper heißt es, selbst bei einer wichtigen Kreditvergabe bekomme er von seinen Mitarbeitern Informationen, die auf zwei Schreibmaschinenseiten passen. Ämterhäufung scheint uns in Wirtschaft und Politik nicht selten bis zu einem Grad gesteigert zu werden, der schon wieder zu einer Art von Entmachtung führt. Ämterhäufung bedeutet dann: keine eigene Kontrolle über die Entwicklung von Sachverhalten mehr, wohl noch über Personalentscheidungen.

Es versteht sich auf dieser Führungsebene in Großbetrieben, daß eine Funktion in einem Gremium häufig ebenfalls auf der obersten Ebene wahrgenommen wird. Das ist sehr oft der Fall in Berufsverbänden, noch stärker in den Verbänden der Wirtschaftsvereinigungen, aber besonders ausgeprägt in den Industrieverbänden. Als Funktionär im Arbeitgeberverband ist man aber meist auf einer mittleren Ebene tätig.

Unsere Frage nach den Institutionen und Organisationen, zu denen regelmäßige Kontakte unterhalten werden, brachte in einigen Fällen eine überwältigende Fülle von Angaben. Dabei hatten wir eingeschränkt, daß man diese Kontakte zumindest mehrmals jährlich haben sollte. 26 Bereiche hatten wir vorgegeben – von karitativen Verbänden über Regierungspräsidenten bis zur politischen Spitze.

Im Mittel (Median) werden Kontakte zu sieben der insgesamt 26 Bereiche genannt.

Regelmäßige Kontakte zu:	Prozent
Parteivorstände auf Bundes- und Landesebene	24
Bundestagsfraktion/Fraktionsarbeitskreise	27
Bundestagsausschüsse	16
Bundeskanzler/Kanzleramt	24
Leitungsebene von Bundesministerien	45
Leitungsebene von Oberen Bundesbehörden	25
Bundespräsident/Präsidialamt	7
Bundesgerichte	1
Bundesbank, Landeszentralbank	21
Staatskanzleien der Ministerpräsidenten	34
Leitungsebene von Länderministerien	40
Regierungspräsidenten	19
Supranationale Institutionen (UNO / NATO / WHO / UNESCO / KSZE)	7
Institutionen der Europäischen Gemeinschaft	31
Bankvorstände, Versicherungsvorstände	82
Spitzenverbände der Wirtschaft	66
Andere Spitzenverbände	16
Leitungsebene von DAG, BGB und Industriegewerkschaften	36
Presse- und Informationsdienst	14
Redakteure von Funk und Fernsehen	54
Redakteure von Zeitungen und Zeitschriften	75
Leiter von Forschungseinrichtungen	41
Führende Kirchenleute	17
Kulturelle Institutionen	32
Karitative Institutionen	24
Anderes	7

Die verschiedenen Werte können als Indiz für drei strukturbestimmende Elemente des Wirtschaftssystems gelesen werden, die offensichtlich in der Bundesrepublik besonders wichtig sind: In ihnen drückt sich zunächst die Zentralität des Finanzwesens für die Steuerung der Wirtschaft aus. Bank- und Versicherungsvorstände sind mit 82 Prozent die häufigsten Partner überhaupt. Dann folgend die Medien, worauf wir noch zurückkommen. An vorderer Stelle dieser Aufzählungen werden weiter Kontakte zu den Leitungsebenen der Ministerien genannt. Wird das verglichen mit Kontakten zu Institutionen der freien Wirtschaft, dann wird deutlich, wie wichtig die öffentliche Hand für die Leitung eines sehr großen Unternehmens ist.

Zur Auseinandersetzung mit der Frage, wie homogen die Praxis der Kontaktpflege innerhalb der Führungsschicht ist, werden diese Kontakte in der nebenstehenden Übersicht nach Branchen aufgegliedert wiedergegeben. Wie ersichtlich, ergibt sich eine Vielfalt an Beziehungen, die verschiedene Branchen unterschiedlich häufig unterhalten.

Zwei Branchen pflegen besonders vielfältige und häufige Beziehungen zu den zehn von uns hier überprüften institutionellen Bereichen. Die Grundstoffproduktion hat besonders enge Kontakte zu den Bundesministern, gefolgt von den Beziehungen zu den Länderministern. Bei den Dienstleistern sind die Kontakte zu den Bundesministern und den Staatskanzleien ebenfalls auffällig, weiter zu den Fraktionen und zu den Parteivorständen. Sowohl Führungspersönlichkeiten in der Grundstoffproduktion als auch im Dienstleistungssektor berichten besonders oft von Kontakten zum Bundeskanzler.

Banken und Versicherungen pflegen insbesondere Beziehungen zur Bundesbank, den Landesbanken, den Bundesbehörden und danach erst zu den Bundesministern. Bei den Vertretern der Branchen Nahrungs- und Genußmittel sowie im Handel streuen die Kontakte über die verschiedenen institutionellen Bereiche besonders gleichmäßig, während sie umgekehrt im Fall des Baugewerbes auf nur drei Bereiche konzentriert sind – in der Reihenfolge der Intensität Länderminister, Bundesbehörden und Bundesminister.

Von den institutionellen Bereichen aus gesehen überrascht, daß die Kontakte zu den Fraktionen intensiver sind als zu den Parteivorständen und diese wieder wichtiger als die zu den Ausschüssen. Nach der Literatur über Lobbying war die umgekehrte Rangfolge zu erwarten. Insgesamt aber bleibt der im engen Sinn politische Bereich weniger wichtig als der Kontakt in erster Linie zu den Ministern und dann zu anderen Behör-

Kontakte aus	Kontakte zu									
	P	F	A	M	K	B	PR	BL	S	L
	(in Prozent)									
Verbandswesen	27	46	27	55	36	9	9	36	36	18
Grundstoffproduktion	22	22	11	67	44	33	11	11	44	67
Investitionsgüter	26	26	16	42	19	16	13	23	32	42
Nahrung und Genuß	31	23	23	31	8	23	15	8	15	31
Baugewerbe	–	–	–	29	–	43	–	–	–	71
Handel	25	25	25	25	25	–	25	25	–	25
Banken	12	12	12	35	12	42	19	46	31	23
Dienstleistungen	67	67	40	100	67	50	–	20	83	67
Wissenschaft	–	33	33	33	–	33	–	–	–	33
Außerwirtschaftliche Tätigkeiten	17	67	33	67	33	17	17	–	50	50

Legende:
P = Parteivorstände
F = Fraktionen
A = Ausschüsse
M = Minister auf Bundesebene
K = Kanzler
B = Bundesbehörden
PR = Presseamt
BL = Bundes- und Landesbank
S = Staatskanzleien
L = Landesminister

den. Die Länderminister sind nach diesen Kreuzauszählungen insgesamt in der Bedeutung vergleichbar mit den Bundesministern. Für einige Branchen sind zusätzlich die Staatskanzleien eine besonders wichtige Anlaufstelle. Es erwies sich als richtig, daß wir die Länderebene neben der des Bundes bei der Auswahl von Institutionen berücksichtigten, obwohl wir eine Bundeselite befragten. Auch in dieser Untersuchung bestätigt sich, was Ursula Hoffmann-Lange in ihrer Habilitationsschrift fand, daß die Gebilde dieser Gesellschaft, die sich in verschiedenste Lebensbereiche aufspaltet, über verschiedenste politische Institutionen im weiten Sinne der Wortbedeutung zusammenfinden. Parteien haben in diesem Zusammenhang nicht ganz die Bedeutung, die wir vermuteten. Auf der Alltagsebene sind die Verflechtungen der Wirtschaft mit Institutionen sehr eng; das Bild der allgemeinen Wirtschaftsferne dieser Bundesrepublik erweist sich insofern als ein Medienkonstrukt.

Wirtschaft und Leitung der Behörden durchdringen sich gegenseitig – fanden wir auch in unserer Untersuchung der politischen Strukturen, die parallel erfolgte. Das sehen die Wirtschaftsführer ebenso. 76 Prozent der Manager berichten uns, daß sie die Verwaltung der Bundesrepublik als politisiert ansehen. Insgesamt 52 Prozent meinen, daß sich in dieser Republik Verwaltung und Politik gegenseitig durchdringen. Nur 18 Prozent halten die Verwaltung für politisch neutral. Öffentliche Gelder bedeuten dann eine Politisierung der Leitungsebene von Großunternehmen. Mal laden Unternehmen von sich aus Politiker zur Mitgliedschaft im Vorstand ein, wie Bertelsmann Manfred Lahnstein (SPD) oder BMW Horst Teltschik (CDU); mal werden Politiker den Unternehmen aufgedrängt, wie Heinz Ruhnau der Lufthansa oder Karlheinz Blessing und Peter Neuber der AG der Dillinger Hüttenwerke sowie der Dillinger Hütte Saarstahl AG – ungeachtet der Tatsache, daß beide SPD-Politiker in der Führung eines Industrieunternehmens unerfahren waren. Der Kommentar der saarländischen Wirtschaft: «Lafontaine will die Dillinger Hütte politisieren.» Und – wie im Fall der Berufung Ruhnaus in die Leitung der Lufthansa – auch blieb diesmal der Protest der Personalvertretung gegen die Fremdbestimmung durch Parteigenossen erfolglos.[113]

▶ Seltener ist dagegen der Versuch, einen Spitzenmanager für ein politisches Amt zu gewinnen. *Edzard Reuter* beklagte den Provinzialismus, die Larmoyanz und Ideenlosigkeit der politischen Führung seiner Heimatstadt («Es geht hier nicht um Posemuckel») – und einige dieser Gescholtenen baten den Sohn des legendären Regierenden Bürgermeisters, sich bei der Wahl zum Berliner Abgeordnetenhaus im Herbst 1995 als Bürgermeister zu bewerben. Wolfgang Nagel, SPD-Bausenator, fragte ebenso an wie der CDU-Politiker Rupert Scholz, ehemaliger Berliner Justizsenator und Ex-Verteidigungsminister. Tilman Fichter, Referent des Bonner SPD-Parteivorstandes, empfahl Edzard Reuter als Spitzenmann eines «neuen, attraktiven Personalpakets»[114]. Rudolf Scharping konnte sich Reuter «sehr gut in einem politischen Amt vorstellen»,

113 «Heftiges Tauziehen um das Führungsgremium der Dillinger Hütte / Zweiter SPD-Politiker für den Vorstand nominiert». FAZ, 7. 6. 1994
114 «Granate im Fischteich. Berlin wünscht sich einen Bürgermeister mit Charisma und Kompetenz – Edzard Reuter?». Der Spiegel, 15. 8. 1994

denn der Austausch zwischen Wissenschaft, Wirtschaft und Politik müsse «dringend gefördert werden». Zweifel an Reuter tauchten offenbar nur am Rande auf.[115]

▶ Hilmar Kopper gab ein Beispiel für die Dünnhäutigkeit höherer Wirtschaftsführer bei Kritik, sollte sie denn umgekehrt einmal von Politikern kommen. In einem Interview beklagte er sich, daß sich das Kabinett mit der Schneider-Pleite beschäftigte. Das gehe das Kabinett doch gar nichts an, meinte Kopper. Berlins Finanzsenator Elmar Pieroth (CDU) hatte den Banken einen Kreditmangel im Osten Deutschlands angelastet. Statt mittelständischen Neugründern gebe man Großunternehmen des Baugewerbes fragwürdige Kredite. Eine solche Kritik durch Elmar Pieroth wertete Kopper als Undankbarkeit. Pieroth hätte den früheren Skandal, als in Weinen seiner Firma Glykol gefunden wurde, ohne Hilfe der Deutschen Bank nicht überlebt.[116] Diese Wertung stimmt womöglich, aber bemerkenswert ist daran etwas anderes: Wie in der Politik wird auch in der obersten Etage der Wirtschaft Dankbarkeit verlangt, die über den Anlaß hinaus auch für Konflikte gelten soll, die sachlich mit dem Anlaß der Dankbarkeit nicht das geringste zu tun haben. Wiederum ein Beispiel für die Ähnlichkeit von Regeln in Politik und Wirtschaft.

Die gegenseitige Durchdringung von Verwaltung und Politik fördert – neben der Politisierung der Leitungsebenen von Großunternehmen – auch eine Bürokratisierung des Handelns beim Führungspersonal der Wirtschaft. «Bürokratie-Überwälzung» wird der Prozeß genannt, der Wirtschaftsbetriebe bei Kontakten zu Großbürokratien dazu bewegt, sich selbst wie Bürokratien zu verhalten. Wenn Dienstwege lang werden, Memos und Aktennotizen überhandnehmen und Aufzeichnungen der eigenen Absicherung dienen, dann wird aus dem Manager ein Industrie-Oberbeamter – so heißen übrigens Topleute bei einem Riesenunternehmen dieser Republik.

Die größte Überraschung dieses Teils der Untersuchung war die Häufigkeit der Kontakte zu Medien. Sie widerspricht dem Bild der Publizitätsscheu, das von den Wirtschaftsführern gezeichnet wird. In einer

115 «‹Ich bin unbelehrbar›. Spiegel-Redakteur Dietmar Hawranek über die politischen Ambitionen des Daimler-Chefs Edzard Reuter». Der Spiegel, 19. 9. 1994
116 «‹Peanuts› im Brunnen. Spiegel-Reporter Joachim Preuss über das Image der Deutschen Bank und ihren Chef, Hilmar Kopper». Der Spiegel, 2. 5. 1994

Erhebung 1982 hatte es sich freilich noch bestätigt[117]: 85 Prozent der damals befragten Führungskräfte der Wirtschaft lehnten – zumindest dem Grundsatz nach – Vorträge, Veröffentlichungen, Dozententätigkeiten, Diskussionsrunden und insbesondere Interviews ab. Das Urteil der Forscher damals: «Wie sehr... die Unternehmen heute darauf angewiesen sind, daß ihre obersten Repräsentanten nach innen wie nach außen gesprächsfähig sind, scheint in vielen Chefetagen noch nicht genügend bekannt zu sein.»[118] Hier hat sich im letzten Jahrzehnt Entscheidendes verändert.

Die Beziehungen zu politischen Instanzen haben nicht ganz die von uns erwartete Bedeutung. Dabei spricht es für die Auswahl der Manager für diese Studie, daß 24 Prozent einen direkten Zugang zu Bundeskanzler Kohl berichten. Dieser pflegt als Führungsstil «ein komplettes personelles Kommunikationssystem, das die wichtigsten Eliten dieses Landes umfaßt», urteilte beispielsweise Kurt Biedenkopf: «Der Mann kann telefonieren, das ist eine Gnade.»[119]

Es besteht ein enger Zusammenhang zwischen eigenen Kontakten zu verschiedenen Bereichen der Öffentlichkeit, mit denen eine Führungskraft regelmäßige Verbindungen unterhält, und der eigenen Mitgliedschaft in Organisationen. Dabei sind es insbesondere die Unternehmer, die auf Bundesebene in Institutionen aktiv sind, die den Kontakt zu Bank- und Versicherungsvorständen, den Spitzenverbänden der Wirtschaft und der Leitung der Bundesministerien sowie zu den Redaktionen der Medien unterhalten. Kontakt insbesondere zu Druckmedien wird aber auch von Unternehmern berichtet, die auf Landes- oder Kreisebene aktiv sind. Letzteres gilt auch für Kontakte zu kulturellen Institutionen und vor allem zu karitativen Organisationen. Kontakte zu gewichtigen Insti-

---

117 Karl Heinrich Rüßmann: «Meißeln am eigenen Monument». Manager-Magazin 5/82, S. 114–121. Befragt wurden 117 Vorstände und Geschäftsführer großer, mittlerer und einiger kleiner Firmen aus Industrie, Banken, Versicherungen, Handel und Dienstleistungen in vertraulichen Gesprächen von der Frankfurter Personalberatung Jürgen B. Mülder & Partner in der Zeit vom August 1981 bis Februar 1982. Im Mittelpunkt der Erhebung standen ebenfalls – wie in unserer eigenen Studie – Herkunft, Ausbildungsweg, einzelne Karriereschritte, Förderer und gesellschaftliches Umfeld. Einbezogen war ebenfalls die Frage nach ihren Public Relations in eigener Sache. Mit Ausnahme der PR-Präsentation stimmen die Ergebnisse weitgehend mit unseren eigenen Befunden im Herbst 1994 überein.

118 ibid., S. 121

119 «Kanzlers Machtkartell». Der Spiegel 31/1994, S. 33

tutionen sind bei uns eine Angelegenheit der Schwergewichte unter den Managern.

Nach dem allgemeinen Eindruck, der sich aus der Kreuzung der verschiedenen Variablen ergibt, sind aktive Unternehmer in Organisationen auf Landes- und Gemeindeebene etwas mehr mit «weichen» Themen befaßt; hingegen werden die Unternehmer in Organisationen auf Bundesebene mit im engeren Sinne wirtschaftspolitischer Zielrichtung tätig. Eine solche Aussage ist aber angesichts der breiten Streuung von Fällen mit öfters geringen Fallzahlen nicht wirklich gesichert, sondern gibt eben nur einen Eindruck wieder.

Die Schwerpunkte im Beziehungsgeflecht unterscheiden sich selbstverständlich sehr stark, je nach Branche. Dabei pflegen Führungskräfte aus den Branchen Dienstleistungen und Kunststoffproduktion die häufigsten Beziehungen zum Kanzler. Das Verbandswesen ist in besonders engem Maße mit den Fraktionen des Bundestages verbunden. Am spezialisiertesten auf wenige Ansprechpartner sind die Führungskräfte im Baugewerbe. Und als die Branche, die am besten in die meisten anderen Bereiche vermittelt ist, erweisen sich die Dienstleister.

Die Themen der Manager

Die Manager waren nach den drei Themen gefragt worden, bei denen sie am intensivsten versucht haben, die Politik zu beeinflussen oder auf die Öffentlichkeit einzuwirken. Nur 24 Prozent wiesen es von sich, eine solche Einflußnahme versucht zu haben. Dies ist die Häufigkeit, mit der Themen verfolgt wurden: ein Thema versuchter Einflußnahme – 76 Prozent, zwei Themen versuchter Einflußnahme – 61 Prozent, drei Themen versuchter Einflußnahme – 49 Prozent.

Wir beobachteten eine breite Streuung über im nachhinein von uns gebildete 14 inhaltliche Kategorien für diese Frage ohne inhaltliche Vorgabe, wobei von den Antwortenden im Durchschnitt (= Median) sieben angesprochen wurden. Besonders wichtig waren den Managern beim Versuch der Einflußnahme Struktur- und Standortfragen der Bundesrepublik einerseits sowie sozialpolitische Fragen andererseits.

Die Dominanz der Themen «Standort Deutschland» und Sozialpolitik – welche ja zusammenhängen – wird auch bei weiteren Fragen offensichtlich. Zur Ergänzung der quantitativen Auswertungen nahmen wir noch eine Art von Fallstudie vor. Wir ließen uns vom Computer die

Themen des Versuchs der Einflußnahme durch Manager	
(Mehrfachnennungen erlaubt – ungewichtet)	
Thema	Häufigkeit der Nennung (in Prozent)
Sozialpolitische Fragen	45
Struktur und Standort Deutschland	38
Allgemeine politische Fragen	18
Betriebswirtschaftliche Fragen	24
Umweltpolitische Fragen	31
Allgemeine volkswirtschaftliche Fragen	17
Ethische, philosophische Fragen	23
Finanzpolitische Fragen	19
Europäische Union	19
Energiepolitische Fragen	13
Deutsche Einheit	15
Technikakzeptanz	16
Verkehrspolitische Fragen	12
Sonstiges	22

Nummern derjenigen Fragebögen nennen, in denen besonders intensive Kontakte zu sehr hochrangigen Personen und Institutionen berichtet waren. Die so ermittelten 25 Bögen der Top-Einflußreichen schauten wir als Einzelfälle durch.[120]

Allein der Häufigkeit nach sind die von diesen Personen genannten Themen, bei denen sie selbst Einfluß zu nehmen suchten, dem Ergebnis der oben berichteten Auszählung nicht unähnlich. Am wichtigsten ist all das, was mit der Formel Standort Deutschland umschrieben wird. Dem folgen etwa gleichgewichtig Konsequenzen der EU-Entwicklung und Fragen des Umweltschutzes. Schließlich sind auch Tariffragen und die Probleme der neuen Länder bei einer Anzahl des hier besonders betrachteten Personenkreises zu nennen. Die anderen Themen streuen sehr breit, wobei sich diese Manager in der Bevorzugung allgemeiner Themen

---

120 Die Namen kannten wir aus datenrechtlichen Gründen nicht – nur die Nummern der Fragebögen. Deshalb konnten wir auch nicht nachprüfen, ob das der gleiche innere Kreis war, den wir aufgrund öffentlich zugänglicher Quellen als Topverflechter identifizierten.

oder (alternativ!) von hochspezialisierten Anliegen voneinander unterscheiden. Eine Mischung beider Arten von Themen bei Versuchen der Einflußnahme ist selten. Somit haben wir es also bei den hier herausgefilterten Personen einerseits mit solchen zu tun, die wie Lobbyisten zum Beispiel für eine Reform der Börsensteuer oder eine Änderung der Verpackungsordnung streiten, und andererseits – häufiger (!) – mit solchen, die Themen von allgemeinem öffentlichem Interesse forcieren – nicht zuletzt ordnungspolitische Fragen, die ja unter Berufspolitikern gewaltig zu kurz kommen.

Auffällig ist, daß als Mittel der Einflußnahme nebeneinander direkte persönliche Kontakte und das Eintreten für den eigenen Standpunkt in der Öffentlichkeit genannt werden. In bezug auf das letztere sind Vorträge und Aufsätze die bevorzugten Transportmittel für die eigenen Ansichten. Dieser Teil der Interessenauseinandersetzung erfolgt durchweg in der breiten Öffentlichkeit – was nach der Erhebung des *Manager-Magazins* 1982 noch ziemlich selten war.[121]

Beim Urteil über Erfolg oder Mißerfolg der Einflußnahme ergibt sich das bekannte Problem: Es ist schwierig zu entscheiden, ob ein Glas halbvoll oder halbleer ist. Etwas öfter als die Antwort «erfolglos» gab es die Wertung «sehr erfolgreich». Aber die häufigste Angabe war doch, daß man wenig erfolgreich – allerdings nicht erfolglos – gewesen sei.

Auch in dem herausgefilterten inneren Personenkreis mit den gewichtigsten Kontakten überwiegt die Einschätzung, daß man bei den meisten Themen nur etwas Erfolg hatte. Den geringsten Erfolg hatten Versuche der Manager, auf finanzpolitische Fragen Einfluß zu nehmen. Darüber hinaus haben wir den Eindruck, daß die Versuche der Einflußnahme dann besonders oft erfolglos blieben, wenn es sich um Themen handelte, die von den Medien in appellativer Form behandelt werden. Beispiele hierfür sind Stellungnahmen in Fragen des Umweltschutzes oder Interventionen für die Gentechnik, die alle erfolglos blieben. Allgemein scheint es schwieriger zu sein, bei Themen der öffentlichen Diskussion Einfluß zu nehmen, während spezielle Lobbyfragen öfter mit der Einschätzung verbunden werden, die Intervention sei erfolgreich gewesen.

121 Karl-Heinrich Rüßmann: «Meißeln am eigenen Monument». Manager-Magazin 5/1982, op. cit., S. 121

Einflüsse auf die Manager

Selbstverständlich gehört es zum politischen System des Landes, daß umgekehrt auch versucht wird, auf die Manager Einfluß zu nehmen. Von 68 Prozent wurden solche Versuche der Einflußnahme durch andere berichtet. Wir versuchten dann, durch entsprechende Fragen ein Bild davon zu gewinnen, zu welchen Themen und durch welche Personen diese Einflußnahme erfolgte. Drei Nennungen waren möglich, und es gab in der Mehrzahl der Fälle etwas mehr als zwei solcher Berichte über Versuche der Beeinflussung. Wiederum waren die wichtigsten Themen sozialpolitische (45%) sowie Struktur- und Standortfragen (38%).

Versuche der Beeinflussung der Manager durch andere		
	Insgesamt genannt (in Prozent)	An 1. Stelle wichtig (in Prozent)
Sozialpolitische Fragen	45	14
Struktur- und Standortfragen	38	15
Betriebswirtschaftliche Fragen	24	8
Umweltpolitische Fragen	21	4
Problem der europäischen Vereinigung	20	6
Ethische und philosophische Fragen	19	3
Finanzpolitische Fragen	19	6
Allgemeinpolitische Fragen	18	13
Allgemeine volkswirtschaftliche Fragen	18	5
Akzeptanz der Technik	17	6
Probleme der deutschen Einheit	15	5
Verkehrspolitische Fragen	13	3
Energiepolitische Fragen	13	7

Dies waren die wichtigsten Partner, die Einfluß suchten:

	Prozent
Bundesminister	58
Ministerpräsidenten der Länder	46
Bundeskanzler	35
Leitungspersönlichkeiten von Wirtschaftsvereinigungen	27
Länderminister	12
Andere	65

Die genannten Themen einer versuchten Einflußnahme verschlüsselten wir nach dem gleichen Schema wie die Erwähnungen eines Versuches eigener Einflußnahme durch Manager. Dabei gewichteten wir die Bedeutung der Themen je nach Nennung an erster, zweiter oder dritter Stelle. Dies ist das Ergebnis nach den Gewichtungen von Themen, wobei die Gewichte als Rangziffern gelesen werden sollten:

Rangfolge der Themen	
	Gewichtete Nennungen*
Struktur- und Standort	79
Sozialpolitische Fragen	78
Allgemeine politische Fragen	42
Betriebswirtschaftliche Fragen	41
Umweltpolitische Fragen	40
Allgemeine volkswirtschaftliche Fragen	39
Ethische, philosophische Fragen	35
Finanzpolitische Fragen	34
Europäische Union	32
Energiepolitische Fragen	30
Deutsche Einheit	27
Technikakzeptanz	27
Verkehrspolitische Fragen	19
Sonstiges	34

* an erster Stelle = Gewicht 3
  an zweiter Stelle = Gewicht 2
  an dritter Stelle = Gewicht 1

Ganz eindeutig stehen auch beim Versuch der Einflußnahme von außen die beiden Themen im Vordergrund, welche für die Manager selbst am bedeutsamsten sind: Struktur und Standort sowie Sozialpolitik. Von da ab gibt es eine breite Streuung ohne eindeutige Ballung.

Besonders aktiv sind beim Versuch der Einflußnahme auf *struktur- und standortpolitische Orientierungen* der Unternehmen in dieser Reihenfolge die folgenden politischen Akteure:

1. Bundesministerien
2. Ministerpräsidenten der Länder
3. der Bundeskanzler

Die Rangfolge des Versuches einer Einflußnahme bei *sozialpolitischen Fragen* weicht hiervon etwas ab. Wiederum engagieren sich am häufigsten die Bundesministerien, aber jetzt gefolgt von der Leitung anderer Verbände, der Leitung von Wirtschaftsverbänden und den Länderministern. Daraus schließen wir, daß die Struktur- und Standortfragen als die politischeren, insbesondere ordnungspolitischen Probleme behandelt werden.

Gleichgewichtig sind für Bundeskanzler Helmut Kohl neben den erwähnten Strukturfragen die Themen Europäische Union und allgemeinpolitische Fragen. Bei der Europa-Thematik versuchen aber ganz besonders nichtwirtschaftliche Verbände die Unternehmer zu beeinflussen. Am aktivsten in der Beeinflussung sind auch bei dieser Aufgliederung des Materials die Bundesministerien und die nichtwirtschaftlichen Verbände.

Werden die Quellen der Einflußnahme feiner nach Institutionen gegliedert, als bisher berichtet, so hat das folgendes Ergebnis:

	Prozent
Die höchste Ebene des Bundes	38
Andere Akteure auf Bundesebene	46
Höchste Ebene der Länder	37
Andere Akteure auf Landesebene	20
Höchste Ebene der Kommunen	20
Andere Ebenen der Kommunen	9
Leitungsebene der wirtschaftlichen Verbände	33
Leitungsebene von Verbänden der Wissenschaft und Kultur	13
Andere kulturelle und wissenschaftliche Institutionen	17

Unter den 25 Managern, die wir in der Befragung als Top-Einflußreiche ermittelt hatten, gab es nur wenige, die keine Beeinflussungsversuche berichteten. Hier schaltet sich Kanzler Kohl öfter selbst ein. Andere wiederholt genannte Politiker waren auf Bundesebene Außenminister Kinkel, Finanzminister Waigel, der damalige Umweltminister Töpfer, Wirtschaftsminister Rexrodt und überraschend häufig der damalige Forschungsminister Krüger. Auf EU-Ebene ist es Kommissar Bangemann.

Von den Ministerpräsidenten der Länder werden häufiger genannt Biedenkopf (Sachsen), Scharping (Rheinland-Pfalz), seltener Rau (Nordrhein-Westfalen) und Teufel (Baden-Württemberg). Als einer der wichtigsten Überzeuger scheint Bundesbankpräsident Tietmeyer aktiv zu sein. Gewerkschaftler werden selten genannt, am ehesten noch Rappe (IG Chemie) und Zwickel (IG Metall). Von den Akteuren, die in der allgemeinen Öffentlich damals weniger bekannt waren, ist Ministerialdirigent Dr. Johannes Ludewig im Kanzleramt – inzwischen Staatssekretär – hervorzuheben.

Die Antworten können auch unter einem anderen Gesichtswinkel ausgewertet werden. Es kann gefragt werden, welcher Zusammenhang zwischen eigenen Kontakten und Hinnahme von Einflußversuchen durch andere Akteure besteht. Objekt der Einflußversuche durch nichtwirtschaftliche Verbände ist der Teil der Manager, der vornehmlich Kontakte mit Bundestagsausschüssen berichtet. Die breiteste Streuung von einflußsuchenden Personen und Institutionen gibt es bei denjenigen Managern, die selbst gute Kontakte zu Spitzenverbänden der Wirtschaft und zu Länderministerien haben, die also Vermittlungsaufgaben erfüllen (im Business-Deutsch: es sind «broker»).

Wer über Kontakte mit dem Bundeskanzler berichtet, ist dann häufig auch ein Ziel der Einflußnahme durch den Bundeskanzler selber sowie der Ministerpräsidenten und – an dritter Stelle – der Bundesminister. Es gibt eine gewisse Symmetrie zwischen den Kontakten, die von der Wirtschaft gesucht werden, und solchen, bei denen Politiker auf Wirtschaftler zukommen. Allerdings ist in den obersten Rängen ein Überwiegen der Initiative durch die Schwergewichte der Politik auszumachen. Nach Telefonkontakten mit Kanzler Kohl gefragt, antwortete beispielsweise der Chef der Deutschen Bank, Kopper, in einem Interview, seine Kinderstube sage ihm, daß er doch nicht von sich aus den Kanzler anrufen könne. Ob sich aber der Kanzler seinerseits beim Vorstandsvorsitzenden der Deutschen Bank melde, wurde weiter gefragt. Und die Antwort: «Ich glaube, ... er tut das hin und wieder.»[122]

Das Telefon muß in Deutschland eine größere Bedeutung haben als in England und Frankreich, weil wir kein zentralisierter Nationalstaat sind. Hier gibt es keine Clubs, in denen sich die nationale Elite unverfänglich

122 Sibylle Krause-Burger: «Der deutsche Bilderbuchaufstieg des Hilmar K.». Tagesspiegel, 7.11.1993

Asymmetrie der Einflüsse

Eigener Kontakt zu...	Objekt der Ein-flußnahme durch	
Rang	Rang	Differenz
1 Bank- und Versicherungsvorstände	17	− 16
2 Redaktionen von Druckmedien	8	− 6
3 Spitzenverbände der Wirtschaft	2	+ 1
4 Redaktionen Funk und Fernsehen	11	− 7
5 Leitung von Bundesministerien	1	+ 4
6 Leitung von Forschungsinstituten	12	− 6
7 Leitung von Länderministerien	6	− 1
8 Leitung der Gewerkschaften	5	− 3
9 Staatskanzleien	14	+ 5
10 Kulturelle Institutionen	7	− 3
11 Institutionen der EU	10	− 1
12 Bundestagsfraktionen	9	+ 3
13 Leitung von Bundesbehörden	15	+ 2
14 Karitative Institutionen	16	− 2
15 Bundeskanzler	19	+ 4
16 Parteivorstände	4!	+ 12
17 Bundesbank, LZB	−	
18 Regierungspräsidenten	18	0
19 Führung von Kirchen	13	+ 6
20 Nichtwirtschaftliche Spitzenverbände	3	+ 17
− Supranationale Institutionen	20	+ 20

+ = Der andere versucht häufiger, Manager zu beeinflussen
− = Die Manager ergreifen öfter die Initiative

Nicht bedeutsam sind in diesem Kontext
  Bundestagsausschüsse
  Bundespresse- und Informationsamt
  Bundesgerichte
  Bundespräsident

begegnen könnte, kein Netz von Einladungen am gleichen Ort, keine flächendeckenden Gemeinsamkeiten durch das Studium an wenigen Eliteuniversitäten. Darüber klagt in dem obigen Interview Hilmar Kopper: «Ja, in England, da ist es möglich, da trifft man sich einmal, zweimal wöchentlich im Club; oder in Frankreich, da kennt man sich von den hohen Schulen her – ‹aber bei uns sitzt die Politik in Bonn und die Wirtschaft in Hamburg und die Finanzwelt in Frankfurt›.»[123]

Wir haben dann einmal – siehe die nebenstehende Grafik auf Seite 96 – gegenübergestellt: (1) die Rangfolge, mit der 26 Institutionen regelmäßig Kontaktpartner für Unternehmer sind, mit (2) den Berichten über die Häufigkeit von Versuchen der Einflußnahmen auf die Manager selbst. Daraus läßt sich ablesen, wie eigene Einflußnahme und Beeinflussung in bezug auf die Herkunft der jeweiligen Ansprechpartner miteinander im Verhältnis stehen.

Für die selbstgewählten Kontakte sind im Vergleich zum Versuch der Repräsentanten dieser Institutionen, Einfluß zu nehmen, deutlich wichtiger: Banken- und Versicherungsvorstände, die Redaktionen von Druck- und elektronischen Medien, die Leitung von Forschungsinstituten, die Staatskanzlei, der Bundeskanzler, die Bundesbank und die Führung von Kirchen. Diese Institutionen bemühen sich also weniger um die Unternehmer, als umgekehrt die Manager sich auf diese Institutionen hin bewegen. Ein viel stärkerer Versuch der Einflußnahme auf Unternehmer, als es deren Hinwendung zu dieser Institution entspricht, wird andererseits bei folgenden Akteuren deutlich: bei Bundesministerien, den Parteivorständen, den nichtwirtschaftlichen Spitzenverbänden und den supranationalen Institutionen. Am auffälligsten ist das für die Leitungen von Bundesministerien und die Parteivorstände: Sie wollen etwas von den Managern.

Die Botschaft ist klar: Manager bemühen sich um Einfluß auf Finanzinstitutionen, während umgekehrt Parteivorstände und Spitzenverbände mit nichtwirtschaftlichen Themen bei Unternehmern vorstellig werden. Völlig einseitig verlaufen die Kontakte von Brüssel zu den Unternehmen. Nach einer weiteren Gegenüberstellung von passiven und aktiven Kontakten scheint insbesondere den Bundesministerien eine Schlüsselrolle für die Verschränkung von Politik und Wirtschaft zuzukommen und nicht so sehr wie erwartet den ausdrücklich politischen Institutionen.

123 ibid.

Wer dominiert wen?

Daß Politik und große Wirtschaftsunternehmen miteinander verschränkt sind, ist deutlich geworden. Fraglich ist, in welche Richtung diese Verschränkung geht: Dringt die Politik immer stärker in die großen wirtschaftlichen Einheiten ein oder ist die umgekehrte Einflußrichtung vorherrschend?

Einflußversuche der Führungspersonen der Wirtschaft waren um so eher erfolgreich – nach eigenem Urteil –, je eher sie sich auf konkrete praktische Forderungen bezogen, während hingegen bei Versuchen der Einflußnahme auf den *Rahmen* der einzelwirtschaftlichen Tätigkeit nach diesen Erhebungen Erfolglosigkeit vorherrschte. Gerade große wirtschaftliche Unternehmen sind zum Beispiel erfolgreich im Einwerben öffentlicher Mittel. Daimler-Benz und Siemens zeigen dies. Was als Tageserfolg einzelwirtschaftlicher Art gewertet wird, schafft aber strukturelle Abhängigkeiten. Der frühere CDU-Forschungsminister Heinz Riesenhuber hat das durchaus so gewollt: Er förderte – wie seine SPD-Vorgänger auch – durch sogenannte Entwicklungsgelder bei Firmen wie dem Daimler-Benz-Konzern und Siemens die Entstehung gewaltiger Entwicklungskapazitäten, welche die Firmen von sich aus nicht geschaffen hätten. Anschließend hingen sie dann am staatlichen Tropf und mußten die politisch gewünschte inhaltliche Richtung weiter verfolgen, auch wenn sich kein Markt abzeichnete. Letzteres scheint von den Managern nicht gesehen zu werden, die darin ebenso kurzfristig und partikulär denken wie die von ihnen geschmähten Politiker.

«Die fortbestehende Subventionierung einer Vielzahl von sonst kaum lebensfähigen Sektoren, die von der Landwirtschaft über die Kohle und den Schiffbau bis zum Flugzeugbau reichen, ist ein deutliches Indiz für die Kurzsichtigkeit der wirtschaftspolitischen Einflußnahme.»[124] Insbesondere die von ausländischer Konkurrenz betroffenen Unternehmen scheinen zunehmend geneigt, eine Imitation der japanischen Durchdringung der Wirtschaft mit politisch-bürokratischen Entscheidungen sogar zu wünschen – ungeachtet der Beobachtung, daß Planungen des japanischen Ministeriums für internationalen Handel und Industrie (Miti) ent-

---

124 Peter Nunnenkamp: «Unternehmer in die Politik. Mehr wirtschaftspolitischer Sachverstand für Parlament und Regierung / Vom Lobbyismus zum Gemeinwohl / Ein Beitrag zur Standortdebatte». FAZ, 8. 4. 1995, S. 15

gegen dem Mythos in Wirklichkeit häufiger scheiterten als erfolgreich waren und in japanischen Wirtschaftskreisen selbst der Zweifel an der Weisheit behördlicher Entscheidungen wächst. [125]

Längst ist «Industriepolitik» auch bei der CDU die Regel. Die SPD-Führung des Landes Nordrhein-Westfalen ist stolz auf die Technologieparks, ohne daß es nennenswerten Protest aus Reihen der CDU gäbe. Nüchtern betrachtet sind diese Technologieparks staatlich subventionierte Infrastruktureinrichtungen insbesondere für die mittelständische Wirtschaft, die in einem Miti-Ambiente mit den Wissenschaftlern der jeweiligen Umfeld-Universitäten verkoppelt werden soll. Daraus soll dann Innovation folgen.

Was in kurzfristiger Betrachtung als Einfluß der Wirtschaft erscheint, wird längerfristig gesehen zu einer Durchdringung der Wirtschaft mit parteipolitischen Einflüssen. Dieser Prozeß hat inzwischen auch mittelständische Unternehmen erreicht. Verbände sind nach unserer Befragung hierfür bedeutend, aber nicht so sehr für die ganz wichtigen Führer von Wirtschaftsunternehmen. Dort gehen die Schwergewichte an den Verbänden vorbei direkt auf führende Politiker zu – und umgekehrt, auch wenn man sich gegenseitig nicht sehr mag.

Die dennoch vorhandene Bedeutung der Verbände ergibt sich nicht zuletzt durch ihr Führungspersonal, bei dem sich sachliche Kenntnisse und Engagement in Parteien verbinden. Im «reifen» Lobbyismus wirkt der Verbandsvertreter vor allem durch seinen Sachverstand. Weder Ministerien noch Politiker haben bei dieser dichten und detaillierten Staatsintervention immer ausreichende Sachkenntnisse. Der Verbandsvertreter sollte sie haben – auch wenn alle Beteiligten wissen, daß der Lobbyist den Sachverstand einseitig bemüht. Entsprechend riet ein besonders erfahrener Lobbyist [126]:

- «Spielregel Nummer 1: *Geben und Nehmen*
  Der Lobbyist darf nicht nur als Bittsteller und Forderer auftreten, er muß Wissen mitbringen. Interessensvertreter... sind Wissensvermittler.

- Spielregel Nummer 2: *Informationslücken füllen*
  Die... Tätigkeit des Lobbyisten muß sich vor allem darauf konzentrieren, Informationslücken zu schließen, die Verwaltung, Parlament und Parteien unbestreitbar haben...

125 ibid.
126 Klaus Broichhausen: «Knigge und Kniffe für die Lobby in Bonn». München 1982

- Spielregel Nummer 3: *Informationsvorsprung verschaffen*
  Der Lobbyist muß sowohl seinen Partner in Exekutive und Legislative
  als auch seinen Auftraggebern zu Informationsvorsprüngen verhelfen...»

Ein so verstandener Lobbyismus ist in der Lage, im Laufe der Jahre ein
Netzwerk an Ansprechpersonen aufzubauen. Auf 10 bis 15 Jahre wird
der Zeitraum geschätzt, der für Aufbau und Pflege solcher Netzwerke
nötig ist. Darin soll die Bundesrepublik von allen anderen Ländern die
größten Ähnlichkeiten mit den USA aufweisen.[127]

Der jetzt auch in Deutschland übliche «reife» Lobbyismus macht auch
für Politiker – allem voran Helmut Kohl – den Kontakt mit Verbandsver-
tretern angenehmer als mit den Stars der großen Unternehmen. Von
Kohl heißt es, daß nicht nur seine Begeisterung für die Marktwirtschaft
sich in Grenzen hält, sondern auch seine Hochachtung vor der Crème der
Wirtschaft.

127 Manfred Strauch: «Lobbying. Wirtschaft und Politik im Wechselspiel». Frank-
    furt am Main 1993

Was ihre Ansichten sind

Die Führungskräfte in der Bundesrepublik sind keine homogene Kaste wie etwa die Produkte der Grandes Ecoles in Frankreich – nicht einmal in der Wirtschaft. Dazu sind die Unterschiedlichkeiten der sozialen Herkunft und der Tätigkeitsbereiche viel zu groß. Dennoch gibt es einige Bereiche, in denen eine größere Homogenität von Ansichten und Verhaltensweisen beobachtet werden kann.

Das gilt zum Beispiel für die Quellen der eigenen Meinungsbildung. Führungskräfte lassen sich durch Kommunikation auf vielfache Weise erreichen. Sie sind gut informiert und haben entschiedene Ansichten in vielen Bereichen des öffentlichen Lebens. Dabei sind sie kritisch gegen andere Teile der Führungsschicht eingestellt und sind deutlich skeptischer hinsichtlich der Sicherheit unseres Staatswesens und der Freiheit.

Eine Frage nach der Bedeutung verschiedener Informationsmöglichkeiten für die eigene Meinungsbildung erbrachte zunächst keine großen Überraschungen. Am wichtigsten sind überregionale Tageszeitungen, mit Abstand dann gefolgt von den aktuellen Nachrichtensendungen des Fernsehens. Daneben sind von Bedeutung Gespräche mit Freunden, Bekannten und Kollegen. Nachrangig ist die Wichtigkeit von Wochenzeitungen und politischen Magazinen, die für den allgemein politisch sehr interessierten Teil der Deutschen von besonderem Gewicht sind. Bedeutungslos für die eigene Meinungsbildung sind Boulevardzeitungen sowie die Öffentlichkeitsarbeit von Parteien und Bundesregierung. Die in den Feuilletons wichtigen politischen Stellungnahmen von prominenten Intellektuellen, Literaten und Künstlern spielen ebenfalls keine Rolle. Vielleicht zwei halbe Überraschungen: Politische Magazine im Fernsehen und die Talk-Sendungen, die beide in der Öffentlichkeit häufig sehr umstritten sind, interessieren die Wirtschaftsführer wenig. Eine ganze Überraschung ist es aber, daß das Radio von nachrangiger Bedeutung ist, obgleich es als Autoradio gut in den Tagesablauf vielbeschäftigter Personen paßt. Das läßt sich zu der Aussage zusammenfassen, daß die in der Öffentlichkeit besonders beachteten und kontrovers erörterten und erörternden Mitteilungsformen weniger interessieren als die beiden

Die Bedeutsamkeit von Informationsmöglichkeiten für die Meinungsbildung

	Sehr be-deutsam (Prozent)	Auch wichtig (Prozent)	Ziemlich unwichtig (Prozent)
Überregionale Tageszeitungen (FAZ, Frankfurter Rundschau, Süddeutsche Zeitung, Welt)	79	21	1
Aktuelle Nachrichtensendungen des Fernsehens (z. B. Tagesschau und Heute)	56	38	6
Gespräche mit Freunden, Bekannten über Politik	44	50	6
Gespräche mit Kollegen	41	51	8
Wirtschaftsmagazine	27	55	17
Wochenzeitungen und politische Magazine (z. B. Stern, Spiegel, Zeit)	22	51	26
Politische Bücher	18	50	32
Lokale und regionale Tageszeitungen	16	56	28
Politische Stellungnahmen von prominenten Wissenschaftlern	12	52	36
Politische Magazine im Fernsehen, wie Monitor oder Report	12	45	44
Radiosendungen	11	39	50
Diskussionen und Informationssendungen über Politik im Fernsehen (z. B. Presseclub, Talk im Turm)	10	31	58
Politische Stellungnahmen von Intellektuellen, Literaten und Künstlern	10	37	53
Öffentlichkeitsarbeit der Bundesregierung	9	33	58
Öffentlichkeitsarbeit der Parteien	4	26	70
Boulevardzeitungen (z. B. Bild)	4	11	85

Quellen, bei denen Sachlichkeit und Überparteilichkeit vorausgesetzt wird.

Weitgehende Homogenität herrscht auch in vielen Ansichten. 1994 war für die Führungsetagen in Wirtschaft und Politik kein freundliches Jahr. Es gab reihenweise Skandale, und auch feine Adressen der deutschen Wirtschaft wie die Metallgesellschaft, die Balsam AG und neuerdings die Dresdner Bank, davor die Deutsche Bank, lieferten Stoff für unfreundliche Berichte. Wir hatten gefragt: «Aus der Politik und von Politikern werden heute viele tadelnswerte Vorgänge berichtet. Die Politiker beantworten die Kritik an solchen Vorgängen mit der Behauptung, in der Wirtschaft geht es genauso zu. Was ist Ihr Urteil?» Das Ergebnis war eindeutig: In der Wirtschaft gehe es weitaus besser zu als in der Politik. Immerhin ein Drittel der Manager sieht direkte Parallelen. Nur eine winzige Minderheit glaubt, daß die Korruption in der Wirtschaft schlimmer als in anderen Bereichen der Gesellschaft sei.

Die Politiker haben unrecht – in der Wirtschaft geht es sauberer zu	63 Prozent
Die Politiker haben recht – in der Wirtschaft geht es genauso zu	32 Prozent
Die Politiker untertreiben – in der Wirtschaft geht es noch viel schlimmer zu	1 Prozent
Anderes	4 Prozent

Während die Staatsrechtslehre dazu tendiert, für öffentliche Ämter strengere Maßstäbe anzulegen als für Positionen in der Privatwirtschaft, sind die Manager zu über zwei Dritteln der Meinung, daß für sie genauso strenge Maßstäbe wie für die Politik gelten sollten. Es sind nur die Führungskräfte des Handels, gefolgt von denen in der Branche Nahrungs- und Genußmittel, die für die Politik strengere Maßstäbe fordern. Die Mehrheitsmeinung unter Managern entspricht übrigens dem Selbstbild unserer Toppolitiker: Sie vergleichen sich mit den Wirtschaftsführern und fordern gleiche Vergütung sowie gleiche Maßstäbe. Das bedeutet eine sehr bemerkenswerte und keineswegs unproblematische Konvergenz nach dem Leitmotiv: Führung ist Führung.

Hier prüften wir erneut die Höhe der eigenen Position und die Frage, ob diese das Urteil über Korruption in der Wirtschaft beeinflußte. Wieder erhielten wir ein eindeutiges Ergebnis: Ein solcher Zusammenhang besteht nicht. Zwar ist das Urteil, Deutschland sei eine ziemlich korrupte Republik, bei Vorständen und Vorstandsvorsitzenden relativ häufiger als bei Inhabern anderer Positionen. Statistisch abgesichert ist der Zusammenhang allerdings nicht.

Es gibt aber nach Branchen bemerkenswerte Unterschiede. Ausgerechnet im Baugewerbe gilt die Wirtschaft den Führungskräften im Vergleich zur Politik als besonders wenig tadelnswert. Als eindeutig sauberer gilt die Wirtschaft auch noch bei den Führungskräften der Investitionsgüterindustrie und des Handels. Das ist angesichts der immer wieder berichteten Vorfälle in der Bauwirtschaft und bei der Investitionsgüterindustrie über Kungeleien mit der Politik ein bestaunenswertes Ergebnis. Daß es in der Wirtschaft genauso schlecht zugehe wie in der Politik, berichtete sogar eine Mehrzahl der Führungskräfte aus dem Tätigkeitsbereich Nahrungs- und Genußmittel. Das ist ein sehr einleuchtendes Urteil, da diese Branche als ein Bereich gilt, in dem der Konkurrenzkampf, insbesondere um Konditionen, äußerst ruppige Formen annimmt.

Auf die zusammenfassende Frage, wie korrupt es denn in der Bundesrepublik zugehe, erhielten wir eine ganz breite Streuung der Antworten. Immerhin 34 Prozent meinten, daß Deutschland inzwischen ein ziemlich korruptes Land sei. An größte Sauberkeit glaubte ein Teil der Führungskräfte wiederum ausgerechnet aus dem Baugewerbe und bei den Investitionsgütern. Allerdings ist bei den Investitionsgütern auch der Anteil derjenigen mit 31 Prozent besonders hoch, welcher die Bundesrepublik für korrupt hält.

Insgesamt erhielten wir folgende Werte[128]:

Urteile über die Verbreitung von Korruption in der Bundesrepublik	
Branche	Durchschnittsgewicht (1 sehr sauber bis 5 sehr korrupt)
Verbandswesen	3
Grundstoffproduktion	3
Investitionsgüter	3,2
Nahrungs- und Genußmittel	3
Baugewerbe	3
Handel	2,5
Banken und Versicherungen	3
Dienstleistungen	3
Wissenschaft und Bildung	2,7
Andere außerwirtschaftliche Tätigkeiten	3,9

128 Die Antworten erfolgten auf einer Skala zwischen 1 («sehr sauber») und 5 («sehr korrupt»). Die Gewichtung wurde vorgenommen wie vordem. Es werden arithmetische Mittel berichtet.

Wir rundeten diesen Komplex «Beurteilung von Zuständen in der Gesellschaft» durch die Frage ab, in welcher Verfassung sich unser Wirtschaftssystem befindet. Wiederum konnten die Antworten zwischen 1 («sehr gute Verfassung») und 7 («schlechte Verfassung») variieren. Und hier fällt das Urteil noch etwas negativer aus: 31 Prozent der antwortenden Topmanager beobachten eine schleichende Zurückdrängung freier Märkte durch Kartelle und Überregulierungen, und nur 21 Prozent sehen unser Wirtschaftssystem in einer guten Verfassung. Für die einzelnen Branchen berechneten wir dann die Durchschnittswerte in der Erwartung, daß in dieser Frage die Unterschiede zwischen den Branchen stärker sein müßten als bei den bisher kommentierten.

Urteile über den Zustand des Wirtschaftssystems	
Branche	**Arithmetisches Mittel (1–5)**
Verbandswesen	3,2
Grundstoffproduktion	3,8
Investitionsgüter	3,6
Nahrung und Genuß	4,2
Baugewerbe	2,9
Handel	5,0
Banken und Versicherungen	3,4
Dienstleistungen	4,3
Wissenschaft und Bildung	3,3
Andere außerwirtschaftliche Tätigkeit	4,2

Die Urteile sind deutlich ungünstiger bei ausgeprägten Schwankungen der Antworten. In den Branchen Handel, Nahrungs- und Genußmittel sowie Dienstleistungen ist der Anteil an Managern besonders hoch, der schlechte Zensuren für den Zustand unseres Wirtschaftssystems vergibt. Besonders positiv sind wiederum die Aussagen der Führungskräfte aus dem Bauwesen – einer Branche, welche die Vorzüge der Marktwirtschaft nicht unbedingt besonders deutlich vorlebt. So möchten wir die Zahlen auch deuten als Aussagen über die Prosperität einer Branche und nicht vorrangig – wie von uns gemeint – als Aussage über den Grad, zu dem die Marktwirtschaft als Wirtschaftsordnung in der Bundesrepublik ausgehöhlt wird. Das wiederum zeigt uns, daß selbst unsere Spitzenmanager in erster Linie in Branchen denken und erst dann an das Wirtschaftssystem im allgemeinen. Das hatten wir schon und noch etwas stärker in unserer Erhebung 1965 beobachtet.

Bei der vorausgegangenen Frage nach der Sauberkeit der Bundesrepublik waren die Vorstände besonders kritisch gewesen. Beim Urteil über die Verfassung des Wirtschaftssystems verhält es sich etwas anders: Gerade auf der Vorstandsebene ist man zwar mit dem Urteil «sehr gute Verfassung» zurückhaltend, beurteilt aber das System nur als beeinträchtigt, nicht jedoch als bereits weitgehend geschädigt.[129]

Weitestgehende Einigkeit herrschte beim Urteil darüber, ob sich in der Bundesrepublik Politik und Verwaltung gegenseitig durchdringen: Sie tun es. Dies ist eine wichtige Stütze für den Eindruck von Beobachtern öffentlicher Angelegenheiten; denn die Kontakte der Wirtschaftsführung mit der Verwaltung sind – wie dargelegt – häufig und intensiv. Die Politisierung der Verwaltung – und übrigens auch der Justiz – korrespondiert mit der Bürokratisierung der politischen Apparate. Zusammenfassend wird von allen Managern das weitere Umfeld ihrer Tätigkeit ziemlich kritisch gesehen, wobei allerdings Wissenschaft und Kultur von dieser düsteren Perspektive ausgenommen sind.

Es liegt nahe, daß der von uns befragte Personenkreis im Prinzip freundlich gegenüber einer CDU-FDP-Koalition eingestellt ist. Allerdings gibt es eine Minderheit, die sich auch mit einer großen Koalition anfreunden könnte. Insgesamt aber hält sich die Begeisterung für Regierungen, die von der CDU geführt werden, gleichwohl in Grenzen.

Wir haben die Manager dann noch einmal dreifach unterteilt nach einem innersten Kreis, an den sich der Bundeskanzler wendet, einem inneren Kreis, der noch Kontakt zum Bundeskanzler unterhält, und der Führung allgemein. Das Urteil über die erwähnten und auch die noch zu kommentierenden Fragen fällt am günstigsten aus bei dem Personenkreis, der besonders eng mit dem Kanzler verbunden ist. Am kritischsten sind dann bemerkenswerterweise die Personen, die wir zu dem «inneren Kreis» gut informierter, aber nicht eng mit dem Kanzler Verbundenen rechnen.

«War der Sozialismus eine gute Idee, die nur schlecht ausgeführt

---

129 Im «Schmiergeld-Atlas» wird die Bundesrepublik als nur mäßig korrupt bewertet – korrupter als Dänemark, Finnland, Frankreich oder Großbritannien, aber sehr viel weniger korrupt als Spanien und eher gleichauf mit Österreich. Fredrik Galtung (Hg.): «Zum Beispiel Korruption». Göttingen 1994, S. 23–26

wurde, oder war der Sozialismus auch als Idee schlecht?», das ist eine Standardfrage in den letzten Jahren gewesen. In der Bevölkerung gibt es im Westen eine starke Minderheit und im Osten eine Mehrheit für die Antwort, die Idee sei gut gewesen, und nur die Ausführung hätte zu wünschen übriggelassen. Das Urteil ist erwartungsgemäß bei den Managern ganz anders. Immerhin erklärten jedoch 10 Prozent der Topmanager, der Sozialismus sei im Grunde eine gute Idee gewesen. Es waren dies allerdings in erster Linie Personen im Rang eines Geschäftsführers. In den Vorstandsetagen der größten Unternehmen ist eine solche Auffassung ziemlich selten, etwa bei vier Prozent der Antwortenden, anzutreffen.

Die internationale Szene wird von den Managern durchaus kritisch-bedrohlich gesehen. Immerhin 37 Prozent halten den Weltfrieden für gefährdet. Dabei sind Vorstandsmitglieder deutlich am skeptischsten. Dieser Zusammenhang zwischen Höhe der Position und einem ungünstigen Urteil über die internationale Sicherheit ist statistisch gut abgesichert. Aus dieser Sicht ist es selbstverständlich wichtig, das westliche Bündnis als verläßlichen Partner zu haben. Das ist auch die ganz überwältigende Auffassung der uns antwortenden Manager. Lediglich eine Minderheit von nicht ganz 10 Prozent hat kein Vertrauen in das westliche Bündnis. Dieses skeptische Urteil findet sich auf der Vorstandsebene häufiger als unter anderen Managern.

Das vielleicht überraschendste Urteil über internationale Angelegenheiten ergibt sich aus den Antworten auf die Frage: «Ist der Kommunismus als Gefahr erledigt – oder besteht die Möglichkeit, daß er wieder ein bestimmender Faktor in der Welt wird?» Nur 38 Prozent hielten den Kommunismus für erledigt, 56 Prozent wollten eine Wiederkehr nicht ausschließen. Dazu paßt das skeptische Urteil über die Chancen der Marktwirtschaft in Rußland. Das häufigste Urteil war, daß diese Chancen nicht sehr gut seien. Daß sie sehr gut seien, schrieb kein einziger.

Faßt man die Antworten über Führungsqualität in verschiedenen Lebensbereichen, die Ansichten zu unserer Gesellschaft und die Sicht der internationalen Szene zusammen, so ist deutlich: Turbulenzen erwarten die Führungskräfte aus dem internationalen Bereich und der Politik. Für sie sind nicht so sehr wirtschaftliche Probleme gegebenenfalls destabilisierend für die Bundesrepublik, sondern wirtschaftsexterne. Was Wunder: Die Wirtschaftselite kennzeichnet eben vor allem eines – ein unerschütterliches Selbstbewußtsein.

Deutsche Manager heute –
ein Resümee

Die berufliche Stellung des Vaters im Kindesalter und dessen Schulabschluß legen nahe, daß die Führungskräfte eher in geordneten Verhältnissen, in einem Milieu des Verwaltens aufwuchsen. Risikoerfahrungen dürften nach dem sozialen Hintergrund kaum prägend gewesen sein. Der bei weitem häufigste Lebensweg dieser Spitzenmanager ist der Aufstieg aus einem gehobenen Angestelltenmilieu. Nur selten werden Spitzenpositionen in den Großunternehmen vererbt. Das gilt selbst für eine Karriere wie die von Erivan Haub, denn der vormalige Leiter des Tengelmann-Imperiums, Karl Schmitz-Scholl, wollte ihn, seinen Neffen, von der Leitung des Unternehmens ausschließen. Durch eigene Tüchtigkeit schaffte Erivan Haub dann doch den Aufstieg zum Firmenimperator.

Die Elternhäuser waren kultiviert und an öffentlichen Angelegenheiten überdurchschnittlich interessiert. Eigentlich politisches Interesse im Elternhaus wird allerdings nur für 11 Prozent berichtet. Deutsche Spitzenmanager sind, wie berichtet, deutlich häufiger in der Bevölkerung entweder ausgeprägt religiös (mehr als ein Drittel) oder nichtreligiös (etwa ein Viertel). Politische Meinungen sind überwiegend moderat-konservativ, und auch in der Lebensführung einschließlich der Freizeitaktivitäten gibt es wenig plakative Auffälligkeiten. Eine wohlgefügte Welt.

Das Leben ist finanziell gut gepolstert, das Jahreseinkommen liegt meist zwischen 350 000 bis 700 000 DM, durchweg zu 75 Prozent fix. Hinzu ist man durch erkennbare Attribute abgehoben, wobei die Art des Dienstwagens immer noch einen hohen Symbolwert hat. Die Trennungslinie zwischen einfachem und gehobenem Wirtschaftsadel ist der Dienstwagen ohne versus mit Chauffeur; die Trennungslinie zwischen gehobenem und Hochadel ist Personenschutz rund um die Uhr. Man wohnt sehr gut, und dabei helfen sehr viele Firmen kräftig mit. Zum Jetset-Leben eines Bernd Otto reicht es jedoch in der Regel nicht – es würde auch nur zu wenigen dieser Manager passen.

Diese Führungsschicht ist seltsam glatt, durchschnittlich, wenig far-
big-eigenwillig, ohne deutlichen Ausdruck einer selbstgewonnenen
Identität. Fast prototypisch paßt hierzu eine Beschreibung des Chefs der
Deutschen Bank, Hilmar Kopper, im *Tagesspiegel*: «Ein Jedermann?...
Abends liest er gern, hört klassische Musik, freut sich an Gesprächen,
denkt nicht ans Geschäft... So normal provoziert er niemanden. So normal will eine moderne, demokratische Gesellschaft ihre Führenden –
menschlich, ein bißchen wie du und ich und handlungsfähig zugleich.» [130]

In dieses Bild einer Unauffälligkeit auf sehr hohem Niveau paßt allerdings die Neigung eines nennenswerten Teils zu allerlei Okkultismus
nicht so recht.

Die «Wirtschaftsastrologie» ist ein eigener Berufszweig geworden, in
dem Honorare von mehr als 1000 DM je Beratung bezahlt werden. Der
Umsatz wird auf um die 500 Millionen DM geschätzt. Astro-Date in
Frankfurt berichtet, daß 30 Prozent seiner Kundschaft astrologische Beratung bei Unternehmensproblemen wünschten. [131] Je höher das (ange-
nommene) Risiko einer Existenz, um so größer die Bereitschaft, sich
durch allerlei Wahrsagerei und Aberglauben abzusichern. Gerade nach
außen kühne Spekulanten zeigen das. Die Werbebranche lehrt beides:
höchstes berufliches Risiko und Bereitschaft zu allerlei Eskapismus. Das
ist nicht nur eine Folge des Zeitgeistes, obgleich der verstärkend wirkte.

Nicht zuletzt hat sich ein merkwürdiges Beratungswesen entwickeln
können. Für Gespräche mit Unternehmer-Gurus wie Gerd Gerken, der
Literaturprofessorin Gertrud Höhler oder dem Jesuiten Rupert Lay werden Phantasiepreise bezahlt. Die Honorare sollen zwischen 3000 bis
13 000 DM pro Tag schwanken. Philosophen wie Claus Koeppe («Philosophie für Manager») können sich als Reflexionspartner von Unternehmern eine schöne Existenz aufbauen. Aus den USA schwappte zu uns das
«Coaching» herüber, was wohl mit so etwas wie «ganzheitlichem
Schauen» zu tun haben muß. Die mildeste Okkultismusform ist die

---

130 Sibylle Krause-Burger: «Der deutsche Bilderbuchaufstieg des Hilmar K.». Tagesspiegel, 7. 11. 1993, op. cit.
131 «Vor Entscheidungen die Sterne befragt. Viele Unternehmensführer suchen
   Hilfe bei Astrologen». Kölner Stadt-Anzeiger, Silvester 1994, S. 9. Dem entspricht eine Konjunktur in Gefühlen und Aberglauben in der Bevölkerung nicht
   nur in der Bundesrepublik, aber auch hier. Siehe hierzu Roger Thiede: «Sehnsucht nach Gefühlen». Focus 52/1995, S. 144–150

Verwendung eines rasch wechselnden Insiderjargons und neuer Begriffe. «Cash-flow» ist eines dieser «buzz words» (= summen, d. h. bloßes Geräusch), mit denen sich der Verwender suggeriert, alles im Griff zu haben.[132]

Das kann doch nicht die Art von Menschen sein, für die deutsche Soziologen wie Max Weber, Großfirmen wie Siemens vor Augen, bereits um die Jahrhundertwende die Bezeichnung Industriebürokraten prägten. Oder doch? «Global player», «out sourcing», «quality circle» und «controlling» können auch als Beschwörungsformeln verstanden werden – zusätzlich zu ihrer Eignung für wirtschaftliches Imponiergehabe durch Insidersprache. Auf Chefetagen geht es eben nicht selten weit weniger rational zu, als allgemein unterstellt wird, denn auf dieser Ebene darf weitgehende materielle Saturiertheit unterstellt werden. Um so wichtiger werden dann andere Gefühle und Motive nichtwirtschaftlicher Art.

Nicht zuletzt werden gnadenlose Bürokriege wichtig; Positionskämpfe um Zuständigkeiten und innerbetriebliches Ansehen. Der Nutzen des Unternehmens tritt hierbei nicht selten völlig hinter die Privatziele zurück. «Persönliche Vorlieben, gekränkte Eitelkeiten und blinder Egoismus sind dann viel häufiger die wahren Triebkräfte hinter den Taten unserer Manager»[133] – eine Parallele zu den Eskapismen in den vorderen Positionen der Politik, sei es auf der Ebene der Kreise, der Länder und erst recht des Bundes, wo Eitelkeit wichtiger wird als Habgier.

Auffällig an den sich häufenden Skandalen ist zweierlei: daß es so lange Zeit braucht, bis Veruntreuungen selbst von Beträgen in zwei- bis dreistelliger Millionenhöhe auffliegen. Da muß ein systematischer Fehler existieren: Die Kontrollen greifen erst spät und unvollkommen. Wie in Bürokratien. Und das viele Geld für okkulte Beratung und für «Coaching» in Geisteswissenschaftlichem zeigt: Auf Chefetagen muß viel Ängstlichkeit nisten. Die Bereitschaft zur Verbürokratisierung der Abläufe, das klaglose Sicheinfügen in bürokratische Strukturen kann als Indiz für solche Ängstlichkeiten gewertet werden: Wer sich bürokratisch verhält, muß Fehlschläge nicht verantworten. Sind das die Personen, die unsere Konzerne in die Zukunft lenken?

Die von uns befragten Topmanager sind in Großunternehmen tätig, aber mehrheitlich keine Unternehmer. Der Organisationspsychologe

132 Siehe hierzu Tom Robertson in «Business Strategy Review» 1994
133 Günter Ogger: «Nieten in Nadelstreifen», op. cit., S. 216

Oswald Neuberger sieht für unternehmerische Persönlichkeiten in solchen Großunternehmen auch keine Chance. Bestätigt wird er durch eine neue Studie aus den Vereinigten Staaten.

Die Psychologen Martin Kilduff und David Day von der Pennsylvania State University begleiteten 139 MBA-Absolventen über einen Zeitraum von fünf Jahren. Sie wollten herausfinden, ob eher das anpassungsfähige Chamäleon oder der individualistische Maverick (= irritierend-eigensinniger Außenseiter) im Konzern schneller nach oben kommt. Eindeutiges Ergebnis: «Chamäleons werden schneller und häufiger gefördert als die Mavericks.» [134]

Chamäleons lernen die Spielregeln leichter, verstehen auch kleinste Hinweise und stellen sich auf das ein, was die Meinungsführer im Unternehmen sagen. Zudem sind sie teamfähiger als der Maverick und stoßen niemanden vor den Kopf. Selbst für sehr große Firmen kann es existenzgefährdend werden, wenn dann nur noch Chamäleons unter sich sind. So blieb General Motors zu lange auf die Produktion von «Ami-Schlitten» konzentriert und IBM auf Main-Frame-Computer.

Bereits in den sechziger Jahren hatte der damals führende Headhunter Dr. Maximilian Schubart uns anvertraut, für Großunternehmen suche er den überdurchschnittlichen Durchschnitt. Das war nicht so sehr als Urteil über die Kompetenz gemeint, vielmehr als Einsicht, daß in den Kollegialgremien großer Unternehmen sehr auffällige Personen meist auflaufen. Zu diesem Bild paßt, daß Unternehmer in einer Befragung des Instituts der deutschen Wirtschaft zwischen dem Personal für verschiedene Sparten in der Chefetage keinen Unterschied machen.

Visionäre sind die große Mehrzahl nicht. In einer Enquete bei 437 Managern hat der Unternehmensberater Rolf Berth, früher als leitender Mitarbeiter bei der Unternehmensberatung Kienbaum tätig, ermittelt: 78 Prozent sagten von sich, sie hätten noch keine Lebensvision, und 16 Prozent hielten so etwas für überflüssig. [135] Berth analysierte darauf 32 bedeutende, marktverändernde Innovationen. In allen Fällen wurden sie durch Persönlichkeiten mit Visionen über Lebenszweck und Sinn der eigenen beruflichen Tätigkeit eingeleitet. Berth untersuchte dann die

---

134 Siehe hierzu Victoria Griffith: «Chameleon or maverick». Financial Times, 11. 1. 1995, S. 9; MBA = Master Business Administration, entspricht in der Regel etwa einem Diplom-Kaufmann
135 Rolf Berth: «Aufbruch zur Überlegenheit». Düsseldorf o.J. (1994/95), S. 16-17

Häufigkeit von Verbesserungs- und Durchbruchsinnovationen in Deutschland für den Zeitraum 1973 bis 1992. Wird 1973 bis 1977 gleich 100 gesetzt, dann beobachtete er für die Periode von 1988 bis 1992 32 Prozent weniger Durchbruchsinnovationen.[136] Schließlich kommt er zu dem Ergebnis: «Der Durchschnittsmanager ist nur bedingt tauglich. 20 Prozent berechtigen zu großen Erwartungen, aber 80 Prozent werden das Zeitalter eines neuen, breiter angelegten und sehr gebildeten Managers mit Sicherheit nicht einleiten.»[137]

«Hall of Fame» nannte das *Manager-Magazin* ein lobendes publizistisches Herausheben von unternehmerischen Gestalten. Die Überlegung dahinter: «Daß unsere Wirtschaft floriert, ist in Jahrzehnten zur Gewohnheit geworden. Dabei ist die Zahl der wirklichen Leistungsträger gering, und es wird auch in anderen Führungsgruppen dieses Landes nicht verstanden, daß wir alle mit abhängen von Unternehmern im Sinne Schumpeters. Die sind nun keineswegs gleichzusetzen mit all denen, die in den Chefetagen großer Wirtschaftsbetriebe sitzen. Das sind oft oberste Wirtschaftsbeamte.» Vorgestellt wurden vom *Manager-Magazin* als solche «wirklichen» Unternehmer Konrad Henkel (Waschmittel), Reinhard Mohn (Medien), Werner Otto (Versand), Max Grundig (Unterhaltungselektronik, Josef Neckermann (Versand), Heinz Nixdorf (Computer), Axel Springer (Medien), Heinrich Nordhoff (VW).[138] Das sind Ausnahmeerscheinungen, die es sicher auch in den frühen Jahrzehnten der Bundesrepublik leichter hatten als Manager heute im zwischenzeitlich bürokratisierten Umfeld.

Manager in Großbetrieben haben allerdings heute auch andere Aufgaben, als zum Beispiel alles auf die Karte einer möglichen Innovation zu setzen oder den kurzfristigen Gewinn zu maximieren. Ein Risikokurs bei Großunternehmen wäre volkswirtschaftlich viel zu teuer. Deutschland, Japan und die USA weisen alle ein Mix von Betriebsgrößen auf, das für Dynamik taugt. Es sind die Klein- und Mittelbetriebe, die unternehmerische Risiken hohen Grades eingehen können – sind sie erfolgreich, wird sie ein solide geführtes Großunternehmen gern einkaufen.

136 ibid., S. 82/83
137 ibid., S. 388
138 «Manager-Magazin – Hall of Fame», 10/1992, S. 35 ff

B. Die Politiker

Vorbemerkung

In der anspruchsvolleren Publizistik wird heute öfters die politische Führungsschicht als «politische Klasse» bezeichnet. Politikwissenschaftler erheben hier manchmal Einwände. Das ist die Folge einer etwas anderen Bedeutung von «politischer Klasse» in der wissenschaftlichen Literatur. In der heutigen Alltagsdiskussion ist jedoch ziemlich eindeutig, was mit diesem Wort «politische Klasse» gemeint ist: Berufspolitiker, die abgehoben haben von der Bevölkerung.

Der Begriff «politische Klasse» wird durchweg auf Gaetano Mosca und Vilfredo Pareto zurückgeführt, vor allem auf ersteren. Er ist speziell bei Pareto nicht gleichbedeutend mit den «Herrschenden»; denn er unterteilt die politische Elite – Pareto bevorzugt diesen Begriff – in eine aktuell herrschende und eine ihr ablösebereit gegenüberstehende, noch nicht herrschende Gruppe. Eng verwandt mit dem Begriff der politischen Klasse ist der Begriff der «neuen Klasse», wie ihn Milovan Djilas für die kommunistische Nomenklatura benutzte. Der «Berufspolitiker» bei Max Weber zielt auf die zeitgenössische Weiterentwicklung des Kreises von Personen, die in der Frühzeit des konstitutionellen Parlamentarismus von Mosca und Pareto mit «politischer Klasse» gemeint waren. Für uns ist die Voraussetzung einer Zugehörigkeit zur politischen Klasse die Existenz als Berufspolitiker.[1]

Der Begriff wird zu Unrecht benutzt, wenn mit politischer Klasse die Vorstellung eines allumgreifenden Netzwerkes persönlicher Beziehungen verbunden wird mit einem gemeinsamen Herrschaftsverständnis. Wir selbst haben verschiedentlich von den Berufspolitikern als einem neuen Adel gesprochen, der sich inzwischen wie der wirkliche frühere in Kleinadel, Dienstadel, Hofadel und Hochadel gliedert. Aber das ist doch

---

1 Weiterführende Aufsätze sind Edward Shils: «The Political Class in the Age of Mass Society». In: Moshe M. Czudnowski (Hg.): «Does Who Governs Matter?» De Kalb (III.) 1982, S. 13–32; Klaus von Beyme: «Der Begriff der politischen Klasse». Politische Vierteljahresschrift, 33. Jg. (1992), S. 4–32

mehr das deformierte Selbstverständnis und nicht so sehr die wirkliche Wiederholung eines früheren Herrschaftssystems, des Feudalismus. Dazu ist diese sich ausbildende neue Herrschaftsschicht intern zu vielgestaltig, und die Bande werden nur in Einzelfällen durch wechselseitige Heirat, durch Erfahrungen in der gleichen Bildungsanstalt und / oder durch Gleichheit der persönlichen Entwicklung gekennzeichnet. Insofern gilt weiter fort, was Ralf Dahrendorf früher bei seiner Kennzeichnung der deutschen Elite bemerkte: das Fehlen eines Establishments wie in England.

Dennoch kann und sollte man von politischer Klasse sprechen, wenn bedacht wird, daß dies eine Metapher für ein Selbstverständnis ist und keine Einheitlichkeit in mehreren anderen Hinsichten voraussetzt. Das gilt für die zu beschließenden Sachen und mindestens ebensosehr – und wahrscheinlich noch mehr – für die Personalentscheidungen. Es gibt in Deutschland keine zentrale Clique, die alle wichtigen Personalentscheidungen letztlich absegnet oder blockiert, sondern hier entscheiden viele Personen und Zirkel nebeneinander.

Bei aller Unterschiedlichkeit nach Ebenen und Bereichen der Politik hat sich inzwischen ein Verständnis von Solidarität der Berufspolitiker füreinander ausgebildet. Wer nicht gegen den Komment verstößt, der darf auch dann auf Hilfe rechnen, wenn ihm einmal das Mißgeschick einer Fehlkandidatur oder einer Entlassung widerfährt. Wie der Adel auch bei gegenseitigem Mißfallen dennoch ein Absinken ins Nichts verhinderte, so darf heute ein Berufspolitiker damit rechnen, daß ihm nicht viel mehr geschehen kann als einem deutschen Beamten.

Politik wird in Deutschland – wir sind ja ein föderalistischer Staat – auf verschiedenen Ebenen betrieben: in Kommunen, in Ländern und auf der Ebene des Bundes. Das Berufspolitikertum ist längst in die Länder und auch in die großen Städte vorgedrungen. In einer Stadt wie Köln darf man etwa zwölf der in der Kommunalpolitik Tätigen als Berufspolitiker sehen, die vollamtlich für die und von der Politik leben. Das ist an sich wider die Kommunalverfassung, und im Gegensatz zu Ländern und Bund fehlen eigentlich auch die finanziellen Voraussetzungen dafür. Daraus folgt, daß um Ecken herum und am Rande der Legalität die Existenz des kommunalen Berufspolitikers finanziert wird.

In Deutschland gibt es inzwischen 2069 Landtagsabgeordnete. Deren Diäten und Entschädigungen schlagen jährlich immerhin mit 203 Millionen DM zu Buche. Häufig sind das heute Kommunalpolitiker, die das Landtagsmandat als Erhöhung ihrer lokalen Bedeutung anstreben und darüber hinaus als Finanzquelle. Landtagsdiäten sind deutlich höher als die Vergütung in den Kommunen, und in einigen Ländern – wie in Nordrhein-Westfalen – gelten Landtagsabgeordnete als Berufspolitiker.

Wir haben bei den Wirtschaftseliten nur die «Bundesliga» untersucht. Entsprechend zielt die parallele Untersuchung der Führungsschicht in der Politik auf Bundespolitiker – genauer: auf die Mitglieder des 12. Deutschen Bundestages, des ersten Parlaments eines vereinigten Deutschlands. Damit soll die Schlüsselbedeutung von Ländern und insbesondere der lokalen Politik für das Leben der Parteien und die Auswahl von Personen nicht geringgeschätzt werden. Im Gegenteil: Wir werden noch darauf zurückzukommen haben, daß für die Personalauswahl die Tätigkeit eines Bundestagsabgeordneten in Bonn meist weniger entscheidend ist als seine Präsenz vor Ort. Aber ebenso wie wir die für die Dynamik unserer Wirtschaft so entscheidenden kleinen und mittleren Selbständigen bei unserer empirischen Studie nicht mit untersuchen konnten, so müssen wir uns auch hier auf die Spitzenebene konzentrieren. In beiden Fällen sind Untersuchungsgegenstand somit die Zirkel, bei denen Fehlentscheidungen existenzbedrohend für uns werden können.

Beim Unterricht in der Politischen Bildung wird mit der Darstellung der Verfassung begonnen. Tatsächlich entsprechen in keiner der modernen Demokratien die wirklichen Abläufe dem Modell, das der jeweiligen formalen Verfassung zugrunde liegt. Verfassung und Verfassungswirklichkeit weichen voneinander ab – was bei sozialwissenschaftlicher Betrachtung nicht als Tadel zu verstehen ist. Selbstverständlich muß man in der Politik die formellen Regeln und Strukturen so auszugestalten versuchen, daß man mit ihnen umgehen kann. Aber es ist doch bemerkenswert, zu welchem Grad die Verfassungswirklichkeit der Bundesrepublik von der formalen Verfassung abweicht – sogar bei Prinzipien der Verfassung. Wir werden auch darüber noch zu berichten haben.

In der Bundesrepublik muß die Verwaltung der politischen Sphäre zugerechnet werden. Das folgt für uns aus der starken Parteipolitisierung der Führungsebene von Verwaltungen in Kommunen, Ländern und im Bund. Die Bundesrepublik hat das Institut des «politischen Beamten», der jederzeit von politischen Gremien «in den einstweiligen Ruhestand» versetzt werden kann. Das ist inhaltlich ein Verbot der Amtsausübung unter Beibehaltung der Besoldungsgrundsätze für Beamte. Selbstverständlich geht die Parteipolitisierung der Verwaltung weit über diesen Personenkreis hinaus, aber hier muß dies nur bis zu der Ebene interessieren, die inhaltlich wichtige Entscheidungen erkennbar mitgestaltet. Zunächst werden hier jedoch nur die manifest politischen Führungsgruppen erörtert.[2]

Auf die Politisierung immer weiterer Lebensbereiche wollen wir besondere Aufmerksamkeit richten. Das wichtigste Vehikel hierfür ist die Personalpolitik. Ein Beispiel ist die Privatisierung der Bundesbahn, die dann im gleichen Vorgang statt an den Staat stärker an die Parteien angebunden wird. So wurde für das im Vorstand der Deutschen Bahn AG neugeschaffene Ressort Personennahverkehr der SPD-Verkehrsexperte im Bundestag, Klaus Daubertshäuser, bestimmt, der gelernter Industriekaufmann ist.[3]

Deutschland ist – ungeachtet seiner föderalistischen Formalstruktur – ein Land, in dem zwei Prinzipien nebeneinander und einander zugleich auf merkwürdige Weise durchdringend den Alltag der Entscheidungen und der Karrieren bestimmen. Die Bundesrepublik führte die deutsche Tradition des Korporatismus fort, der bei aller sonstigen Ähnlichkeit gerade Deutschlands mit den USA dann doch wichtige Unterschiede zwischen beiden Gesellschaften bewirkt; denn während die kontinental-westeuropäischen Gesellschaften alle korporatistisch beeinflußt sind und dabei beinahe allen voran die Bundesrepublik, kennt Amerika Korporatismus nicht. Darüber später mehr.

Und die Bundesrepublik hat einen ganz eigenartigen Föderalismus entwickelt, für den manchmal der Begriff des kooperativen Föderalismus verwandt wird. Damit ist gemeint, daß bei wirklichem Ausschöpfen der formalen Rechte Bund und Länder, weniger die Kommunen, sich in etwa so blockieren können wie in dem System der Gewaltenteilung der USA die Einzelstaaten, der Kongreß und der Präsident. Anders als in den USA folgt das nicht aus Gewaltenteilung, sondern aus «Gewaltenvermischung». In der Bundesrepublik sind schon bei der Steuer Bund und Länder voneinander abhängig, wogegen in den Vereinigten Staaten die Finanzierung der Staatsgeschäfte zwischen Bund und Ländern streng getrennt ist. Wir haben in Deutschland zwar – verglichen mit anderen europäischen Ländern – eine stark entwickelte kommunale Selbstverwaltung, aber die ist doch finanziell wieder abhängig von den Schlüsselzu-

2 Hans D. Klingemann et. al. (Hg.): «Politische Klasse und politische Institutionen». Opladen 1991
3 «Daubertshäuser wird Bahn-Vorstand. Verkehrsexperte der SPD». Kölner Stadt-Anzeiger, 25. 5. 1994, S. 27

weisungen der jeweiligen Länder. Ungeachtet aller anderweitigen Wendungen in unserer Verfassung und entgegen dem Lehrstoff der Politischen Bildung hat die Bundesrepublik eben keine Gewaltenteilung als Prinzip des politischen Systems, sondern ein System wechselseitiger Abhängigkeiten. Daraus folgt ein hohes Maß an «Politikverflechtung», der Notwendigkeit von Übereinstimmung zwischen Institutionen, die nach der Verfassung jede für sich entscheiden.[4] Das bedeutet langwierige Entscheidungsprozesse, die aber dann im Falle der Einigung von einer breiten Koalition getragen werden.

Wir sprechen in Wirklichkeit auch dann über die Führungsgruppen, wenn wir hier scheinbar über Strukturen nachsinnen; denn die Zusammensetzung der Führungsschichten und die Strukturen beeinflussen sich wechselseitig. Dabei kann außen vor bleiben, was hier Henne und was Ei ist, wenngleich wir weiter unten über Traditionen der personellen Zusammensetzungen von politischen Gremien doch Grund zu der Annahme haben: Es ist das Personal, das sich diese Strukturen so zurechtbog, daß sie passen.

Bemerkenswert ist die Unterschiedlichkeit, mit der politische Wissenschaftler und Soziologen unser politisches System behandeln. Die Politikwissenschaft wird meist betrieben als eine Soziologie des Berufspolitikers aus der Sicht des Berufspolitikers. Beispiele hierfür sind die Schriften von Wolfgang Jäger, Werner Kaltefleiter, Peter Haungs und Werner Patzelt. Sie sind zunächst beeindruckt von den Problemen, die dieser Berufsstand bei der Ausübung seiner Tätigkeit hat, und interessieren sich dann dafür, wie er mit dem System formaler Einrichtungen zu Rande kommt, in dem er seine Arbeit verrichtet. Verständlich, daß dann viele zu Apologeten werden, die (wie insbesondere Patzelt) die Kritiker für die Kritikwürdigkeit der Sache verantwortlich machen. Man bringe nicht genug Verständnis für die Schwierigkeiten auf, mit denen Politiker zu tun hätten, lese zuviel böswillige Darstellungen in Massenmedien und gerate dadurch in Politikverdrossenheit.[5]

Nun gibt es die Politikverdrossenheit kaum – denn an Politik sind

4 Siehe hierzu Fritz W. Scharpf: «Die Politikverflechtungs-Falle. Europäische Integration und deutscher Föderalismus im Vergleich». Politische Vierteljahresschrift, Jg. 26 (1985), S. 323–356
5 Werner J. Patzelt: «Das Volk und seine Vertreter: eine gestörte Beziehung». Aus Politik und Zeitgeschichte B 11/94, 18. 3. 1994, S. 14–23

Menschen heute ungewöhnlich interessiert –, sondern eine Politikerverdrossenheit, eine schlechte Meinung über Parteien und einen Unmut über die Produkte politischer Prozesse.[6] Uns als «Kunden» der Teilbereiche Politik und Verwaltung muß die Beschwerlichkeit des Berufs nicht vorrangig interessieren; die mag größer oder geringer sein als bei Ärzten oder Verwaltungsrichtern oder Entwicklungsingenieuren; uns hat vor allem die Qualität der Produkte zu interessieren.

Der wichtigste Ort, an dem verhandelte Entscheidungen zu rechtlich Bindendem gemacht werden, sind bei uns die Parlamente mit den zugehörigen Regierungen. Diejenigen, die hier den inneren Kreis Entscheidender ausmachen, gelten, neben den Spitzen in den Parteien, als die eigentliche politische Elite. Sie waren deshalb der Gegenstand unserer Analysen: einer Befragung von Bundestagsabgeordneten durch Forsa sowie besonders umfangreicher, auch quantitativer Textanalysen verschiedener offizieller Druckwerke (siehe Anhang B).

Die Parlamente und ihre Arbeitsweisen haben in Deutschland einige Besonderheiten. Da ist zunächst einmal zu bedenken, daß das Plenum eines deutschen Parlaments ein Verkündigungsgremium ist. Die Arbeitsebene im deutschen Parlamentarismus sind die Ausschüsse und Parlamentsgremien, die Fraktionssitzungen und Fraktionsgremien sowie einige Geistergremien. Hier ist der Alltag durch eine ungeheure Hektik geprägt – zusätzlich zum sonstigen politischen Geschehen in den Parteigliederungen und im heimatlichen Wahlkreis –, die inzwischen systembedingt ist. Die Realität selbst der Arbeit in den Plenarsitzungen ist für die Mehrzahl der Abgeordneten nicht mehr überschaubar – geschweige denn das politische Geschehen in den über hundert Gremien.

6 Erwin K. und Ute Scheuch: «Cliquen, Klüngel und Karrieren». Reinbek 1992

Wie man nach vorne kommt

Im Durchschnitt sind die Abgeordneten des 12. Deutschen Bundestages aus den alten Bundesländern – die Auswahl der Abgeordneten aus den neuen Bundesländern war noch zu willkürlich für eine quantitative Analyse – um die 28 Jahre Mitglied einer Partei. Etwa die Hälfte trat der Partei vor dem 22. Lebensjahr bei, und eine große Mehrzahl berichtet von einem Parteieintritt vor dem 30. Lebensjahr. Der Parteibeitritt liegt also für die große Mehrheit vor dem Zeitpunkt in einer beruflichen Karriere, ab dem man sich selbst ernähren kann, und erst recht, zu dem sich die berufliche Karriere einem ersten Höhepunkt nähert.

Christopher Anderson kann in einer Langzeituntersuchung über die Zusammensetzung der Bundestage zeigen, daß sich diese im Verlaufe von Dekaden etwas verjüngt haben.[7] Das ist insofern erstaunlich, als die Länge der Zeit, die Abgeordnete im Bundestag sitzen, seit Gründung dieses Gremiums immer weiter zugenommen hat. Daraus folgt: Das Eintrittsalter ins Parlament ist deutlich niedriger als früher.

Ein immer früheres Eintrittsalter in den Bundestag ist kein Nachweis, daß die Parteien offener würden für die politisch Interessierten in der Bevölkerung, sondern im Gegenteil ein Indiz für die Zunahme der reinen Berufspolitiker. Früh wird in der Partei Karriere gemacht, und dann wird der einmal errungene Sitz möglichst lange behalten. Die Pensionen der Bundestagsabgeordneten, die pro Jahr um vier Prozent steigen, sind sicherlich auch einer der Anreize, um den Erhalt eines Bundestagsmandates hart zu kämpfen.[8]

Auffällig ist die Akademisierung auch der Berufspolitiker, wobei sich

7 Christopher Anderson: «The Composition of the German Bundestag since 1949: Long Term Trends and Institutional Effects». In: Historical Social Research, No. 65, Vol. 18 (1993), 1, S. 3–25. Zur sozialen Zusammensetzung der Bundestagsmitglieder siehe auch die ältere Untersuchung von Heino Kaack: «Die soziale Zusammensetzung des Deutschen Bundestages». In: U. Thayssen: «US-Kongreß und Deutscher Bundestag». Opladen 1988, S. 128–152
8 Nach acht Jahren Bundestag gibt es 35 Prozent der Bezüge als Altersentschädigung

die Parteien inzwischen in der Zusammensetzung nach Ausbildung einander stark angeglichen haben. Im Ersten Deutschen Bundestag war der Akademikeranteil in der FDP deutlich höher als in der CDU, und dieser wiederum war sehr viel höher als in der SPD. Beim 1990 gewählten 12. Bundestag sind die Akademikeranteile in den drei Fraktionen praktisch identisch. Die Arbeiterfunktionäre sind gerade in der SPD von den Lehrern zunehmend verdrängt worden. Es ist dies die gleiche Entwicklung wie bei der Sozialistischen Partei in Frankreich.

Besonders steil ist der Anteil der Frauen gestiegen. Erst in den achtziger Jahren übersteigt ihr Anteil unter den Mitgliedern des Bundestages die 15-Prozent-Marke und bewegt sich inzwischen auf 30 Prozent zu – am schnellsten in der SPD, am langsamsten in der CDU. Dabei sind es die Frauen ab Jahrgang 1945, die diesen steilen Anstieg des Frauenanteils bewirken, mit einem weiteren Akzent auf den Jahrgängen ab 1955. Diese jüngeren Frauen sind mehrheitlich – noch – keine Berufspolitiker.

Vereinfacht lassen sich vier Mechanismen der Karriere für die Bundespolitik unterscheiden:

- Kooptation durch Spitzenpolitiker an den Zwischeninstanzen der politischen Hierarchie vorbei.
- Funktionär in einer Jugendorganisation werden und sich dann zunächst in dieser und darauf auch in der Partei durchsetzen.
- Die gegenseitige Förderung als Clique.
- Karriere als Vertreter einer Interessengruppe bzw. einer vertikalen Untergliederung der Partei (wie heute die Frauenorganisationen).

Besondere persönliche Erfolge bei den Wählern sind in der real existierenden Demokratie der Bundesrepublik zunächst irrelevant und erst viel später bei ausgesprochenen und wenigen Spitzenpositionen von Belang.

In der politischen Praxis können sich im Lebenslauf eines erfolgreichen Politikers Elemente der vier Mechanismen der Karriere mischen, aber meist lassen sich ein bis zwei vorherrschende Akzente ausmachen. Dabei hat sich die Bedeutsamkeit dieser hier unterschiedenen vier Karrierewege im Verlauf der Existenz der Bundesrepublik grundlegend verändert.

Der wohl beispiellose Aufstieg in die höchsten Stellungen von Politik und Partei durch die Förderung eines Spitzenpolitikers ohne die üblich gewordene politische Ochsentour ist Klaus Kinkel gelungen. Er wählte

= 3545 DM, ab dann pro Jahr vier Prozent bis zu 75 Prozent = 7596 DM. Zeitschrift für Parlamentsfragen, Heft 3, 1992

nach seinem Studium die Beamtenlaufbahn und trat 1956 ins Bundesin-
nenministerium ein. In Hans-Dietrich Genscher fand Kinkel dann nach
dessen Ernennung zum Innenminister im Jahre 1969 den wichtigsten
Förderer. Von da ab ging es mit Kinkel steil bergauf. Genscher machte
ihn zum Leiter seines Ministerbüros. Mit ihm wechselte Kinkel 1974 ins
Außenministerium. Zuletzt war er dort als Ministerialdirektor Leiter des
Planungsstabs. 1979 wurde Kinkel Chef des Bundesnachrichtendienstes.
Nach dem Koalitionswechsel der FDP hin zur CDU/CSU 1982 brauchte
Genscher seinen Ziehsohn Kinkel wieder im Bonner politischen Umfeld:
Unter dem FDP-Minister Hans Engelhard arbeitete er fortan als beamte-
ter Staatssekretär im Justizministerium. In dieser Funktion konnte Kinkel – der sich einer ausgeprägten Parteipolitisierung des Ministeriums
entzog – dennoch als Beamter an den Koalitionsgremien teilnehmen, die
wichtige politische Entscheidungen vorbereiteten. Schon damals war er
im Zentrum der Macht, ohne daß dies öffentlich bemerkt worden wäre.
Der Wechsel auf die Seite der Politiker vollzog sich dann 1991: Kinkel
wurde Nachfolger Engelhards, trat nun auch der FDP bei. Nach der überraschenden Demission Genschers als Außenminister im April 1992
konnte Kinkel in Ruhe die gegenseitige Demontage der FDP-Spitzenpoli-
tiker Irmgard Schwaetzer und Jürgen W. Möllemann abwarten, bis er
nach und nach zum Nachfolger Genschers in dessen drei wichtigsten
Funktionen berufen wurde – als Außenminister, Vizekanzler und als
FDP-Vorsitzender.[9]

Für die Kooptation von oben ist die Karriere von Thomas Mirow ein
farbiges Beispiel. Thomas Mirow und Lars Brandt schlossen auf der
Schule Freundschaft, und über den Sohn wurde der Vater auf Mirow
aufmerksam. Willy Brandt stellte Mirow nach dem Ende dessen Studiums als Assistenten im Bonner Büro ein. Dort stieg er zum Büroleiter
auf, war anschließend Pressereferent, und als Pressereferent kam er als
Berater von Klaus von Dohnanyi nach Hamburg. Nach einer Zeit als
freiberuflicher Politikberater wurde er von Henning Voscherau zum Lei-

9 Friedrich Karl Fromme: «Ohne Rückschlag von Stufe zu Stufe. Neu in der Partei,
  nicht in der Politik». FAZ, 8. 1. 1993, S. 3; Martin Winter: «Vom Zufall getragen –
  der Hoffnungsträger. Klaus Kinkel – Stationen eines kometenhaften Aufstiegs bis in
  den ‹Führerstand des Karussells der Politik›». Frankfurter Rundschau, 9. 1. 1993,
  S. 3

ter der Senatskanzlei gemacht und fand gleichzeitig in dem damaligen Kanzlerkandidaten der SPD, Björn Engholm, einen Förderer.[10]

Eine besonders erfolgversprechende Stellung für Nachwuchsführungskräfte ist die des Redenschreibers. Selbstverständlich unterscheiden sich Spitzenpolitiker nach dem Grade, zu dem sie Redetexte übernehmen. Helmut Schmidt galt als besonders pedantischer Korrigierer, wie in den USA Jimmy Carter; Bundespräsident Richard von Weizsäcker soll dagegen wie Ronald Reagan viel mehr übernommen haben. Die Redenschreiber werden oft von ihren Mentoren in besonders günstige Absprungpositionen geschoben.

Eine solche Kooptation schafft auch Gefahren. Wenn der eigene Gönner in der Spitze durch einen anderen ersetzt wird, dann pflegen auch die Geförderten zu wechseln. Hans-Jochen Vogel hatte die Förderung von Herta Däubler-Gmelin weitergegeben an Björn Engholm. Als dann Hans-Ulrich Klose, gefördert von Oskar Lafontaine, Fraktionsvorsitzender wurde, schob er Herta Däubler-Gmelin zur Seite. Vorher war Klose mit Hilfe von Lafontaine Schatzmeister der SPD geworden. Er hatte da den zunächst vom Parteivorstand geförderten Klaus Wettig zurücksetzen können. Als dann Engholm Kanzlerkandidat der SPD wurde, machten Klaus Wettig und dessen Ehefrau Inge Wettig-Danielmeier Karriere. Wettig wurde der Abgesandte Engholms in Bonn, dann wurde seine Frau zur Schatzmeisterin der SPD gewählt. Zugleich ist sie die oberste Quotenhüterin der Arbeitsgemeinschaft Sozialdemokratischer Frauen.

Als die bisherige rechte Hand von IG-Metall-Chef Franz Steinkühler, Karlheinz Blessing, die Parteizentrale in Bonn übernahm, mußten 25 Referenten und Abteilungsleiter die Baracke verlassen.[11] Beim Wechsel der Fraktionsspitze von Klose zu Rudolf Scharping wiederum wollte Blessing seinen Stuhl räumen; denn: «Ich galt in der Partei eben als Engholm-Mann», schrieb er dem damaligen kommissarischen SPD-Chef Johannes Rau. Blessing fiel weich: Die IG-Metall-Zentrale bat den 37jährigen, bei der Dillinger Hütte Arbeitsdirektor zu werden. Und Blessing folgte dem Ruf auf einen mit 300 000 DM dotierten Posten in einer Bran-

---

10 Thomas Leif: «Personalrekrutierung der SPD - kopf- und konzeptionslos». In: Th. Leif/H. J. Legrand/A. Klein (Hg.): «Die Politische Klasse in Deutschland – Eliten auf dem Prüfstand». Bonn 1992, S. 223–249, hier S. 233
11 ibid., S. 232

che, von der er nichts verstand, nach eigener Rechtfertigung aus reiner Loyalität zu seiner Gewerkschaft. Um eine «Versorgung eines SPD-Genossen» habe es sich keineswegs gehandelt.[12] Wir sagten schon eingangs: Wer in der Politik einmal zum höheren Adel gehört, hat zwar keine Job-Garantie, aber Anspruch auf Versorgung – gleichwertig oder besser.

Die Beispiele geben einen Hinweis darauf, wie sich die deutsche Politik «amerikanisiert» hat. Aus den USA wird immer wieder berichtet, wie ein neuer Präsident seine eigene, nur auf ihn eingeschworene Mannschaft mitbringt. Durchweg spielen dabei landsmannschaftliche Bezüge eine wichtige Rolle. George Bush zog mit seiner Nordost-Küstenmannschaft nach Washington und löste damit die Clique Kalifornier um Präsident Ronald Reagan ab. Als Bill Clinton Präsident wurde, nahm er den Kern seiner Mannschaft aus Arkansas mit, ähnlich wie Bundeskanzler Helmut Kohl als einen der engsten Vertrauten den Abgeordneten Johannes Gerster aus seinen Mainzer Tagen mit nach Bonn brachte. Professoren, die er von der Mainzer Universität her schätzte, wie Werner Weidenfeld, ließ er in politikrelevante Positionen befördern; Weidenfeld wurde so mit der Funktion betraut, die deutsch-amerikanischen wissenschaftlichen Beziehungen zu pflegen.[13] Auch bei Scharping als Kanzlerkandidat ist das nicht anders. Ein Kanzler ist de facto in Deutschland inzwischen kein einfacher Premierminister mehr, sondern ein «präsidentieller Bundeskanzler» (Volker Rühe)[14], und das ist eine einsame Stellung. Da braucht die Spitzenfigur dann eine treu ergebene Mannschaft – und gemeinsame landsmannschaftliche Bande gelten als besonders belastbar.

---

12 Ulrich Deupmann: «‹Lopez von Dillingen› – Gibt es ein Leben nach dem Amt?». Süddeutsche Zeitung, 16. 7. 1994

13 Weidenfeld zeichnet verantwortlich u. a. für die Eröffnung dreier neuer deutscher Stiftungen («Centers of Excellence») an den amerikanischen Elitehochschulen Georgetown, Berkeley und Harvard im Herbst 1990. Für insgesamt 45 Millionen DM wird in den nächsten zehn Jahren «in der nachfolgenden Generation das Bewußtsein der lebenswichtigen Bedeutung und der Wichtigkeit der engen Freundschaft zwischen den USA und Europa und insbesondere der Bundesrepublik Deutschland» gefördert. Am Erfolg wird allerdings gezweifelt angesichts der von geförderten Studenten ausgewählten Themen wie «Die wechselnde Repräsentanz der Frauen in der Ungarischen Kultur» oder «Die Konfiguration der Männlichkeit und die Kulturideologie in der deutschen Moderne». Interne Kritik amerikanischer Wissenschaftler war nicht gefragt. Kanzler Kohl ging es darum, irgend etwas machen zu müssen, um «in den USA eine Expertise über Deutschland» zu erhalten. Nach Elisabeth Wehrmann: «Eine teure Freundschaft». Die Zeit, 26. 3. 1993, S. 37

14 «Kanzlers Machtkartell». Der Spiegel 31/1994, S. 32

Und auch in einer weiteren Hinsicht hat es eine Annäherung an amerikanische Usancen gegeben. Es ist heute üblich, daß Spitzenpolitiker sich mit einem Beraterkreis umgeben, welcher der Öffentlichkeit meist nicht sonderlich bekannt wird. In der SPD beispielsweise erwarb sich Bodo Hombach einen guten Ruf als Wahlkampfmanager von Johannes Rau. Als einer der engsten Mitarbeiter Helmut Kohls galt der Leiter seines Bundeskanzlerbüros, Walter Neuer. Solche Vertrauten dürfen dann mit Belohnungen rechnen: Hombach stieg bei der Preussag-Salzgitter ein, in der die sozialdemokratisch beherrschte WestLB das Sagen hat.[15] Neuer darf jetzt sein öffentliches Leben in Ruhe als Botschafter in Lissabon verbringen.[16] Aufmerksamkeiten für die Angehörigen des Minihofes halten einem Spitzenpolitiker den Rücken frei.

Ralf Dahrendorf schätzte, über die Hälfte aller Bundestagsabgeordneten der CDU sei dem Kanzler für eine ihnen persönlich erwiesene Gefälligkeit zu Dank verpflichtet. Kohl hat als Kanzler viele Posten und Pöstchen, Auffangämter für abgestürzte Politiker wie Jürgen Echternach und günstige Startplätze für Aufsteiger wie Jürgen Rüttgers zu vergeben. Umgekehrt muß ein Spitzenpolitiker auch strafen können, wobei es als kennzeichnend für Kohl gilt, daß er nie und nichts vergißt: Paul Krüger hatte als Bewohner der DDR möglicherweise nicht mitbekommen, daß Lothar Späth 1989 Kohl stürzen wollte. Als nach der Wiedervereinigung von Kohl neuernannter Forschungsminister wollte er nun ausgerechnet Späth, nunmehr Vorstandschef von Jenoptik in der ehemaligen DDR, in einen Technologierat mit Fachleuten aus Wirtschaft und Wissenschaft berufen. Kohl sorgte dafür, daß Späth nicht berufen wurde.[17] Krüger ist heute bekanntlich nicht mehr Forschungsminister.

Eine Funktion in einer Jugendorganisation ist in allen Parteien der Karriere förderlich. Nach unseren Auszählungen waren bei der CDU 39 Prozent der heutigen Bundestagsabgeordneten in jungen Jahren nicht nur Mitglieder einer Partei, sondern dort sogar Jugendfunktionäre. Den nächsthöchsten Anteil von ehemaligen Jungfunktionären ermittelten

15 «Die Macht am Rhein. Durch politischen Filz und mit viel Geschick wurde Arbeitersohn Friedel Neuber zu einem der mächtigsten Banker der Republik». Der Stern, 12. 4. 1995
16 Ada Brandes: «Der bekannteste Unbekannte in Bonn. Kohls Büroleiter Walter Neuer, stets im Hintergrund agierender Kanzler-Intimus, geht nach Lissabon». Kölner Stadt-Anzeiger, 19. 8. 1994, S. 4
17 «Kanzlers Machtkartell». Der Spiegel 31/1994, S. 34

wir für die PDS mit 29 Prozent jugendlicher Würdenträger der vormaligen DDR. Unterschiedlich ist zwischen den Parteien, auf welcher Ebene das höchste als Jugendfunktionär erreichte Amt angesiedelt war. Bei der SPD war dies eine Funktion auf Kommunalebene, bei der CDU in 56 Prozent der Fälle eine Position auf regionaler Ebene und bei der FDP in 67 Prozent eine Funktionärsexistenz auf Bundesebene. Das kann gedeutet werden als Folge unterschiedlicher Länge der Karrierewege, die in der FDP schon deshalb kürzer sein können, weil auf den dem Bund vorgelagerten Ebenen sehr viel weniger Positionen existieren.

Neben den verschiedenen Arenen für und Formen von Karrieren empfiehlt es sich, zum besseren Verständnis des Aufstiegs zwei Stufen zu unterscheiden – Stufen, bevor die höchste persönliche Stellung erreicht wird. Hierzu kann die in der Wirtschaft übliche Unterscheidung benutzt werden:

● Stufe 1 ist der Vorstoß in den Kreis der Hoffnungsträger.

● Stufe 2 ist das Herausheben aus diesem Kreis durch eine Spitzenkraft.

Die Personen auf Stufe 1 heißen im Jargon der Großwirtschaft und des Wirtschaftsjournalismus «Potentials», der schließliche Förderer aus einer Spitzenposition heraus wird «Mentor» genannt.

Ein Beispiel für eine solche Karriere zunächst über Jugendorganisationen ist der Werdegang von Dr. Friedbert Pflüger, CDU (Jahrgang 1955). Zwei Jahre vor dem Abitur, das er mit 18 Jahren ablegte, trat er in die Junge Union ein. Er wurde rasch Funktionär und hatte mit 20 Jahren das Amt eines stellvertretenden Bundesvorsitzenden des RCDS erreicht. Energisch und sichtbar kämpfte Pflüger im Göttinger AStA gegen den Marxistischen Studentenbund (MSB) Spartakus. Mit 22 Jahren schaffte er dann den Sprung zum Bundesvorsitzenden der CDU-Studentenvereinigung. Nur wenig später – im Alter von 25 Jahren – legte er seine Magisterprüfung ab. Jetzt entdeckte ihn Richard von Weizsäcker, damals Regierender Bürgermeister von Berlin. Ihm diente Pflüger in verschiedenen Funktionen, ging mit ihm nach Bonn und schrieb für den Präsidenten Reden. Sein Habitus trug ihm schnell den Spitznamen «Vizebundespräsident» ein. In der *FAZ* wurde ihm eine «Kammerdiener-Perspektive» bescheinigt, nachdem Pflüger seine Erfahrungen bei Richard von Weizsäcker in einem «Portrait aus der Nähe» der Öffentlichkeit vorgestellt hatte. Dreizehn Jahre vorher hatte die *FAZ* noch ganz anders urteilen können. Damals war Pflüger für sie der «Typ des CDU-Politikers von morgen»[18]. Pflüger kann als Beispiel dafür dienen, wie die Aufnahme in den inneren Kreis politischer Beratungen die Nachwuchspolitiker verformen kann.

Wolfgang Roth, Jahrgang 1941, wurde für heutige Verhältnisse spät, mit 21 Jahren, Mitglied der SPD – bald nach dem Abitur. Er hatte Erfolg in der Studentenpolitik und war drei Jahre nach dem Parteieintritt AStA-Vorsitzender der Freien Universität Berlin. Dort begann damals das erste Rumoren, das dann später bundesweit zu der Bewegung der 68er wurde. Mit 28 Jahren wurde Roth stellvertretender Juso-Vorsitzender und anschließend der Chef dieser damals sehr linken Organisation. Dadurch qualifizierte er sich für den Parteivorstand der SPD. Ein Jahr vor der Übernahme des erwähnten Juso-Amtes hatte Roth sein Diplom abgelegt und war anschließend in Institutionen angestellt, die politiknahe sind – wie etwa der Deutsche Städtetag, die Neue Heimat oder die Deutsche Siedlungs- und Landesrentenbank, später noch die Öko-Bank. Inzwischen hat seine Laufbahn einen besonders gut dotierten Höhepunkt erreicht. Finanzminister Theo Waigel, CSU, vermittelte ihm die Stelle eines Direktors bei der Europäischen Investitionsbank in Luxemburg. Dort hat Roth ein geschätztes Einkommen von 500 000 DM und genießt auch eine großzügige Altersversorgung. Das reicht ihm aber nicht, und er führt Klage gegen den Deutschen Bundestag auf volle Zahlung der Pensionen als Abgeordneter.[19]

Die Karriere von Roth ist ein Beleg dafür, daß mit dem Erreichen einer Spitzenposition in der Politik – wie der Mitgliedschaft im Parteivorstand – nichts Unglückseliges mehr zu erwarten ist. Im Zweifel kann sich der politische Gegner Vorteile ausrechnen, einen solchen Politiker in ein hohes Wirtschaftsamt zu befördern. Am Werdegang von Pflüger wird besonders anschaulich, wie hier zwei Karrieremuster ineinandergreifen: Karriere als Jugendfunktionär in der Partei (dadurch wurde er ein «Potential») und Kooptation als Zuarbeiter und anschließend Redenschreiber durch einen Politiker, der wie von Weizsäcker bereits eine Spitzenposition erklommen hat (der Mentor).

Als Manager der Macht läßt sich Dr. Jürgen Rüttgers, Jahrgang 1951,

18 Munzinger-Archiv/Internat. Biograph. Archiv 8/93
19 Jutta Vossieg: «Wolfgang Roth möchte aus zwei Quellen seine Altersrente beziehen. Ex-SPD-Bundestagsabgeordneter wartet auf Richterspruch in einem Kölner Parallelverfahren». Kölner Stadt-Anzeiger, 2. 2. 1995, S. 9

charakterisieren. Zielstrebig setzte er früh als Kreisvorsitzender der Jungen Union des Erftkreises auf die Förderung des damals starken Mannes, Bernhard Worms, von 1975 bis 1981 Landrat des Erftkreises. Als Rüttgers dann in den Kreisvorstand aufstieg, fiel der junge Jurist durch seine präzisen Ausarbeitungen auf, wenn es um Neuformulierungen von Satzungen ging. In der Folge gelang Rüttgers eine politische Karriere ohne jeden Knick, die er zweigleisig anlegte: Er rückte in hohe politische Ämter auf wie 1980 in das des Landesvorsitzenden der Jungen Union in Nordrhein-Westfalen, wurde 1985 Kreisvorsitzender der CDU Erftkreis und 1993 stellvertretender Landesvorsitzender der CDU in Nordrhein-Westfalen.

Parallel zu seiner politischen Karriere achtete er darauf, in zwar politiknahen, aber doch unabhängigen Positionen in Spitzenämter aufzusteigen: Er begann als Referent beim nordrhein-westfälischen Städte- und Gemeindebund und ließ sich zum Ersten Beigeordneten seiner Heimatstadt Pulheim wählen, was ihm dank der Protegierung durch Worms gelang. Kampfabstimmungen ging er stets aus dem Weg. Beispielsweise vermied er 1981 die Bewerbung um den Kreisvorsitz der CDU in der unmittelbaren Nachfolge von Worms bei dessen Wechsel in höhere CDU-Ränge. Damals gab es Kampfkandidaturen zwischen gleich drei anderen Bewerbern aus der Fraktions- und Parteispitze. Rüttgers wartete dagegen, bis ihm die Kandidatur angetragen wurde. Auch auf eine Bewerbung als Bundestagsabgeordneter in seinem Wohngebiet – dem nördlichen Erftkreis – verzichtete er zunächst; denn das war Wahlkreis seines Parteifreundes Alfons Müller, der wiederum an seinem Heimatort Wesseling nicht gegen den dortigen CDU-Parteifreund kandidieren wollte. Rüttgers wich in den damals vakanten Wahlkreis Leverkusen aus. Er folgte der Erfahrung, daß Kampfkandidaturen für das Ansehen in der Partei belastend sind und bleibende Verärgerungen zur Folge haben. Kampfkandidaturen, die nicht von den Parteioberen und/oder dem Mentor genehmigt sind, führen sogar in der Regel zum politischen Absturz.

Mit 36 Jahren schaffte Rüttgers 1987 den Sprung in den Bundestag. Hier übernahm er unmittelbar den Vorsitz in der Enquetekommission «Technikfolgenabschätzung und -bewertung»; Mitbewerber für diese scheinbar undankbare Aufgabe fanden sich nicht, nachdem eine erste Kommission zu diesem Thema gescheitert war. Auch das ist für erfolgreiche Karrieren kennzeichnend – übrigens auch in der Wissenschaft –, nämlich ein Gebiet zu belegen, auf dem es nicht notwendig ist, andere aus einem Besitzstand zu verdrängen.

Bernhard Worms, selbst Protegé von Helmut Kohl, machte den Kanzler auf diesen talentierten und ehrgeizigen Nachwuchspolitiker aufmerksam. Nach nur zwei Jahren im Bundestag stieg Rüttgers zum Parlamentarischen Geschäftsführer und nach weiteren zwei Jahren zum Ersten Parlamentarischen Geschäftsführer der CDU/CSU-Fraktion auf.[20] Seit 1995 ist er weit (wenn auch noch nicht ganz) oben angekommen: Er ist Superminister für Bildung, Wissenschaft, Forschung und Technologie.

Der Erftkreis bot zwei weiteren Männern die Plattform zu ihren ersten politischen Gehversuchen, die heute im Bundestag zur vorderen Riege zählen: Günter Verheugen und Klaus Lennartz, beide Jahrgang 1944.

Mit 16 Jahren trat Günter Verheugen der FDP bei. Neben dem – dann abgebrochenen – Studium absolvierte er ein Redaktionsvolontariat, wurde mit 34 Jahren durch seinen Mentor Hans-Dietrich Genscher Bundesgeschäftsführer der FDP (ein Jahr später umbenannt in Generalsekretär). Bei seinem Wechsel 1982 in die SPD wurde ihm zwar sein fehlender «Stallgeruch» vorgeworfen. Dennoch entsandte ihn seine neue Partei bereits 1983 in den Bundestag. Seine Karriere in der SPD festigte er dann durch harte Basisarbeit als Vorsitzender des Unterbezirks Kulmbach. Nun ist ihm durch Rudolf Scharping der Aufstieg wiederum in die Position eines Generalsekretärs geglückt. Eine lupenreine Berufspolitikerlaufbahn.

Klaus Lennartz machte eine weniger spektakuläre Karriere. Er ist das Musterbeispiel für einen Politiker, der sich von Stufe zu Stufe durch gründliche Arbeit hochdiente. Daß dieser fleißige Politiker nicht in die wirklichen Spitzengremien seiner Partei vordringen konnte, zeigt die Schlüsselbedeutung, die Mentoren für den Aufstieg in höchste Positionen haben. Lennartz hatte keinen – im Gegensatz zu den bisherigen Beispielen. Nach der Volksschule und einer Kaufmannsgehilfenprüfung stieg Lennartz mit 26 Jahren in den gehobenen Dienst auf und wurde Abteilungsleiter bei der Innungskrankenkasse Köln. Vorher bereits, mit 19 Jahren, war er der SPD beigetreten. Erst zehn Jahre später, 1973, wurde er Vorsitzender der SPD der Kleinstadt Hürth. Dann ging es rasch aufwärts: 1974 Vorsitzender des SPD-Unterbezirks Erftkreis und Mitglied des Rates von Hürth, 1976 Vorsitzender der SPD-Kreistagsfraktion, 1980 – mit 36 Jahren – Mitglied des Bundestages, seit 1984 zusätzlich (ehrenamtlicher) Landrat des Erftkreises.

20 «Jürgen Rüttgers». Munzinger-Archiv/Internat. Biograph. Archiv 11/95

Jürgen W. Möllemann (Jahrgang 1945) trat im Alter von 17 Jahren der CDU-Jugendorganisation bei. Nach der ersten Staatsprüfung als Hauptschullehrer wechselte er mit 25 Jahren zur FDP über. Dort machte er eine wohl nur in dieser mitgliederarmen Partei mögliche Karriere; denn nur ein Jahr nach dem Parteieintritt war er bereits Vorsitzender des Bezirksverbandes Westfalen-Nord und dann noch stellvertretender Landesvorsitzender dieser Partei. Mit 27 Jahren rückte er in den Bundestag ein. Auch er fand in Genscher einen Mentor, durch dessen Förderung er mit 37 Jahren Staatsminister im Auswärtigen Amt wurde.[21] 1987 wechselte er in das Ressort eines Bundesministers für Bildung und Wissenschaft, vier Jahre später in das für Wirtschaft. Von Mai 1992 bis Januar 1993 war er Vizekanzler der Bundesrepublik Deutschland – fast völlig unbemerkt von der Öffentlichkeit. Vorläufig ist der Hobby-Fallschirmspringer dann über eine Affäre gestürzt – unter Applaus aus der eigenen Partei. Das ist bezeichnend für das real existierende politische System Deutschlands: Affären werden einem Polit-Adeligen nur dann zum Verhängnis, wenn starke Kräfte der eigenen Partei den Absturz wollen. Sonst darf «ausgesessen» werden.

Als Gegenbeispiel zu den bisher angeführten Werdegängen kann Möllemanns Nachfolger im Amt des Bundeswirtschaftsministers, Günter Rexrodt, dienen. Rexrodt, Jahrgang 1941, trat erst mit 39 Jahren der FDP bei. Zuvor hatte er in Westberlin in einer Bank, später in der Westberliner Industrie- und Handelskammer gearbeitet. Binnen kurzer Zeit wurde er in die Geschäftsführung berufen. Erst mit 41 Jahren, zwei Jahre nach dem Parteieintritt, wurde er in der Politik aktiv: 1982 folgte er in Berlin dem Ruf auf den Posten als Senatsdirektor für Wirtschaft, 1985 wurde er Finanzsenator. Nach der verlorenen Wahl 1989 tat Rexrodt etwas, was in Deutschland – anders als in Amerika – eher selten ist. Er kehrte in die Wirtschaft zurück als Vorstandsmitglied der Citybank in Frankfurt; ein Jahr später war er Vorstandsvorsitzender. Dann berief ihn Bundeskanzler Kohl – nach nur einem Jahr – in den Vorstand der Treuhandanstalt. Im Januar 1993, mit 52 Jahren, rückte Rexrodt in die Chef-

---

21 Hierzu kursiert in Bonn als Witz: Eine Partei des Bundestages kann erkannt werden an der Art, wie ein Redner die Ortsversammlung begrüßt. Sagt er «Liebe Genossinnen und Genossen», ist es die SPD, grüßt er mit «Liebe Parteifreundinnen und -freunde», dann spricht er zur CDU; heißt es aber «Lieber Herr Minister, lieber Staatssekretär, wertes Mitglied», dann ist man bei der FDP.

etage der Bonner Politik, ohne daß er hier – wie Möllemann – im damals starken Mann der FDP, Genscher, einen Förderer gehabt hätte.[22]

Besonders gut läßt sich eine Karriere als Jugend- und Studentenfunktionär mit einer Anstellung im öffentlichen Dienst vereinbaren. In alten Demokratien wie England und den USA trifft das Gegenteil zu: Hier darf ein öffentlich Bediensteter nicht einmal Mitglied in einer Partei sein – auch wenn in den USA de facto häufig Ämterpatronage nach Parteisympathie erfolgt; aber eben nur de facto und nicht de jure. Es ist eine Eigentümlichkeit des öffentlichen Dienstes in Deutschland, daß Beamte und Angestellte für politische Arbeit sogar freigestellt werden müssen.

Der Abgeordnete Rudolf Schöfberger, in seinen jungen Jahren Star der Linken Bayerns, trat in den öffentlichen Dienst ein und wurde mit der Einstellung zugleich freigestellt für ein Landtagsmandat. Bernhard Worms bewarb sich nach seinem Studienabschluß und als damaliger lokaler CDU-Vorsitzender bei der Post, wurde bald als Landtagsabgeordneter in Nordrhein-Westfalen weitgehend freigestellt für politische Arbeit, seit 1983 ohne Bezüge.

Erst seit neuerer Zeit entfällt bei der Freistellung die Regelbeförderung, aber die Pensionsansprüche wachsen nach wie vor weiter – so, als ob man die Tätigkeit im öffentlichen Dienst tatsächlich ausübt. Erhält die politische Karriere einen Knick, kann der Politiker in den öffentlichen Dienst zurückkehren. Bisher sind die Bestimmungen für Parlamente auch so ausgestaltet, daß entweder die Pension im öffentlichen Dienst – auch bei Freistellung – oder Ruhestandsansprüche im politischen Amt mit Renten aus nichtöffentlichen Kassen kombiniert werden können. Übrigens ist diese Freistellung für politische Arbeit nicht nur auf den öffentlichen Dienst im eigentlichen Sinn beschränkt. Sie findet sich auch bei Rundfunkanstalten und Unternehmen wie Siemens.

Prototyp für eine zielstrebige Karriere innerhalb des öffentlichen Dienstes ist Horst Seehofer (geboren 1949), der als ein «moderner Repräsentant der Kleinen-Leute-CSU» charakterisiert wurde.[23] Er ist zugleich ein Beispiel dafür, daß auch Nichtakademikern nach wie vor eine Karriere in der Politik möglich ist – auch wenn dies die Ausnahme ist und voraussetzt, daß man sich hochdient. Mit 16 Jahren begann Seehofer nach der mittleren Reife seine Laufbahn auf der untersten Besoldungsgruppe im

22 Carl Graf Hohenthal: «Günter Rexrodt: Politik im Blut». FAZ, 8. 4. 1994
23 Georg Paul Hefty: «Horst Seehofer: Joker der CSU». FAZ, 28. 4. 1992

öffentlichen Dienst (A 1) in der Verwaltung an der Schnittstelle von kommunalen und staatlichen Zuständigkeiten.[24] Er legte 1970 die Verwaltungsprüfung für den gehobenen Dienst ab und arbeitete fortan für zehn Jahre in den Landratsämtern Ingolstadt und Eichstätt. Parallel übte er das für eine klassische CSU-Karriere wichtige Amt eines Kreisvorsitzenden der Jungen Union, dann daneben verschiedene Funktionen in der CSU und in der Katholischen Arbeiterbewegung aus. Im Alter von nur 31 Jahren schaffte Seehofer den Sprung in den Bundestag für den Audi-Wahlkreis Ingolstadt.

Ein Beispiel für die Bedeutung von Seilschaften ist – neben dem früheren Kreis um die Redaktion der RCDS-Zeitschrift *Die Sonde*, deren Mitglieder hauptsächlich in Berlin in die Schaltstellen der Macht gelangt sind[25] – der Margarethen-Kreis in Hamburg, dessen cliquenhafte Abschottung gegen kritische Parteimitglieder erst nach einer Klage des Verlegers Markus Wegner durch das Hamburger Verwaltungsgericht 1993 gestoppt wurde. Wegner hatte der CDU vorgeworfen, sie würde einen Parteigehorsam verlangen, der sich über Wahrheit und Recht hinwegsetze. Daß er die CDU Hamburg mit «mafiaähnlichen Gebilden» oder mit einer «Einheitspartei à la SED» verglich, trug ihm übrigens den Parteiausschluß ein.[26] Der Margarethen-Kreis wurde 18 Jahre lang von Jürgen Echternach geleitet, der in den sechziger Jahren noch mit dem Anspruch angetreten war, die verkrustete Hamburger CDU mit Hilfe der Jungen Union aufzubrechen. Sein Nachfolger im Amt des CDU-Vorsitzenden wurde Dirk Fischer, seit Mitte der sechziger Jahre enger Mitstreiter Echternachs im Margarethen-Kreis. Ein weiteres Mitglied dieses Kreises ist übrigens der jetzige Verteidigungsminister Volker Rühe.[27]

Früher waren einmal die Vereinigungen in den Parteien sehr wichtig – insbesondere in den sechziger Jahren. Ihre Bedeutung hat nachgelassen. Aber die Frauenvereinigungen in den beiden großen Parteien haben dennoch Bedeutung als Verwalter der jeweiligen Parteiquoten.

Ein charakteristischer Aufstieg in der SPD war früher ein Hochdie-

24 «Doktor der Nation – ohne Schweigepflicht». Der Spiegel, 5. 4. 1993
25 Siehe hierzu die Ausführungen in Scheuch/Scheuch: «Cliquen, Klüngel und Karrieren», op. cit., S. 155–157
26 «Hamburger Parteigericht bestätigt CDU-Ausschluß». FAZ, 3. 2. 1993, S. 2
27 «In Hamburgs CDU erbt der Kronprinz die Macht». Kölner Stadt-Anzeiger, 28. 2. 1992, S. 4

nen im Betrieb bis zur Position des Betriebsrats- bzw. Personalratsvorsitzenden. Beispiele aus dem letzten Bundestag sind Klaus Hasenfratz und Ulrike Mascher. Walter Hiller war bis 1990 Betriebsratsvorsitzender bei VW. Anschließend ernannte ihn der niedersächsische Ministerpräsident Gerhard Schröder zum Sozialminister in seinem Kabinett.[28] Eine analoge Karriere in der CDU war ein Aufstieg zunächst in religiösen Jugendorganisationen und dann in kirchennahen Verbänden und Vereinigungen wie bei Irmgard Karwatzki. Sie stand dem Bund der katholischen Jugend nahe, war in der Diözese Essen aktiv und ist eine wichtige Funktionärin in der Katholischen Frauengemeinschaft Deutschlands. Mit 36 Jahren wurde sie in den Bundestag gewählt, dem sie seither angehört. Die höchste Stufe ihrer Karriere war die Position einer Parlamentarischen Staatssekretärin, von 1982 bis 1987 beim Bundesminister für Jugend, Familie, Frauen und Gesundheit, anschließend bis 1989 beim Bundesminister für Bildung und Wissenschaft. Diese Laufbahnen sind aber im Verhältnis zu denen der wachsenden Zahl von Jungfunktionären in den Parteien seltener geworden.

Die Karriere auf Landesebene, in Jugendorganisationen und in den Parteien oder der Aufstieg mit Hilfe von Verbänden ist eine wichtige Vorbedingung für die Wahl in den Bundestag, aber keine ausreichende. Heute – anders als noch vor zwanzig Jahren – muß erst die Zustimmung von politischen Lokalgrößen auf Kreisebene erreicht werden.

Bereits Dietrich Herzog hatte in seiner Übersicht der Literatur festgestellt, daß die mittleren Parteiverbände und Delegiertenversammlungen – meist auf Kreisebene – der bedeutendste Filter für Karrieren sind. Hier sind es wieder gewöhnlich sehr kleine Zirkel – in einer Großstadt wie Köln für die CDU mit ihren dort 8000 Mitgliedern vielleicht ein halbes Dutzend Personen –, die über Karrieren befinden. Nach Herzog sind sich darin Parteiensysteme ähnlich, die sonst in ihrer formalen Struktur sehr unterschiedlich sind – wie das englische oder wie das amerikanische.[29] In Deutschland gibt es eine Praxis bei den großen Parteien – nicht ohne Ausnahmen, aber mit nicht allzu vielen –, nach der nur ein solcher Politiker auf eine der Listen kommt, der auch als Kandidat für ein Direktmandat bestimmt wird. Mit der Plazierung auf der Liste ihrer jeweiligen Par-

28 «Müde Minister». Focus 16/1995, S. 15
29 Dietrich Herzog: «Politische Karrieren. Selektion und Professionalisierung politischer Führungsgruppen». Opladen 1974, S. 87 ff

tei sind dann mehr als die Hälfte unserer Abgeordneten schon vor der Wahl in die Parlamente entsandt!

Ausgerechnet das Bündnis 90/Grüne verhielt sich anders, als es seiner basisdemokratischen Ideologie entsprochen hätte: Im 12. Bundestag war diese Bürgerbewegung des Herbstes 1989 mit acht Abgeordneten vertreten. Nur die Hälfte hatte aber auch in einem Wahlkreis kandidiert. Damit folgte das Bündnis im übrigen dem Vorbild der westdeutschen Grünen, die im 11. Bundestag (bei der Wahl zum 12. waren sie an der Fünf-Prozent-Klausel gescheitert) den höchsten Anteil von Abgeordneten aufwiesen, die ohne Wahlkreiskandidatur auf einer Landesliste abgesichert waren.[30]

Daß für den Erhalt eines Mandates die Plazierung auf Listen wichtiger als die Bindung an die Wähler ist, gilt auch für Bundestagswahlen – und zwar nach folgendem Mechanismus: Die Bundesrepublik kennt keine Bundes-, sondern nur Landeslisten, und diese werden inzwischen nicht mehr wirklich von den Landesführungen kontrolliert, sondern bei SPD und vor allem CDU durch eine Koalition zwischen Kreisverbänden bzw. den Stadtverbänden kreisfreier Städte. Hier gibt es Gewohnheitsrechte der jeweiligen Kreisparteien auf einen Platz in der Reihenfolge der Listenplätze, und diese erworbenen Ansprüche werden durchweg respektiert – ohne Rücksicht auf Sachkompetenzen –, um Kampfabstimmungen mit ungewissem Ausgang zu vermeiden. So entscheidet dann der Kreisverband Düsseldorf, wer auf den besten der diesem Kreisverband zustehenden Landesplätzen zu plazieren ist, und die Delegierten aus anderen Bezirken pflegen das abzunicken. In die kleinen Cliquen, die über Plazierungen entscheiden, wird nur kooptiert, wer dazu paßt – und passen heißt, wer nach lokalen Kriterien unbedingt vertrauenswürdig ist. So entscheiden in der Bundesrepublik bei unserem Wahlrecht über mehr als die Hälfte der Abgeordneten einige tausend lokale Zaunkönige[31] und nicht die vielen Millionen Wähler.

Die bundesdeutschen Parteien sind in den achtziger Jahren durch die Achtundsechziger und das allgemeine Einströmen von Personen aus Kul-

30 Emil-Peter Müller: «Strukturen des XII. Deutschen Bundestages» (Hg.: Institut der deutschen Wirtschaft). Köln 1992, S. 10
31 In der früheren Bundesrepublik gab es 564 Landkreise und kreisfreie Städte, in der damaligen DDR von beidem 215, was zusammen 779 solcher Einheiten ausmacht. Die genaue Zahl dürfte aktuell etwas anders sein, aber der Größenordnung nach stimmt sie noch.

turberufen nachhaltig verändert worden. Für die SPD hat Wilhelm Weege nachgezeichnet, daß dies eine Akademisierung zur Folge hatte; für die CDU gilt das analog. Heute dominieren in der SPD-Parteielite die Jahrgänge 1930 bis 1944, aber jetzt beginnen auch schon die Jahrgänge ab 1945 bedeutsam zu werden.[32] Da dieses Personalrevirement zeitnahe zur Akzentverlagerung der Entscheidungen über Karrieren hin zu der Kreisebene erfolgte, ist es naheliegend, hier eine ursächliche Verbindung zu vermuten.

Zumindest für die CDU dürfte hier allerdings noch ein weiterer Umstand bedeutsam sein. Als diese Partei nach dem Machtverlust im Bund 1969 zu zerfallen schien, ganz entsprechend den Erwartungen von Herbert Wehner über die Zukunft des damaligen Kanzler-Wahlvereins, wurde sie vom neuen stellvertretenden Bundesvorsitzenden und ab 1973 Bundesvorsitzenden Helmut Kohl, während eines Jahrzehnts assistiert von Heiner Geißler als Generalsekretär, systematisch von der Kreisebene her als Mitgliederpartei aufgebaut. Von Helmut Kohl heißt es, sicherlich übertreibend, er kenne auch heute jeden der von ihm aufgewerteten Kreisfunktionäre. Diese Einflußnahme durch die Bundeszentrale, vorbei an den vordem wichtigeren mediatisierenden Landesparteiapparaten einiger Länder und an den Zentralen der Verbände, dürfte zum Bedeutungsverlust dieser Arenen beigetragen haben. Dies ist eine direkte Parallele zum wirklichen Feudalismus: Schon Ludwig XIV. verbündete sich mit dem Landadel gegen den Hochadel, und vordem praktizierte das englische Königshaus ebenfalls ein Bündnis mit den Country Squires gegen die Earles.

Abschließend als These: Die größere Einheitlichkeit der Karrieren erklärt die zunehmende Einheitlichkeit des politischen Personals auch auf Bundesebene.

Wenngleich das Personal, das mit der Ochsentour und der Genehmigung durch lokale Zaunkönige nach vorn kam, numerisch eindeutig vorherrscht, scheinen die interessanteren Politiker die zu sein, die von einem Abgeordneten mit Reputation unmittelbar kooptiert werden. Dies ist eine direkte Analogie zu einer wichtigen Form der Karrieremuster in den USA. Ein Beispiel ist Sabine Leutheusser-Schnarrenberger, die ihren

---

32 Wilhelm Weege: «Politische Klasse, Elite, Establishment, Führungsgruppen. Ein Überblick über die politik- und sozialwissenschaftliche Diskussion». In: Leif/Legrand/Klein (Hg.), op. cit., insbesondere S. 197

Aufstieg zur Bundesjustizministerin allerdings einem Zufall zu verdanken hat. Der Rechtsexperte der FDP, Detlef Kleinert, wollte nach dem Wechsel von Klaus Kinkel vom Justizressort ins Auswärtige Amt die Berufung Burkhard Hirschs verhindern. Dieser galt ihm und der Parteiführung als zu eigensinnig.[33] Die Abwehr des linksliberalen Politikers erreichte Kleinert, indem er die erst seit 1990 dem Bundestag angehörende Leutheusser-Schnarrenberger protegierte. Dies geschah zur allgemeinen Überraschung; denn die junge Abgeordnete (Jahrgang 1951) war mit ihrer politischen Arbeit im Bundestag öffentlich weitgehend unbeachtet geblieben.[34]

Deutsche Parteien sind hochbürokratisierte Organisationen. So wäre es einleuchtend, wenn in diesen Organisationen systematisch Nachwuchspflege betrieben würde. Mehr als Ansätze dazu gibt es aber nicht. Diese Ansätze sind einmal verbunden mit der Arbeit der parteinahen Stiftungen (die wohl Stiftungen heißen, weil sie von vielen Hunderten von Millionen Steuergeldern leben). Auch die Grünen verfügen inzwischen über eine solche Einrichtung. Hier wird in Wochenendseminaren geschult und miteinander bekannt gemacht. Dennoch gilt allgemein: Eine systematische Nachwuchspflege findet nicht statt.[35] Entsprechend fehlt es dann auch an Kriterien bei der Auswahl von Protegés und bei der Entscheidung über Führungspositionen. Es gibt hier keine überlegten, rationalen Kriterien mit Ausnahme derjenigen, die für den Erfolg bei Machtkämpfen entscheidend sind.

33 «Schnarri, der neue Star bei den Liberalen. Die Justizministerin profiliert sich als Retterin der politischen Moral in der FDP». taz, 5. 10. 1992
34 «Sabine Leutheusser-Schnarrenberger, deutsche Juristin; Bundesministerin der Justiz; MdB; FDP». Munzinger-Archiv / Internat. Biograph. Archiv 18 / 94
35 Siehe hierzu auch Leif in: Leif, Legrand / Klein (Hg.), op. cit., S. 235 ff

Wer die Berufspolitiker auf Bundesebene sind

Untersuchungen der politischen Eliten sind gewöhnlich Statistiken der Eigenschaften von Funktionären und Mandatsträgern. Üblicherweise liegt der Akzent auf sozialen Merkmalen mit der meist stillen Annahme, daß aus der sozialen Stellung eines Berufspolitikers in der Gesellschaft auch dessen Denkweise und daraus folgend Handlungen ableitbar sind. Gegen eine solche Sicht hatte sich bereits Gaetano Mosca in seiner Kritik an Karl Marx gewandt. Die Politiker seien eben keine Marionetten der Verhältnisse. Gerade im Parlamentarismus sei zudem Vorteilssuche bis hin zur Korruption eine bedeutende Bestimmungskraft für Verhalten. Vilfredo Pareto betonte darüber hinaus die Bedeutung ideologischer Faktoren. Wenn die Politik in der Bundesrepublik tatsächlich durch Berufspolitiker bestimmt sein sollte, dann müßte es eine teilweise Ablösung der Entscheidungsinhalte von sozialen Merkmalen geben; denn das ist ja das Kennzeichen von Profitum.

Klaus von Beyme untersuchte den Zusammenhang zwischen sozialen Merkmalen und Entscheidungsinhalten der Parlamente für den Zeitraum zwischen 1871 und 1976.[36] Für die Zeit bis 1932 findet von Beyme den allgemein erwarteten Zusammenhang: «Wenn wir den Zusammenhang zwischen den Gesetzgebungen für Wirtschaft, Steuern und Soziales in bezug setzen zu den sozialen Merkmalen der Entscheider, können wir einen engen Zusammenhang quantitativ belegen.»[37] Das gilt aber nicht mehr – und wir fügen hinzu: in steigendem Maße nicht mehr – für den Deutschen Bundestag. Wiederum sei von Beyme zitiert: «Insgesamt sind Parteien und ihre Ideologien viel wichtiger als die soziale Zusammensetzung der Parteieliten oder der Parlamentsfraktionen... Die soziale Zusammensetzung der beiden Allerweltsparteien wird zudem einander ähnlicher als in anderen politischen Systemen...»[38] Für die Grünen galt dies lange Zeit nicht. Sie waren die einzige Partei im Bundestag, die Mi-

---

36 Klaus von Beyme: «Elite Imput and Policy Output: The Case of Germany». In: Moshe M. Czudnowski (Hg.): «Does Who Governs Matter?», op. cit., S. 55–67
37 ibid., S. 57
38 ibid., S. 65

lieupartei war und in der Ideologen dominierten. Jetzt haben auch bei den Grünen pragmatisch entscheidende Berufspolitiker zunehmendes Gewicht bekommen.

Dennoch sind die sozialen Merkmale keineswegs belanglos. Je einheitlicher die Abgeordneten in ihrer sozialen Zusammensetzung werden, um so eher kann sich eine Führungsschicht von den Rückbindungen an die Gesellschaft lösen. Und das wird noch verstärkt, wenn sich die Karrieren angleichen. Aufgrund der Angaben der Abgeordneten selber – wobei eine Neigung unterstellt werden darf, sie für die Öffentlichkeit auszuwählen und zu schönen – wird in der Öffentlichkeit das Folgende zitiert[39]:

Die Berufsstruktur des 12. Deutschen Bundestages					
Berufsgruppen:	CDU %	SPD %	FDP %	Bündnis 90/Grüne n	PDS n	Insgesamt %
Zahl der Abgeordneten:	**319**	**239**	**79**	**8**	**17**	**662**
Amtierende und ehemalige Regierungsmitglieder	16	1	18	–	–	11
Öffentlicher Dienst (Beamte, Richter, Pfarrer und Angestellte)	31	49	27	5	7	37
Angestellte der Wirtschaft sowie politischer und gesellschaftlicher Organisationen	21	31	18	2	4	24
Selbständige und Angehörige freier Berufe*	29	12	35	1	3	23
Hausfrauen	2	3	1	–	–	2
Arbeiter	1	3	–	–	–	1
Ohne Angabe	1	2	1	–	3	2

* Oft Funktionäre von Organisationen bzw. Verbänden ihres Bereiches

39 Institut der deutschen Wirtschaft: «Zahlen zur wirtschaftlichen Entwicklung der Bundesrepublik Deutschland». Köln 1993, S. 142 f. Für eine sozialwissenschaftliche Betrachtung sind die verwandten Kategorien ziemlich unsinnig, wie die Kombination von Angestellten der Wirtschaftsunternehmen und Funktionären der Verbände zeigt.

Die mit Abstand stärkste Berufsgruppe im Parlament sind Angehörige des öffentlichen Dienstes. Diese sind in allen westeuropäischen Parlamenten besonders häufig in den linken Parteien, beispielsweise auch im französischen Parlament.[40] Im 12. Bundestag stellen sie in der SPD-Fraktion fast die Hälfte aller Abgeordneten.

Zwar waren deutsche Parlamente schon seit der Paulskirche 1848 geprägt durch öffentliche Bedienstete, aber im Verlauf der Entwicklung nach 1945 hat sich die Art dieses Personals stark verändert. Früher herrschten hier Juristen vor. Inzwischen sind die Lehrer die stärkste Gruppe. Damit haben Kulturberufe die Juristen verdrängt.

In der PDS gibt es 41 Prozent Angestellte des öffentlichen Dienstes, und auch hier sind es mehrheitlich Kulturberufe. Bemerkenswerterweise gibt es bei der PDS – ebenso wie bei der FPD und dem Bündnis 90 – im 12. Bundestag keinen einzigen Arbeiter.

Die Zusammensetzung der SPD-Fraktion im 12. Bundestag kennzeichnet eine zweite Besonderheit: der starke Anteil von Verbandsfunktionären. Hier ist im Verlauf der Zeit die Häufigkeit der Gewerkschaftsfunktionäre zurückgegangen. Die höchste Zahl von Gewerkschaftsfunktionären hatte die SPD-Fraktion im Bundestag von 1965 bis 1968 mit 31 Funktionären des DGB. In den achtziger Jahren waren es dann nur noch 18. Prozentual waren die Gewerkschaftsfunktionäre im Bundestag bei der SPD-Fraktion zwischen 1957 und 1961 mit 16 Prozent am stärksten – doppelt so stark wie im 12. Bundestag. Heute sind auch bei der SPD Funktionäre anderer Arten von Verbänden die stärkste Einzelgruppe.

Die freien Berufe gehören in der deutschen Entwicklung zu den wichtigsten Trägern der Selbstorganisation in der Gesellschaft. Sie bestimmten das Vereinsleben und waren in den bürgerlichen Parteien stets von besonderer Bedeutung.[41] Mit 23 Prozent der Abgeordneten sind sie immer noch im Parlament weit stärker als in der Bevölkerung vertreten, aber nur in der FDP sind sie der bedeutendste Berufskreis.

Durchweg herrschen die gesellschaftlichen Mittellagen vor. In der sozialen Zusammensetzung nimmt die CDU-Fraktion eine Mittelstellung zwischen der FDP, deren Abgeordnete aus besonders günstigen Soziallagen kommen, und der SPD mit weniger herausgehobenen Existenzen ein. Diese Merkmalsverteilung ist unabhängig von der Art der Kategorisierung eine stabile Kennzeichnung des 12. Bundestages.

40 Heinrich Best: «Die Männer von Bildung und Besitz». Düsseldorf 1990
41 Erwin K. Scheuch: «Vereine als Teil der Privatgesellschaft». In: Heinrich Best

Die Zahlen sind angesichts der unscharfen Angaben im Handbuch des 12. Deutschen Bundestages sehr abhängig von der Art, wie die Berufe zu Kategorien geordnet werden. Auf der nächsten Seite findet sich eine Auflistung, in der die Zuordnung von Personen zu Kategorien geändert wurde.[42]

Auch diese Aufstellung ist nicht frei von Absonderlichkeiten – wie bei all dem, was als «Freiberufler» oder als «Sonstige» zusammengefaßt wird –, gleichwohl aber instruktiver als die zuerst angeführte Berufsstatistik der Abgeordneten. Hier wird ausgewiesen, daß die «Angestellten» der vorigen Tabelle mehrheitlich Funktionäre von Verbänden und politischen Organisationen waren. Von den 36 Prozent öffentlichen Bediensteten stellen Lehrer die Hälfte! Selbstverständlich wäre es unsinnig zu meinen, ein Parlament müsse in seiner auch beruflichen Zusammensetzung ein Spiegelbild der Bevölkerung sein. Aber nur elf Prozent Arbeiter und Angestellte sind etwas wenig, wenn deren Anteil an den Erwerbstätigen im Westen 81,4 Prozent und im Osten gar 92,5 Prozent ausmacht.[43]

Die angeführten Tabellen gehen letztlich auf das gleiche Schema zurück, das von Adalbert Hess im Wissenschaftlichen Dienst des Bundestages erarbeitet wurde. Peter Schindler hat es dann bis 1994 fortgeführt und im Datenhandbuch des Bundestages 1994 als neueste Fassung veröffentlicht. Die Unklarheiten gehen auf zwei Festlegungen zurück. Einmal soll die Politik als eigener Beruf ausgewiesen – und deshalb die Kategorie «ehemalige Regierungsmitglieder» – und dann die wesentliche Erwerbsstellung neben oder unmittelbar vor der Mandatsübernahme gekennzeichnet werden. Bewußt soll nicht der einst erlernte Beruf Grundlage sein, weil der nach Schindler in seiner Bedeutung längst verblaßt ist.[44] Der Bezugszeitpunkt für die Zuordnung der Berufsgruppe für die politische Laufbahn ist aber besonders wichtig, weil solche Karrieren mit Ver-

(Hg.): «Vereine in Deutschland. Vom Geheimbund zur freien gesellschaftlichen Organisation». Bonn 1993, S. 143–207
42 Gerhard Spörl: «Sehnsucht nach Stabilität. Wie in der Bundesrepublik Wahlen gewonnen werden». Spiegel spezial 1/1994, S. 20
43 Nach dem Statistischen Bundesamt 1992
44 Verwaltung des Deutschen Bundestages, Abteilung Wissenschaftliche Dienste/ Referat Parlamentsgeschichtliche Dokumentationen (Hg.): «Datenhandbuch zur Geschichte des Deutschen Bundestages 1983 bis 1991». Bonn 1994, S. 273

Die Berufsstruktur des 12. Deutschen Bundestages						
Berufsgruppen:	CDU %	SPD %	FDP %	Bündnis 90/Grüne n**	PDS n	Ins- gesamt* %
Zahl der Abgeordneten:	**319**	**239**	**79**	**8**	**17**	**662**
Amtierende und ehe- malige Minister und Staatssekretäre	16	1	18	–	–	10
Beamte	11	15	5	–	–	11
Lehrer und Hochschul- lehrer	13	25	15	3	5	18
Angestellte im öffentlichen Dienst (Richter, Staatsanwälte, Berufssoldaten)	6	7	6	1	2	7
Angestellte in Industrie, Handel u. ä.	11	11	9	1	–	10
Angestellte in Verbänden, Parteien u. ä.	10	20	9	1	4	14
Selbständige	15	3	15	–	1	10
Rechtsanwälte und Notare	10	6	14	–	1	9
Freiberufler (Unternehmer, Kaufleute, Handwerker, Landwirte)	4	4	6	1	1	4
Arbeiter	2	3	–	–	–	1
Sonstige (Hausfrauen, Pfarrer, ohne Angaben)	4	6	3	1	3	5

* Durch Aufrundungen teilweise mehr als 100 %
** Die Fallzahlen sind zu klein für eine Umrechnung in Prozente

änderungen aus Opportunität verbunden sind. Beispiel: Viele Abgeordnete, die als selbständige Rechtsanwälte verschlüsselt wurden, waren vor
der Übernahme ihres Mandats Angestellte von Verbänden und Unternehmen und machten sich erst selbständig, um neben der Übernahme des
Mandats noch weiter einen Beruf ausüben zu können.

Wir entwarfen ein neues Schema, das sich an den international gebräuchlichen Berufscode ISCO (International Standard Classification of Occupations) des International Labour Office in Genf anlehnt. Verschlüsselt wird der hauptamtlich ausgeübte Beruf, wobei als Berufspolitiker solche Mandatsträger eingeordnet wurden, die weniger als drei Jahre einer Berufstätigkeit außerhalb des Parlaments nachgegangen waren.[45]

	Prozent
Verwaltungsbeamte	9,5
Lehrer	12,5
Wissenschaftler	10,7
Sonstiger öffentlicher Dienst	11,2
Hochqualifizierte Angestellte	4,2
Führungskräfte der Wirtschaft und des öffentlichen Lebens	7,3
Selbständige Handwerker und Kaufleute	2,0
Freie Berufe	9,1
Pastoren	1,4
Arbeiter	3,3
Land- und Forstwirte	3,2
Immer nur Berufspolitiker	10,1
Hausfrauen und Sonstige	5,9

Diese Zahlen weichen von den in der Öffentlichkeit verbreiteten nicht unerheblich ab, verändern aber nicht das durch diese veröffentlichten Zahlen bewirkte Bild von der einseitigen Zusammensetzung des Bundestages. Das wird in einer weiteren Vereinfachung noch deutlicher (siehe Grafik auf Seite 144).

Der Bundestag wird dominiert von Funktionären, Lehrern und Verwaltungsbeamten – eine Einseitigkeit, die eine Verselbständigung der Mentalität zur politischen Klasse begünstigt.

Ein Abgeordneter sollte vor der Arbeit im Parlament Erfahrungen in einem anderen Beruf gesammelt haben – das ist eine von Kritikern der Parteien und der Berufspolitiker häufig erhobene Forderung. Sie findet eine eindeutige Mehrheit bei den Bürgern, aber nach der Forsa-Untersuchung 1994 überraschenderweise auch bei Abgeordneten selber. 99 Prozent der befragten Bundestagsabgeordneten stimmten der Forderung nach Erfahrung im Berufsleben als Voraussetzung für die Abgeordnetentätigkeit zu.

45 Berechnet nach Lorenz Gräf vom Zentralarchiv für empirische Sozialforschung der Universität zu Köln

Berufsstruktur

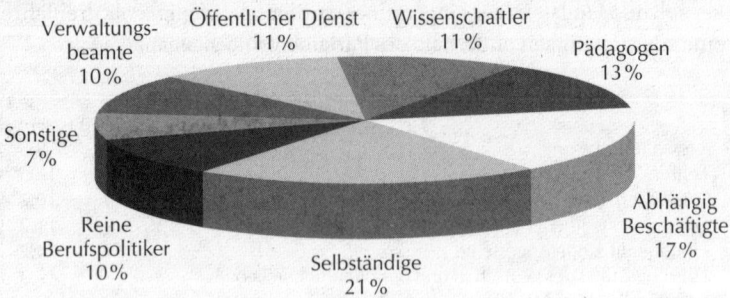

Verwaltungs-
beamte
10%

Öffentlicher Dienst
11%

Wissenschaftler
11%

Pädagogen
13%

Sonstige
7%

Reine
Berufspolitiker
10%

Selbständige
21%

Abhängig
Beschäftigte
17%

Anders die Wirklichkeit: Der Bundestag ist ein Parlament mit vielen Abgeordneten, die ihre Erfahrungen hauptsächlich in der Politik gesammelt haben. Nur eine Minderheit verläßt den Bundestag bereits nach nur einer Legislaturperiode. Seit 1949 steigt die Wiederwahlquote fortwährend.[46] Und seit der 8. Legislaturperiode nimmt insbesondere der Prozentsatz der dreimal und mehr Wiedergewählten stärker zu.

Darüber hinaus hat der Bundestag viele Mitglieder, die eigene Regierungserfahrung vorweisen – und das, obwohl im Durchschnitt die Mitglieder der CDU/CSU, SPD und FDP nur zweieinhalb Legislaturperioden im Bundestag sitzen. Als ehemalige Staatssekretäre und Minister saßen im 12. Deutschen Bundestag 56 solcher Abgeordneter. Hinzu kamen 44 Mitglieder der amtierenden Regierung; denn in Deutschland ist es möglich, zugleich in der Regierung zu sitzen und sich als Parlamentarier selbst zu kontrollieren. Das ergibt insgesamt 100 Abgeordnete mit Regierungserfahrung – ein international sehr hoher Anteil.

21 Prozent der Abgeordneten des 12. Bundestages kamen aus den neuen Bundesländern, wobei der Anteil bei CDU (20 Prozent) und FDP (22 Prozent) deutlich höher als bei der SPD mit 14 Prozent lag. Diese Unterschiede zwischen den Parteien können nicht überraschen, weil CDU und FDP der Bundesrepublik durch Fusionierung mit ihrem jeweiligen Blockparteienpendant im SED-Staat sehr mitgliederstarke Or-

---

46 Datenhandbuch zur Geschichte des Deutschen Bundestages 1983–1991, op. cit., S. 242f

ganisationen auch in den neuen Bundesländern aufweisen. So waren dann auch je 59 Prozent der CDU- und der FDP-MdBs aus den neuen Bundesländern früher bereits Mitglieder in der jeweiligen Blockpartei.

Das Aufschlüsseln der Abgeordneten nach allen möglichen weiteren demographischen Merkmalen erbrachte keinen besonderen differenzierenden Aussagewert mehr. Das Führungspersonal in der Politik hat sich in seiner sozialen Zusammensetzung dafür in den verschiedenen Parteien zu sehr einander angeglichen.[47] Durchweg kommen Berufspolitiker heute aus der Mittelschicht, wobei eine Spitzenposition in der Politik noch einen sozialen Aufstieg bedeutet. Vergleichsweise kommt die Führungsschicht in der Großwirtschaft aus einer Soziallage darüber, aber in beiden Gruppen ist Unselbständigkeit als Berufslage der Elternhäuser die Regel. Einen Aufstiegsberuf aus unteren Soziallagen gibt es in der Politik angesichts ihrer Akademisierung heute nur noch in Ausnahmefällen.

Es gibt noch eine weitere Besonderheit des deutschen Parlamentarismus – neben der Möglichkeit, zugleich Exekutive und Legislative in einer Person zu vereinen –, nämlich parallel zum Bundestagsmandat noch auf lokaler Ebene Mandatsträger zu sein. Gleichzeitige Mitgliedschaft in einem Landtag widerspricht dem föderalistischen Prinzip; sie war früher dennoch häufiger. Ein zusätzliches Mandat in einem Kreistag oder in einem Kommunalparlament haben nach unseren Auszählungen 169 Bundestagsabgeordnete. Sehr oft sind es Abgeordnete, die neu in den Bundestag gekommen sind und ihr bisheriges Kommunal- oder Kreistagsmandat nicht sofort aufgeben wollen. Das ist als Vorsicht zu verstehen; denn im Fall der Verweigerung einer erneuten Kandidatur oder bei einer Wahlniederlage behält der Abgeordnete eine Rückfallposition. Vor allem aber kann er auf diese Art und Weise besser blockieren, daß sich ein anderer eine lokale Machtposition aufbaut, der ihm dann die Wiederaufstellung streitig machen könnte. Wird dann im Bundestag ein hohes Amt erreicht oder erhält der Abgeordnete sogar ein Regierungsamt übertragen, dann wird das lokale Mandat aufgegeben.

Dennoch ist diese hohe Zahl von Doppelmandaten angesichts der immer wieder betonten Zeitaufwendigkeit des Abgeordnetenberufes bemerkenswert. Für das politische System Deutschlands bedeutet sie je-

47 Siehe hierzu bereits Ursula Feist und Klaus Liepelt: «Neue Eliten in alten Parteien». In: Max Kaase und Hans D. Klingemann (Hg.): «Wahlen und politisches System». Opladen 1983, S. 81–100

denfalls eine Verknüpfung der Bundesebene mit dem kommunalen Bereich – wie das auch für den Parlamentarismus in Frankreich und die Rückbindung des amerikanischen Abgeordneten an seinen Wahlkreis zutrifft.

Noch stärker verwundert, wie viele Abgeordnete entweder ihren Beruf weiter fortführen oder mehrere Funktionen beibehalten – oder sogar beides zu tun in der Lage sind. Hier gibt es allerdings zusätzlich eine ziemliche Dunkelziffer. Offiziell bzw. nach einem Urteil des Bundesverfassungsgerichts ist ja die Tätigkeit eines Bundestagsabgeordneten ein Hauptberuf!

Der Abgeordnete Siegfried Hornung, CDU, übt – nach eigenen Angaben – weiter seinen Beruf als Landwirtschaftsmeister aus und nimmt daneben 16 weitere Funktionen wahr: Funktionär einer Waldgenossenschaft, eines Kreisbauernverbandes, Vorstandsmitglied in einem weiteren Bauernverband, Verwaltungsratsmitglied einer Tierseuchenkasse, Vorstandsmitglied einer Sozialversicherung und in deren Bundesvorstand, Aufsichtsratsmitglied der Raiffeisen-Zentralgenossenschaft und so fort. Daneben gibt er von sich an, Blasmusiker zu sein. Auch in der Partei nimmt er eine Vielzahl von Ämtern wahr, so die Position eines Stadtverbandsvorsitzenden sowie Mitgliedschaften im Landesvorstand und im Bundesparteiausschuß.

Josef Laumann von der CDU gibt als Beruf Maschinenschlosser an und erklärt im Handbuch des Bundestages, daß er weiterhin diese Tätigkeit in einer Firma ausübt. Irgendwie findet er auch noch Zeit, Ortsvorsitzender der CDU, Kreisvorsitzender der Partei und Vorsitzender der CDU-Fraktion im Rat der Stadt Hörstel sein zu können.

In den Schatten gestellt werden diese Politiker durch den SPD-Bundestagsabgeordneten Volkmar Kretkowski. Nach dem Handbuch des Bundestages ist er Realschuldirektor a. D. Zuvor hatte er als Fachleiter für Geschichte und Politik gewirkt. Seit 1975 ist er Mitglied des Rates der Stadt Krefeld, seit 1976 Unterbezirksvorsitzender der SPD. Erwähnt wird zudem, daß er Aufsichtsratsvorsitzender der Städtischen Werke Krefeld ist. Seit 1991 ist Kretkowski für Personalfragen zuständiges (hauptberufliches!) Vorstandsmitglied dieser Aktiengesellschaft, deren Aktien voll in der öffentlichen Hand liegen. Vergütet wird seine Tätigkeit mit einem «Jahresgehalt von ca. 240 000 DM sowie Nebenleistungen»; das entspricht dem Gehalt eines Präsidenten des Bundesgerichtshofes.

Ein Bürger hatte gerichtlich prüfen lassen, ob der Wasserpreis, den die Städtischen Werke in Krefeld berechnen, angemessen ist. Die Richter des Landgerichtes Krefeld urteilten, in den Preis flössen in der Tat «sachfremde Leistungen» ein, zum Beispiel das Gehalt des Politikers Kretkowski: Diesem fehle es bei der Ämterkombination an der Zeit, seinen Pflichten als Vorstandsmitglied nachzukommen. Die Höhe des Verdienstes wertete die 3. Zivilkammer als Indiz, daß der Politiker «allein aus sachfremden Erwägungen» den Vorstandsposten erhalten habe. Einem früheren Fachleiter für Geschichte und Politik mangele es an der «nötigen Ausbildung» für die Personalführung.

Dem Vorstand der Städtischen Werke gehört übrigens – wie dies dem Proporzdenken in SPD- und CDU-Kreisen entspricht – auch ein ehemaliger CDU-Landtagsabgeordneter an. Nur dann läßt sich die Berufung von Politikern in die Vorstandsetagen städtischer Betriebe ja rechtfertigen, wenn dem politischen Gegner ebenfalls zumindest ein Posten zugestanden wird. Die Reaktion dieses Vorstandes in dem Prozeß vor dem Landgericht fiel entsprechend so aus, wie dies in politischen Kreisen üblich geworden ist: Die Tätigkeit als Vorstandsmitglied sei für einen Abgeordneten üblich und erwünscht, auch wenn seine Parlamentsarbeit als «Fulltime-Job» anzusehen sei.[48]

Alle Funktionäre und weiter beruflich Tätigen dürften übertroffen werden durch Dr. Otto Graf Lambsdorff, der weiter seinen Beruf als Rechtsanwalt ausüben und daneben 21 Funktionen ausfüllen will. Die meisten sind Beratungs- und Aufsichtsratsfunktionen in der Wirtschaft in deutschen und ausländischen Firmen. Graf Lambsdorff ist daneben aber noch Geschäftsführer einer GmbH, Vorstandsmitglied einer Rückversicherung und Präsident der Deutschen Schutzgemeinschaft für Wertpapierbesitz e. V.

Einzig ihren Hauptberuf als Bundestagsabgeordnete übten nach unseren Zählungen in den verschiedenen Fraktionen die folgende Zahl von Abgeordneten aus:

CDU/CSU	60 von 317
SPD	24 von 239
FDP	5 von 79
PDS	4 von 16
Bündnis 90	1 von 8

48 «Versorgung nach Krefelder Art». FAZ, 15.7.1994, S. 4

Damit entsprechen im 12. Bundestag nur 14,2 Prozent dem vom Bundesverfassungsgericht vorgegebenen Leitbild des hauptberuflich lediglich als Abgeordneter tätigen Volksvertreters.

Es ist nicht eindeutig, wie dies zu bewerten ist. Zweifellos wird die Rückbindung der Abgeordneten in den Alltag der Gesellschaft durch eine Kombination von Mandat und weiteren Funktionen erhöht. So gaben auch nur 55 Abgeordnete des 12. Bundestages im Handbuch dieses Gremiums keine einzige Nebentätigkeit an.[49] Andererseits ist es schwer vorstellbar, daß man wirklich seine Funktionen im Bundestag und der Regierung ausreichend selber wahrnehmen kann – statt nur eine Art Bauchredner eines Stabes von Mitarbeitern zu sein –, wenn so viele Tätigkeiten miteinander kombiniert werden, wie das bei einer sehr großen Zahl der Abgeordneten der Fall ist.

Tatsächlich unterhalten viele Abgeordnete kleine Büros – womit übrigens ein Teil der Begründung für die üppige Finanzierung der Fraktionen in hundertfacher Millionenhöhe entfällt, denn deren Stab soll ja den Mandatsträgern zuarbeiten. Monatlich konnte jeder Abgeordnete des 12. Bundestages über die Bundestagsverwaltung freihändig fast 13 000 DM für Mitarbeiter ausgeben lassen, hinzu kommt ein 13. Gehalt für Hilfskräfte und Urlaubsgeld. Zusätzlich bezahlt der Bundestag die Sozialabgaben dieser Angestellten von Parlamentariern. Insgesamt beschäftigten die 662 Abgeordneten des 12. Bundestages über 3000 Mitarbeiter. Jeder Abgeordnete kann sich drei Faxgeräte bezahlen lassen, hat Porto und Telefon frei, Freifahrt erster Klasse mit öffentlichen Verkehrsmitteln usw.

Hier soll nicht erörtert werden, ob die Abgeordneten des 12. Bundestages mit ca. 16 000 DM, davon ein Drittel steuerfrei, und der zusätzlichen Finanzierung eines ausschließlich ihnen zuarbeitenden Stabes zuviel Mittel bekamen. Die Ausstattung – die selbst in gewöhnlich gutinformierten Bonner Kreisen kaum bekannt ist – wurde erwähnt, um verständlich werden zu lassen, wie so viele Politiker neben ihrem Mandat noch viele Funktionen miteinander verbinden können. Die Verwendung dieser Mittel ist kaum geregelt. Es ist vor allem untersagt, Verwandte anzustellen. Darüber erregte sich Ingrid Matthäus-Maier (früher FDP,

49 Wolfgang Hoffmann: «Ein Parlamentarier kann von Fall zu Fall nützlich sein. Ämterhäufung bei Bundestags-Abgeordneten». Das Parlament, Nr. 7–8, 10. / 17. 2. 1995, S. 3

jetzt SPD), die gern ihren Ehemann angestellt hätte.[51] Das geht nur über Kreuz, wenn Abgeordneter A den Verwandten von B, B aber den Verwandten von A anstellt. Nach Gepa Maibohm (Europaparlament) soll das im Straßburger Europaparlament üblich sein. Verbreiteter dürfte dagegen sein, daß sich die Parteien von diesen für Abgeordnete bestimmten Mitteln zusätzliche Posten in ihren lokalen Apparaten finanzieren lassen.

50 Marianne Quoirin: «Wird selbst die Freundin des Abgeordneten aus dem Bundestopf finanziert?». Kölner Stadt-Anzeiger, 12. 2. 1993

Wie sie arbeiten – eine Detailanalyse

Daß formelle Verfassung und Verfassungswirklichkeit auseinanderfallen, sollte im Falle Deutschlands nicht zu einer Geringschätzung des formalen Rahmens führen. Politik verläuft bei uns in einer ungemein bürokratischen Weise – übrigens nicht nur auf der Ebene des Bundes, sondern allgemein bis hin zu kleinen Lokalparlamenten. Sicherlich trägt dazu bei, daß schon im Parlament der Paulskirche 1848 Beamte die wichtigste Berufsgruppe unter den Parlamentariern waren. Es ist aber auch, und vielleicht sogar vor allem, eine Folge der gegenseitigen Durchdringung von Bürokratie und Parlamenten sowie der Ausdehnung der Staatstätigkeit. Hier dürften die deutschen Parlamente ein klarer Gegenpol zur Trennung von Politik und Verwaltung in England sein.

Die deutsche Demokratie ist geprägt durch einen Gremienparlamentarismus. Das bedeutet, daß Plenarsäle keine wirklichen Beratungsgremien, sondern Verkündungsbühnen sind. So auch der Bundestag. Der Bundestag ist kein Parlament einzelner Abgeordneter – wie der US-Kongreß oder die beiden Parlamente in Großbritannien –, sondern ein Fraktionenparlament. Entsprechend werden den Fraktionen Redezeiten zugeteilt. Wird noch berücksichtigt, daß Fraktionen stark hierarchisch gegliedert sind, dann ist das Plenum der Ort von Ansprachen für die Medien durch Redner, die von der Fraktionsführung personell und inhaltlich autorisiert sind.[51]

Für die Parlamentarier bedeutet das die Notwendigkeit, zwischen zwei Karrieren zu wählen: als Arbeitspferd und später als Löwe in den Ausschüssen wichtig zu werden, wie beispielsweise Rudi Walther von der SPD, oder durch Vorrücken in der Fraktion im Plenarsaal, wie Dr. Jürgen Rüttgers von der CDU. Deutliches Beispiel für eine Karriere im Plenar-

---

51 In den Parlamenten der USA und Englands waren bis in die achtziger Jahre hinein Radio- und erst recht Fernsehaufnahmen verboten. Durch solche Verbote sollte der Beratungscharakter der Plenarsitzungen bewahrt werden. Diese Verbote werden seit einigen Jahren schrittweise zurückgenommen.

saal bei weitgehender Bedeutungslosigkeit für die Ausschußarbeit ist der Abgeordnete der PDS, Dr. Gregor Gysi. Gysi war Mitglied nur in zwei Ausschüssen, hielt aber bis zum Spätsommer 1994 68 Reden im Plenum. Vergleichsweise hat der häufigste Redner für die SPD-Fraktion, Freimut Duve, 51mal im Plenum gesprochen und der häufigste Redner der CDU/CSU, Dr. Günther Müller, 32mal.

Selbstverständlich bekommt ein Abgeordneter um so eher die Gelegenheit zu einer Rede im Plenarsaal, je kleiner seine Fraktion ist. Als Ausdruck des Vertrauens der Fraktionsführung in einen Redner sind deshalb die Häufigkeitsziffern relativ zur jeweiligen Fraktion zu lesen. Das ergibt folgende Ranglisten für Plenarreden (die Reden von Regierungsmitgliedern bleiben außen vor):

		Reden
CDU/CSU	Dr. Günther Müller	31
	Norbert Geis	31
	Horst Eylmann	30
	Peter Kittelmann	29
	Heinrich Seesing	29
	Erwin Marschewski	27

Davon sollen für die parteiinterne Willensbildung Horst Eylmann und (als graue Eminenz der Berliner CDU) Peter Kittelmann besonders wichtig sein. 20 Parlamentarier der Fraktion von 319 Abgeordneten haben in der ganzen 12. Legislaturperiode keine einzige Rede gehalten. Weitere 48 Abgeordnete sprachen nur ein- oder zweimal im Plenum.

Die Auswertung der Bundestagsprotokolle ergab für die SPD:

		Reden
SPD	Freimut Duve	51
	Ingrid Matthäus-Maier	37
	Dr. Hans de With	37
	Dr. Uwe Jens	30
	Rudolf Dreßler	29
	Ottmar Schreiner	29

Einen Redner-Star wie Freimut Duve hat die CDU nicht. Duve hatte aber sicherlich weniger Einfluß in seiner Fraktion als die ihm erst mit Abstand in der Häufigkeit folgenden Matthäus-Maier und de

With. Und Rudolf Dreßler sowie Rudi Walther mit deutlich weniger Auftritten galten sogar als mit die stärksten Figuren in ihrer Fraktion. Sechs Mitglieder der 239 Abgeordneten starken SPD-Fraktion haben gar keine Rede gehalten, 28 Abgeordnete nur eine oder zwei Kurzreden.

Auch die FDP hat einen Star-Redner, Dr. Burkhard Hirsch, mit einer deutlich höheren Zahl von Reden als Freimut Duve bei den Sozialdemokraten und auch Dr. Gregor Gysi bei der PDS, nämlich 80. Ihm folgen mit Abstand drei Redner, die auch politischen Beobachtern wenig bekannt sind: Dr. Gisela Babel (55 Reden), Ulrich Irmer (48) und Jörg van Essen (43). Selbst in der FDP saßen drei der Abgeordneten vier Jahre im Bundestag, ohne eine Rede zu halten, und weitere sieben beschränkten sich auf einen oder zwei Plenarauftritte.

So etwas gab es bei der PDS nicht, wo selbst die am wenigsten auffälligen Abgeordneten 18 und mehr Reden hielten, was bei der FDP einen mittleren Rang bedeutet hätte und bei SPD und CDU eine Position im oberen Viertel der Redner. Star der Häufigkeit war Dr. Barbara Höll mit 101 Auftritten, gefolgt von Petra Bäss (90) und Dr. Ursula Fischer (79). Die fünf Abgeordneten mit den häufigsten Plenarauftritten bei der PDS sind Frauen. Erst dann kommt mit Gysi ein Mann. An dieser Reihung wird besonders deutlich, daß ein häufiges Auftreten im Bundestag nicht gleichbedeutend sein muß mit der Auffälligkeit in den Medien.

Bei Bündnis 90 redete Dr. Konrad Weiß 122 mal im Plenum und bei den Fraktionslosen Dr. Ulrich Briefs 126 mal.

Dies ist in den drei wichtigsten Fraktionen der Anteil derer, die in vier Jahren nur zweimal und weniger redeten, also im Plenarsaal praktisch unsichtbar blieben: CDU/CSU 21,5, SPD 14,2, FDP 12,6 Prozent der Fraktionsmitglieder.

Fünf Prozent aller Bundestagsabgeordneten hielten 25 Prozent der Reden, 17 Prozent hatten 50 Prozent aller Auftritte. Die öffentliche Sichtbarkeit der Abgeordneten des Bundestages ist extrem unterschiedlich. Das ist nicht unmittelbar Folge unterschiedlichen Fleißes oder Begabung. Deutsche Volksvertretungen sind Fraktionsparlamente, und entsprechend teilen die Fraktionsführungen Redezeiten zu.

In Landtagen und erst recht in Kreistagen ist der Anteil an Plenumschweigern und das Machtgefälle zwischen Spitzen und einfachen Abgeordneten noch extremer. Dabei täuscht die bloße Häufigkeit von Reden über die noch viel größere Ungleichheit nach Zeitpunkt der Rede und deren Länge hinweg. Die Standard-Redezeit beträgt bloße 15 Minuten, und nur ausnahmsweise werden 45 Minuten genehmigt, damit es im

Bundestag auch «große Reden» geben kann. Verständlich, daß um diese seltenen Gelelgenheiten zur großen Rede gerungen wird. Und selbstverständlich ist Zeitpunkt des Tages nicht gleich Zeitpunkt des Tages. Über den Abgeordneten Ronald Pofalla wird berichtet, er habe dem Chef der CDU/CSU-Fraktion, Wolfgang Schäuble, Widerworte gegeben. Seither erhalte dieses Talent Redezeiten, zu denen man weder Rundfunk- noch Fernsehübertragungen erwarten darf.

Es wäre falsch, von der Prominenz im Plenarsaal unmittelbar auf das politische Gewicht in der Fraktion rückzuschließen. Als Folge der Häufigkeit des Auftretens im Plenarsaal könnte allerdings auch eine Beachtung in der Publizistik erwartet werden. Eine Auswertung der über 400 000 Agenturmeldungen über den Bundestag mit Namensnennungen während der 12. Legislaturperiode erbrachte aber noch einen weiteren und scheinbar banalen Bestimmungsgrund für das publizistische Interesse: das formelle Amt. Von den zwölf am häufigsten in Meldungen genannten Politikern waren alle entweder aktuelle oder ehemalige Regierungsmitglieder (wie Graf Lambsdorff).

Die Zugehörigkeit zur Regierung steigert den Aufmerksamkeitswert so sehr, daß die FDP mit ihren 79 Mitgliedern in Agenturberichten häufiger erwähnt wurde als die mit 239 Abgeordneten sehr viel größere SPD-Fraktion.

12. Legislaturperiode		
Fraktion	Größe der Fraktion	Namensnennungen in Agenturberichten
CDU/CSU	317	238 380
SPD	239	71 222
FDP	79	82 871
PDS	16	7 072
Bündnis 90	8	6 336
Fraktionslose	3	1 839
Summe		**407 720**

Die Kombination von Prominenz als Redner im Plenum und hohem Amt im Apparat hat eine außerordentliche Unterschiedlichkeit der öffentlichen Sichtbarkeit von Angehörigen der politischen Bundeselite zur Folge. Das heutige System der Massenkommunikation macht sich seine Stars selbst und läßt die große Mehrheit aller politischen Akteure unbeachtet. Gibt es etwa eine Strandverschmutzung in den Niederlanden und ist nicht klar, was dies für deutsche Urlauber bedeutet, dann wird von den Journalisten nicht etwa der beste Kenner für Fragen der Strandverschmutzung und der Meeresströmungen gesucht, sondern der Umweltminister befragt, egal, ob er etwas davon versteht. Bereits bekannte Politiker werden noch bekannter, wenn Journalisten Sachthemen bevorzugt an ihnen festmachen statt an Experten.

Durchschnittlich wurden die Abgeordneten des Bundestages im Verlauf der 12. Legislaturperiode 633 mal in Medien erwähnt – aber das ist ein völlig sinnloser Durchschnittswert. Inhaltlich werden Durchschnitte berechnet, weil sie den typischsten Wert in einer sonst unübersichtlichen Zahlenreihe ausdrücken sollen, was bei einer «Normalverteilung» mit der größten Häufigkeit in der Mitte und gleichem Absinken nach beiden Seiten auch zutrifft. Die Konzentration der Aufmerksamkeit auf einige Akteure hat aber eine ganz schiefe Verteilung zur Folge, in der die ersten zwölf Abgeordneten mehr Aufmerksamkeit auf sich ziehen als die restlichen 650 von 662 Abgeordneten.

Dies sind die zwölf Politiker mit den häufigsten Nennungen in Agenturmeldungen während eines Zeitraumes von vier Jahren. Der Amtsbonus bei der publizistischen Beachtung ist offensichtlich:

Häufigste Nennungen		
Dr. Helmut Kohl	CDU	56 253
Dr. Theo Waigel	CDU	24 506
Hans-Dietrich Genscher	FDP	17 027
Jürgen W. Möllemann	FDP	12 456
Dr. Otto Graf Lambsdorff	FDP	11 139
Volker Rühe	CDU	10 788
Dr. Wolfgang Schäuble	CDU	10 384
Dr. Klaus Töpfer	CDU	9 602
Dr. Norbert Blüm	CDU	9 308
Dr. Rita Süssmuth	CDU	9 085
Dr. Günther Krause	CDU (Ost)	7 197
Rudolf Seiters	CDU	7 011

Die 20 Prozent der Abgeordneten, die am häufigsten erwähnt wurden, haben mindestens 1420 Nennungen, wogegen über 20 Prozent aller Bundestagsabgeordneten weniger als 60 mal erwähnt wurden. Unter den ersten Zwölf findet sich kein einziger Abgeordneter der SPD. Übrigens

wird hier auch nur eine einzige Frau und ein einziger Politiker aus den neuen Bundesländern erwähnt. Der im Bundestag so häufig auftretende Dr. Gregor Gysi wäre bei der Rangfolge der CDU mit seinen 3520 Nennungen mal eben auf Platz 15 – hinter Dr. Wolfgang Bötsch (CSU).

Geht es um die Rangfolge in der eigenen Fraktion, dann ist es nützlich, nicht nur die Aufmerksamkeit insgesamt, sondern relativ zur jeweiligen Partei zu beachten.

Dies sind die zwölf Parlamentarier der SPD in der Reihenfolge ihrer Nennungen in den Medien:

Die meistgenannten Politiker der SPD	
Hans-Ulrich Klose	5638
Dr. Hans-Jochen Vogel	4804
Rudolf Dreßler	4215
Wolfgang Thierse	4020
Ingrid Matthäus-Maier	3613
Dr. Herta Däubler-Gmelin	3542
Dr. Peter Struck	2939
Günter Verheugen	2870
Renate Schmidt	2514
Heidemarie Wieczorek-Zeul	1918
Karsten D. Voigt	1801
Norbert Gansel	1621

Freimut Duve, im Plenum der mit Abstand häufigste Redner der SPD, folgt in der Medien-Sichtbarkeit für die SPD-Fraktion erst auf Platz 49.

In der FDP sind es mit zwei Ausnahmen die Mitglieder der Regierung, welche die meiste publizistische Aufmerksamkeit finden. Neben den erwähnten drei Politikern sind es in dieser Reihenfolge

Dr. Irmgard Schwaetzer   5633,
Dr. Hermann Otto Solms   5530,
Sabine Leutheusser-Schnarrenberger   4368 Nennungen.

Die PDS hat in der Nachrichtenberichterstattung eine Doppelspitze der Öffentlichkeitswirkung: Neben Gysi ist es noch Dr. Hans Modrow, der mit 1598 Nennungen weit vor den anderen Mitgliedern dieser Fraktion rangiert. Die fünf häufig im Plenum redenden Frauen interessieren die Medien viel weniger.

Bei Bündnis 90 sind es Konrad Weiß mit 1420, Dr. Wolfgang Ullmann mit 1122 und Werner Schulz (Berlin) mit 1094 Erwähnungen, die die Aufmerksamkeit der Agenturen auf sich konzentrieren. Demgegenüber sind die fraktionslosen Abgeordneten nur selten Gegenstand von Nachrichten.

Somit ist auffällig für Politiker in allen Parteien, welch entscheidende Bedeutung Medien haben – meinen dieselben wenigstens. Politiker drängen sich danach, Gegenstand der Berichterstattung zu sein, und viele Aussagen werden aufgestellt in der Erwartung, daß darüber berichtet wird. Detlef Parr zum Beispiel wurde bei der ersten Vorstellung unserer Studie in *Focus* als Politiker vorgestellt, der keine Beachtung in der Öffentlichkeitsarbeit finde, in unserer Auswertung von Agenturmeldungen tauchte sein Name nicht einmal auf. Parr drohte mit gerichtlichen Schritten, sollten wir das falsche Bild über ihn nicht korrigieren. Es ist zu korrigieren: Er, der erst am 1. Februar 1994 als Nachrücker das Mandat übernommen hatte, gab in den ersten sieben Monaten seiner Tätigkeit in Bonn bereits sieben Presseerklärungen heraus. In seinem Wahlkreis veröffentlichte Parr zwölf weitere Erklärungen.[52] Allerdings war keine von diesen in den Nachrichtendiensten der von uns ausgewerteten Agenturen berücksichtigt worden. Die uns übermittelte Aufstellung seiner Aktivitäten belegt unsere These von der medialen Wirkungslosigkeit als einzelner Bundestagsabgeordneter. Sie haben bei der Konzentration von Journalisten auf die «Stars» eigentlich kaum eine Chance.

Die Medienaktivitäten einzelner Abgeordneter vergrößern aber die Nervosität der Politik und lassen vor allem unübersichtlich werden, was denn nun der Kurs der Parteien ist. Der Verlust der Kontrolle von Parteiführungen über Medienauftritte von Politikern ist bemerkenswert und wird in der Literatur noch kaum thematisiert. Die Öffentlichkeit meint überwiegend, daß die Aussage eines ranghohen Parteivertreters auch mit seiner Partei abgestimmt sei. Außerhalb des Bundestages sind solche Aussagen öfters nur Versuchsballons, um zu sehen, ob man über die Medien in der eigenen Partei ein Thema machen kann. Ein Beispiel aus 1995 ist der Vorschlag von Peter Struck, SPD, das Wahlgesetz dahingehend zu ändern, daß die Liste ihre Bedeutsamkeit verliert. Struck hatte eine Form des Verhältniswahlrechtes vorgeschlagen, nach der anstelle der Listenplazierung durch Parteizentralen der Stimmenanteil der Abgeordneten in den Wahlkreisen über die Rangfolge entscheidet, wer von der Liste in den Bundestag kommt. Im Prinzip handelt es sich um ein Wahl-

52 Lt. Brief von Detlef Parr vom 14. 9. 1994 an uns

verfahren nach O'Hare, wie es in Cambridge/Massachusetts, USA, praktiziert wurde. Dies war auch von uns als Punkt Nr. 15 in unserem Thesenpapier vorgeschlagen worden, das wir für die CDU-Wirtschaftsvereinigung im Dezember 1991 vorgelegt hatten.[53] Ein weiteres Beispiel ist der Vorschlag von Horst Eylmann, CDU, alle gegenwärtig gültigen Ländergrenzen in Deutschland auf eventuelle Veränderbarkeit hin zu überprüfen. Diese Vorschläge wurden erst über die Medien der Partei allgemein bekannt. Die Reaktionen darauf zeigten dann, daß die von Struck und Eylmann vorgeschlagenen Positionen in den jeweils eigenen Parteien bei weitem nicht mehrheitsfähig waren.

Es ist unklar, inwieweit ein Politiker sich über die Medien einen von der Partei weitgehend unabhängigen Status aufbauen kann. Norbert Blüm ist eher ein Beispiel dafür, daß so etwas möglich ist, ebenso Rita Süssmuth.[54] Sie müssen dabei aber auch in Kauf nehmen, daß es die Anhänger der politischen Gegner in den Medien sind, die ihnen zu großer Publizität verhelfen, um der CDU-Parteiführung Schwierigkeiten zu bereiten.

Wir hatten geschrieben, daß deutsche Parlamente Fraktions- und Ausschußparlamente sind. Genauer ist es allerdings, sie «Gremienparlamente» zu nennen. So gibt es im 12. Bundestag zunächst 25 Ständige Ausschüsse mit einer Mitgliedschaft zwischen 19 und 41 Abgeordneten, daneben den Sonderausschuß Schutz des ungeborenen Lebens (42 Mitglieder), vier Enquetekommissionen und drei Untersuchungsausschüsse sowie 23 so auch genannte Gremien sehr unterschiedlichen Gewichts vom Vermittlungsausschuß bis zum Kunstbeirat der Deutschen Bundespost. Hinzu kommen 46 sogenannte Parlamentariergruppen – von der deutsch-amerikanischen Parlamentariergruppe mit 171 Abgeordneten über die deutsch-neuseeländische Parlamentariergruppe mit 53 Abgeordneten bis hin zur deutsch-venezuelischen Gruppe mit zwölf Abgeordneten. Und alle diese Parlamentariergruppen haben neben dem Vorsitzenden mindestens einen Stellvertreter.

Dazu haben die Fraktionen Ausschüsse. Die CDU/CSU hat 21 Ar-

53 Erwin K. und Ute Scheuch: «Cliquen, Klüngel und Karrieren». Reinbek 1992, S. 123f
54 Vgl. zur Wirkung des Fernsehens auf Politiker auch Heinrich Oberreuter: «Stimmungsdemokratie. Strömungen im politischen Bewußtsein». Osnabrück 1987

Mitgliedschaften in Gremien		
CDU/CSU	Horst Eylmann	(jeweils zehn)
	Joachim Köster	
	Hartmut Koschyk	
	Erwin Marschewski	
	Renate Diemers	(jeweils neun)
	Dr. Wolfgang Götzer	
	Dr. Franz Möller	
	Susanne Rahardt-Vahldieck	
	Wilfried Seibel	
	Werner H. Skowron	
	Wolfgang Zeitlmann	
	Dr. Karl H. Fell	(jeweils acht)
	Johannes Gerster	
	Norbert Geis	
	Ernst Hinsken	
	Peter Kittelmann	
	Heinrich Lummer	
	Dr. Dietrich Mahlo	
	Ursula Männle	
	Dr. Hermann Pohler	
	Dr. Friedbert Pflüger	
	Dr. Albert Probst	
	Stefan Schwarz	
SPD	Gerlinde Hämmerle	(jeweils neun)
	Christian Müller	
	Rolf Schwanitz	
	Dr. Hans de With	
	Hermann Bachmaier	(jeweils acht)
	Angelika Barbe	
	Dr. Jürgen Schmude	
	Dr. Hartmut Soell	
	Ludwig Stiegler	
	Dr. Peter Struck	

beitsgruppen und fünf weitere Gremien, die SPD 24 Arbeitsgruppen und zwei «Querschnittsgruppen». Diese arbeiten meist parallel zu den Ausschüssen des Bundestages. Die fünf Arbeitskreise der FDP dagegen begleiten eine große Anzahl von Ausschüssen und anderen Gremien. Die PDS gibt vier Arbeitskreise an. Wir haben insgesamt über 150 Gremien gezählt, wobei hier auf eine genaue Zahlenangabe wegen der Instabilität mancher Einrichtungen verzichtet werden soll. Die führenden Abgeordneten solcher Gremien sind der Vorsitzende, je nach Gremium dessen

Stellvertreter, in jedem Fall aber die Obleute der jeweiligen Parteien und die Schriftführer oder Berichterstatter für die einzelnen Themen. Das gibt einen Kreis von erheblich über 400 Funktionen.

Die Häufigkeit von Ämterkombinationen bewirkt trotz der über 150 Gremien, daß eine große Anzahl Abgeordneter in keinem Gremium vertreten ist. Die Grafik links zeigt die Abgeordneten der großen Fraktionen mit acht bis zehn Mitgliedschaften in Gremien. Den Rekord für das Parlament überhaupt hielt der FDP-Abgeordnete Gerhart Rudolf Baum mit 13 Gremien. Das sind die Mitglieder der FDP-Fraktion, die in mindestens acht Ausschüssen mitwirken:

Mitgliedschaften in Gremien		
FDP	Gerhart Rudolf Baum	(13)
	Dr. Bruno Menzel	(jeweils neun)
	Dr. Jürgen Schmieder	
	Heinz-Dieter Hackel	(jeweils acht)
	Dr. Burkhard Hirsch	

Bei der PDS sind die Multifunktionsträger Dr. Barbara Höll (10) und Dr. Fritz Schumann (9), beim Bündnis 90 lediglich Dr. Wolfgang Ullmann (9) und Werner Schulz (8 Mitgliedschaften).

Insgesamt ist die Ämterhäufung bei der CDU/CSU besonders ausgeprägt. Durch die Aufzählung sollte auch anschaulich werden, daß die Personen mit der größten Ämterhäufung nicht nur im Plenum – was verständlich ist –, sondern auch in den Medien nicht sehr sichtbar sind. Letzteres ist erklärungsbedürftig.

Offensichtlich sind die Gremien von ganz unterschiedlichem Gewicht. Der Ältestenrat, der Auswärtige Ausschuß und der Haushaltsausschuß sind gewichtiger als der Unterausschuß für Abrüstung und Rüstungskontrolle oder der Unterausschuß Streitkräftefrage in den neuen Bundesländern oder die Kommission zur Wahrnehmung der Belange der Kinder. Wir haben deshalb den Ausschüssen Gewichte von 1 bis 4 gegeben, die dem einzelnen Abgeordneten dann als Gremienpunkte zugeschrieben wurden. Ferner haben wir dem Vorsitz eines Ausschusses sowie den anderen oben erwähnten Funktionen Gewichte zugeordnet. Schließlich haben wir auch die Rangstufe der Ministerien sowie der Minister bzw. Staatssekrtäre in diesen bewertet. Daraus ergeben sich dann die Gewichte der Abgeordneten für die Gremienarbeit, die allerdings nur als annähernde Rangziffern gedeutet werden dürfen.

Die Gewichtung der Abgeordneten*

		Prozent
Spitzengewichte	63	10
Auch noch herusgehoben	57	9
Mittelfeld	224	34
Unauffällige	171	26
Hinterbänkler	147	22
	662	101 (Aufrundungen)

* Bewertet wurde die Arbeit in Ausschüssen (Gewichtigkeit des Ausschusses; Funktionen darin; im Plenum, in den Fraktionsgremien) (evtl. Gewichte für Funktion, der Fraktion und in der Regierung)

Nach Fraktionen ausgewertet errechnet sich so das Punktgewicht für parlamentsinternes Arbeiten. Die vorderen Ränge bei der CDU/CSU nehmen folgende sieben Politiker ein:

	Punkte
Dr. Helmut Kohl	50
Joachim Hörster	38,5
Erwin Marschewski	27
Johannes Gerster	26
Adolf Roth	24,5
Hartmut Koschyk	21
Ursula Männle	21

Zu den nach Gewicht am höchsten rangierenden Parlamentariern der CDU/CSU-Fraktion gehören 31 Abgeordnete (gleich 10%).
Die sieben gewichtigsten Gremienarbeiter bei der SPD sind

	Punkte
Rolf Schwanitz	25,5
Dr. Peter Struck	28
Gerlinde Hämmerle	22,5
Dr. Hans de With	22,5
Dr. Herta Däubler-Gmelin	21
Anke Fuchs	17
Wolfgang Thierse	17

Das ist also eine Mischung aus Abgeordneten, die der Öffentlichkeit bekannt sind, und solchen, für die eher das Gegenteil gilt. Die Hälfte der Fraktion hat ein Gremiengewicht von weniger als neun Punkten.

Bei der FDP finden sich auf den vorderen Plätzen:

	Punkte
Gerhart Rudolf Baum	20
Ulrich Irmer	20
Dr. Jürgen Schmieder	20
Detlef Kleinert	19,5
Dr. Hermann Otto Solms	19
Dr. Burkhard Hirsch	17,5

Auch hier gibt es eine Kombination, in diesem Fall von drei sehr bekannten und drei weniger bekannten Abgeordneten.

Mit einem «Gremiengewicht» von 24 Punkten wäre die Spitzenfrau der PDS, Andrea Lederer, auch bei der CDU/CSU und der SPD unter den vorderen Rängen. Mit dem hohen Gewicht von 20,5 folgen die PDS-Abgeordneten Dr. Dagmar Enkelmann und Dr. Barbara Höll (je 20,5) – wie Andrea Lederer der Öffentlichkeit weitgehend unbekannt.

Das höchste Gremiengewicht eines Abgeordneten überhaupt hat Werner Schulz vom Bündnis 90 (40 Punkte) – eine Folge der geringen Kopfzahl dieser Fraktion.

Diese Gremienarbeit nimmt – gemeinsam mit den häufigen Fraktionsberatungen – den größten Teil der Arbeitszeit eines Abgeordneten in Anspruch. Dabei ist selbstverständlich die Belasung sehr verschieden, weil die Gremien sehr unterschiedlich häufig tagen. Mit 86 Sitzungen (durchschnittlich ca. sieben pro Monat) beanspruchte der Ältestenrat seine Mitglieder am meisten noch vor dem Untersuchungsausschuß 1 Schalck-Golodkowski mit 79 Sitzungstagen im Jahre 1993. Neun Ausschüsse tagten 1993 an 30 Tagen und mehr (das ist im Durchschnitt etwas häufiger als alle zwei Monate), drei dagegen kein einziges Mal. Darunter ist einer der wichtigsten, jedenfalls aber prestigehöchsten Ausschüsse: der «Gemeinsame Ausschuß nach § 53 a GG». Dieses Gremium tritt im Verteidigungsfall an die Stelle des Parlaments, woraus sich besondere Pflichten und Rechte ergeben.

Nach unserem Urteil sind die folgenden Ausschüsse für die Politik des Landes die wichtigsten formellen Institutionen der Politik: Ältestenrat, Auswärtiger Ausschuß, Innenausschuß, Finanzausschuß, Haushaltsausschuß, Verteidigungsausschuß, Parlamentarische Kontrollkommission (für die Geheimdienste).

Die bereits erwähnte Aufgliederung nach dem Gewicht der Abgeordneten in der Routinetätigkeit des Bundestags (Schwerpunkt bei Gremien) zeigte nur in einigen Fällen die erwarteten Zusammenhänge. Wir mutmaßten, daß die Schwergewichte der Politik schon aus Gründen des Ansehens Wahlkreise suchten, in denen sie häufiger direkt in den Bundestag gewählt wurden als der Rest der Abgeordneten. Nur im Fall der gewichtigsten Abgeordneten der CDU traf diese Vermutung zu. Beim zweiten Nachdenken ist das Fehlen einer Beziehung auch einsichtig: Wir hatten ja selbst früher geschrieben, daß die Personalentscheidungen wesentlich auf der Kreisebene fallen, so daß heute nur wenige Politiker sich ihren Wahlkreis suchen können.

Eine Prüfung, ob Karrieren bei den Abgeordneten unterschiedlichen Gewichts verschieden verlaufen, ergab kein eindeutiges Bild. Lediglich bei den Topabgeordneten der CDU wurde ein Zusammenhang zwischen der Tätigkeit als Jungfunktionär und dem späteren Gewicht im Bundestag beobachtet. Allgemein scheint ein solches Amt in der Jugend förderlich für eine mittlere Bedeutung im späteren Bundestag zu sein. Die interessantesten Karrieren – so schrieben wir bereits – verlaufen dann doch ähnlich wie in der Wirtschaft über Kooptation durch Mentoren.

Sehr stark wirkt sich dagegen das Studienfach auf die Chance aus, im Bundestag ein Abgeordneter mit Gewicht zu werden. Am besten sind die Chancen für Juristen. Von den 144 Juristen im Bundestag waren 33 Prozent «Schwergewichte». Bei den 162 Abgeordneten ohne abgeschlossenes Studium betrug der Anteil gerade einmal 12 Prozent. Am ungeeignetsten für die Chance, sich im Bundestag durchzusetzen, scheinen die Studienfächer Medizin, Naturwissenschaften, Sozialwissenschaften und Theologie zu sein. Verwundern kann das beim zweiten Überlegen eigentlich nicht. Der Bundestag ist ja kein Plenar-, sondern ein Gremienparlament. Hier im kleinen Kreis der Gremienkollegen und insbesondere in vertraulichen Sitzungen wirken sich die Geschicklichkeiten, die mit dem Beruf des Juristen verbunden sind, besonders aus. So kommt es dann, daß in der obersten Gewichtsklasse nur eine Studienrichtung dominiert: eben Jura.

Anteil der Studienfächer in den «Gewichtsklassen»			
	Schwer-gewichte	Mittel-gewichte (in Prozent)	Hinter-bänkler	Alle
Kein abgeschlossenes Studium	16	18	32	24 (n = 162)
Jura- und Verwaltungsstudium	40	27	11	22 (n = 144)
Wirtschaftswissenschaften	11	11	10	10 (n = 67)
Sozialwissenschaften	3	3	5	4 (n = 26)
Theologie	1	4	1	2 (n = 12)
Pädagogik	10	10	11	11 (n = 70)
Verschiedene Geistes-wissenschaften	10	8	7	8 (n = 54)
Naturwissenschaften und Mathematik	2	3	5	4 (n = 26)
Medizinische Fächer	2	3	3	3 (n = 19)
Ingenieurfächer	6	8	8	8 (n = 52)
Sonstige	1	5	6	4 (n = 30)
Alle	102 (n = 120)	100 (n = 224)	99 (n = 318)	100 (n = 662)

Das Gewicht der einflußreichen Minderheiten in den Ausschüssen folgt nur zum Teil aus der Schlüsselfunktion von Ausschüssen für die Gesetzgebung, wenn auch der Ausstoß an Gesetzen erheblich ist. Im letzten Bundestag sind nach Auskunft der Bundestagspräsidentin Rita Süssmuth 757 Gesetze in erster Lesung behandelt worden – 192 mehr als in der vorausgegangenen Sitzungsperiode (nach der Bundestagsstatistik waren es sogar 774). Mehr als 10 500 Reden sollen gehalten worden sein.[55] Wir selbst haben 8200 wirkliche Reden ausgezählt.

55 «Süssmuth: Abgeordnete sind fleißig. Mehr als 10 500 Reden». Kölner Stadt-Anzeiger, 17. 8. 1994, S. 6

Die große Zahl verabschiedeter Gesetze bedeutet, daß im Normalfall die Abgeordneten im Bundestag Gesetze lediglich abnicken. Das gilt selbstverständlich auch für andere Parlamente. Beispielsweise stimmten die Grünen im nordrhein-westfälischen Landtag in zweiter Lesung versehentlich einem neuen Wahlkreisgesetz zu; sie hatten schlicht nicht aufgepaßt, so Landtagspräsidentin Ingeborg Friebe in ihrer Ablehnung eines erneuten Votums.[55] Erst dann wird eine Fraktion im Normalfall eine Gesetzesinitiative mit Aufmerksamkeit beachten, wenn ihr Berichterstatter oder ihr Obmann auf die kontroverse Natur eines Antrags verweist. Dabei gilt es in deutschen Parlamenten als ein Affront, auch im Bundestag, einen Disput mit dem Berichterstatter über eine von ihm gegebene Empfehlung auszulösen.

Gleichgewichtig für die Bedeutung, die ein Abgeordneter als einflußreiches Mitglied eines Ausschusses erlangt, ist die Schlüsselstellung der Ausschüsse zwischen Ministerialbürokratie und Interessengruppen. Im Dreieck Lobby – Ministerialbürokratie (meist auf der Ebene Referat bis Unterabteilung) – Ausschuß darf man das Kraftzentrum unseres politischen Systems für Sachentscheidungen sehen, die politisch nicht kontrovers werden. Das Dreieck wird ergänzt durch das Kraftduo Ministerialbürokratie des Bundes und deren Pendant bei den Ländern. Das ist der lautlose Teil der Gesetzesfabrikation in der Bundesrepublik Deutschland; denn etwa 95 Prozent der Bundesgesetze werden nach diesen Vorbereitungen ohne Aussprache und einstimmig verabschiedet.

In einer großen Zahl von Fällen wissen die Bundestagsabgeordneten gar nicht, wozu sie ihr Ja geben. Ein Beispiel dafür ist das Schicksal der repräsentiven Wahlstatistik. Für diese wird seit 1953 vom Statistischen Bundesamt in einer repräsentativen Auswahl von Stimmbezirken getrennt nach Geschlecht und nach Alter gewählt. Ein solcher Stimmbezirk etwa für Frauen umfaßt nicht weniger als 500 Wahlberechtigte. Damit ist jeder Versuch einer Entanonymisierung chancenlos. Nun nahm aber in einem Wahlbezirk im Berliner Osten ein Neubürger der Bundesrepublik an dieser Vorsortierung der Wähler Anstoß. Er wandte sich an den zuständigen Bundestagsabgeordneten der SPD, Gerd Wartenberg,

55 «Versehentlich mit Ja votiert. NRW-Landtag verabschiedet Wahlkreisgesetz gegen Willen der Opposition». Kölner Stadt-Anzeiger, 30. 3. 1995, S. 9

der in seiner Partei als baupolitischer Sprecher fungiert. Dieser wiederum sprach mit Burkhard Hirsch vom Innenausschuß und gab die Sorgen des Neubürgers über die Wahrung der Vertraulichkeit bei Wahlen weiter. Hirsch nahm Anstoß und brachte den Innenausschuß dazu, dem Bundestag eine Beendigung der repräsentativen Wahlstatistik vorzuschlagen. Inzwischen waren Wahlforscher auf das bevorstehende Ende dieser Statistik, die für die Wahlforschung eine Schlüsselbedeutung hat, aufmerksam geworden. Ihre Bedenken konnten aber bei den Beamten des zuständigen Innenministeriums nichts bewirken, weil Innenminister Manfred Kanther den Mitgliedern seines Hauses verboten hatte, die Ablehnung der Wahlstatistik zu problematisieren. So schaffte der Bundestag geräuschlos diese Schlüsselstatistik ab.

Nun wurden die Wahlforscher bei den Ländern vorstellig, und der Bundesrat verwies den entsprechenden Gesetzentwurf an den Vermittlungsausschuß von Bundestag und Bundesrat zurück. Der wiederum befaßte sich überhaupt nicht mit den Argumenten der Wahlforscher, sondern gab den problematisierten Gesetzentwurf wieder zurück an den Bundesrat. Schließlich war Wahlkampf, und da wollte sich wohl niemand den Vorwurf einhandeln, er nehme es mit dem Datenschutz nicht genau genug.

Der Bundesrat akzeptierte nun die Empfehlung, daß für die Bundestagswahl 1994 die repräsentative Wahlstatistik nicht stattfinden sollte. Er verband dies aber mit einer Ohrfeige an das Parlament. Die Wahlstatistik werde für 1994 abgeschafft, weil inzwischen zuviel Zeit verstrichen sei, um noch eine sachgemäße Vorbereitung zu erlauben. Der neugewählte Bundestag solle nun aber unverzüglich den Status quo wiederherstellen.

Im Parlament selber gilt es als ein Ausdruck des Status unter den Kollegen, beim Einbringen von *Gesetzentwürfen* im Plenum beteiligt zu sein. Wir selbst halten das von der Sache her nicht unbedingt für gerechtfertigt; denn nach unserer Durchsicht der Bundestagsprotokolle handelt es sich bei der Autorenschaft, die dort angeführt wird, um eine Mischung von Symbolik und tatsächlicher Arbeit. Dennoch scheint es für das Ansehen im Berufsstand Parlamentarier bedeutsam zu sein, an Gesetzesinitiativen beteiligt zu sein und damit später als Schöpfer eines Gesetzes zu erscheinen, das mit dem eigenen Namen verbunden ist.

Von den 317 Mitgliedern der CDU/CSU-Fraktion haben lediglich vier keine Gesetzentwürfe unterschrieben, davon waren drei als Nachrükker erst seit kurzer Zeit im Bundestag. Von den 239 Abgeordneten sind es nur zwei, wie auch bei den 79 Abgeordneten der FDP.

Man darf für die meisten Abgeordneten das Anführen bei einer von vielen getragenen Gesetzesvorlage als eine Art von Ausgleich sehen für eine geringe Bedeutung bei der Besetzung von Ausschüssen und beim Zumessen von Redezeiten im Bundestag. Die neun Abgeordneten der CDU/CSU-Fraktion, die beim Einbringen der Gesetze in 20 bis 26 Fällen angeführt werden, sind jedenfalls fast alle einer breiten Öffentlichkeit mehr oder weniger unbekannt:

	Gesetze
Wolfgang Börnsen	26
Manfred Heise	25
Dr. Dionys Jobst	24
Theo Magin	24
Rudolf Meinl	24
Dirk Fischer	23
Claus-Peter Grotz	21
Siegfried Hornung	20
Ferdinand Tillmann	20

Im Schnitt waren die CDU/CSU-Abgeordneten beim Einbringen von fünf Gesetzesvorlagen namentlich beteiligt.

Das ist bei der SPD, bei der der Durchschnitt sechs Gesetzentwürfe beträgt, etwas anders. Hier soll offensichtlich einem Gesetzentwurf durch ein Anführen von Prominenz mehr Gewicht verliehen werden. Die Abgeordneten mit den meisten solcher Initiativen sind entsprechend eine Mischung zwischen Prominenz und weitgehender Unbekanntheit:

	Gesetze
Dr. Peter Struck	34
Hans-Ulrich Klose	32
Hermann Bachmaier	22
Hans Gottfried Bernrath	22
Hans-Joachim Hacker	22
Dr. Jürgen Schmude	21
Ludwig Stiegler	21
Margot von Renesse	20
Dieter Wiefelspütz	20

Von der FDP brachte im Durchschnitt jeder Abgeordnete vier Gesetzentwürfe ein; nur bei Manfred Richter waren sie mit 22 Initiativen besonders konzentriert.

Bei der PDS, deren Durchschnitt drei Gesetze pro Abgeordneten betrug, war mit einer Häufigkeit von 14 lediglich Dr. Gregor Gysi besonders initiativ gewesen. Dies stützt die Deutung, daß das Anführen bei Gesetzentwürfen der Wirksamkeit in der Öffentlichkeit wegen erfolgt.

Eine Ausnahme von diesem allgemeinen Eindruck bot das Bündnis 90 mit einem Durchschnitt von 13 Gesetzentwürfen pro Abgeordneten. Mit seinen 24 Gesetzentwürfen wäre Dr. Wolfgang Ullmann auch bei den anderen Parteien in der Spitzengruppe.

Wer weder ein Gremienkönig noch Redner im Plenum ist oder Gesetzentwürfe einbringt, der kann nach unseren Auszählungen seine Initiative durch *Anfragen* ausdrücken. Nach unserer Zählung gab es im 12. Bundestag über 29 900 solcher Anfragen, mit dem größten Anteil in 1994. Im Schnitt waren das bei der CDU/CSU 14,5 Anfragen je Abgeordneten, bei der FDP 13,4 bei der SPD aber 94, der PDS 55,2 und beim Bündnis 90 85. Daraus ist ersichtlich, daß die Anfrage in erster Linie ein Mittel der Opposition ist, mit der sie sich Geltung zu verschaffen versucht.

- Die wichtigsten Abgeordneten für das Instrument der Anfrage waren bei der CDU/CSU Jürgen Augustinowitz mit weitem Abstand vor Dr. Egon Jüttner, Claus Jäger und Simon Wittmann.
- Bei der FDP liegen besonders deutlich über dem Durchschnitt die Werte für Dr. Olaf Feldmann, Jürgen Koppelin, Birgit Homburger und Uta Würfel.
- In der SPD ist Horst Kubatschka mit weitem Abstand am häufigsten mit Anfragen hervorgetreten. Auf ihn folgen Dr. Klaus Kübler, Monika Ganseforth, Dr. Marliese Dobberthien und Ludwig Stiegler.
- Einen weiten Vorsprung vor allen Fraktionskollegen haben bei der PDS Ulla Jelpke und dann mit erheblichem Abstand noch Dr. Barbara Höll.
- Damit vergleichbar ist bei Bündnis 90 die Stellung von Ingrid Köppe und Dr. Klaus-Dieter Feige.

Mit dem Begriff «Anfrage» werden inhaltlich und im Sinne des politischen Systems sehr unterschiedlich zu wertende Initiativen zusammengefaßt. Das, woran die meisten bei der Bezeichnung Anfrage als Instrument der Opposition denken, ist die *Große Anfrage*. Sie wird im Namen einer Fraktion vorgetragen, wird von mehreren Personen gezeichnet und ist im Bundestag mündlich zu verhandeln. Als einziger Abgeordneter der

CDU/CSU-Fraktion trat hier besonders häufig Elmar Müller (Kirchheim) mit 14 Großen Anfragen in Erscheinung. Bei der FDP lassen sich hier keine eigentlichen Stars ausmachen.

Wer eine Große Anfrage mitzeichnet, wird bei der Opposition dagegen offensichtlich von der Fraktionsspitze als politisch besonders vertrauenswürdig eingestuft – eben wegen der mündlichen Verhandlung. Als ausgesprochene Stars lassen sich hier ausmachen:

	Große Anfragen
Dr. Peter Struck	49
Hans-Ulrich Klose	47
Dr. Ulrich Böhme	42
Dr. Klaus Kübler	36
Walter Kolbow	34

Dr. Peter Struck und Hans-Ulrich Klose nahmen hier im parlamentarischen Alltag eine Funktion wahr wie bei der Regierungskoalition ein Minister. Bei der PDS und Bündnis 90 spielten die Großen Anfragen dagegen keine herausragende Rolle.

Das wichtigste Instrument für einzelne Abgeordnete, sich einem angebbaren Kreis gegenüber zu profilieren, ist die *schriftliche Anfrage*, die, ebenso wie die Kleine Anfrage, von der Regierung nur schriftlich beantwortet wird. Für die Öffentlichkeit pflegt sie nur sichtbar zu werden, wenn der Anfrager sich um Publizität bemüht. Damit ist die schriftliche Anfrage bevorzugtes Mittel eines im Bundestag weniger auffälligen Abgeordneten, sich als eine Art Ombudsmann für besondere Zielgruppen und insbesondere für seinen Wahlkreis initiativ zu zeigen. Entsprechend stimmten die Häufigkeiten für die hier besonders aktiven Abgeordneten der CDU mit denen in der SPD weitgehend überein.

Die hier eifrigsten Abgeordneten waren bei der CDU/CSU Jürgen Augustinowitz (149), Dr. Egon Jüttner (139) und Simon Wittmann (109). Bei der SPD sind es Horst Kubatschka (149), Ludwig Stiegler (119), Dr. Klaus Kübler (114) und Siegfried Vergin (106).

Bei der SPD kam – anders als bei der CDU/CSU – als gleichgewichtig die *Kleine Anfrage* des einzelnen Abgeordneten hinzu. Führend waren hier wieder Horst Kubatschka (198), Dr. Peter Struck (183), Hans-Ulrich Klose (172), Dr. Marliese Dobberthien (159), Monika Ganseforth und Dr. Klaus Kübler (je 154) sowie Susanne Kastner (150).

Die Werte für Anfragen der FDP liegen weit unter denen für die CDU/

CSU, insbesondere für das Instrument der schriftlichen Anfrage. Das gilt auch für die PDS, aber nicht für das Bündnis 90. Hier war diese Aktivität konzentriert bei Ingrid Köppe und Dr. Klaus-Dieter Feige. Das Instrument der Anfragen nutzte in besonderer Weise auch der fraktionslose Abgeordnete Ortwin Lowack: Er richtete 93 mündliche und 103 schriftliche Anfragen an die Regierung.

Andere Zahlen verstärken den Eindruck einer Hektik, mit der der Bundestag arbeitet. Die Statistik des Bundestages berichtet von 2766 Sitzungen des Ältestenrats und der Ausschüsse sowie weiterer 547 Sitzungen von Fraktionen und Arbeitsgruppen. Es gab dazu noch 240 Plenarsitzungen. Das sind die Begleitumstände einer Gesetzesproduktion von weit mehr als 100 pro Jahr. «In einem Jahr wird heute etwa so viel Gesetzesblatt Text veröffentlicht wie hundert Jahre zuvor in zehn Jahren.»[57]

Eine Zeitbudgeterhebung für den 11. Deutschen Bundestag bestätigt das Bild einer enormen Zeitbelastung der einzelnen Bundestagsabgeordneten durch Sitzungen, Kontakttätigkeiten und Routinearbeiten. Durchschnittlich 28,1 Stunden bzw. 36,1 Prozent der Gesamtarbeitszeit waren während der Sitzungswochen für Plenarsitzungen, Fragestunden, Ausschüsse und Arbeitsgruppen mit ihren Vorbesprechungen aufzuwenden. Informations- und Kontakttätigkeiten nahmen 19,1 Stunden bzw. 24,4 Prozent der Zeit ein, administrative und Routinetätigkeiten 15,7 Stunden bzw. 20,2 Prozent. Das, was gemeinhin als das Wichtigste bei einem Abgeordneten angesehen wird, nämlich seine Zeit mit innovativen Tätigkeiten zu verbringen, stand am Ende der abgefragten Beschäftigungen: 6,6 Stunden bzw. 8,5 Prozent ihrer Zeit können Abgeordnete im Durchschnitt für das Ausarbeiten von Reden, Artikeln, Stellungnahmen, fachliche und politische Vorbereitung, Einarbeitung, Weiterbildung sowie Teilnahme an Kongressen und Seminaren aufbringen.[58]

Die Abgeordneten selbst sind mit diesem Zeitbudget äußerst unzufrieden. Unter den Antwortvorgaben fanden diese beiden Statements die größte Zustimmung: Man hat zuwenig Zeit, um vertiefend über politische Probleme nachzudenken, und es gibt zuwenig Zeit, sich umfassend zu informieren. 81 Prozent bzw. 77 Prozent aller Abgeordneten waren

57 Walter Ismayr: «Der Deutsche Bundestag». Opladen 1992, S. 253
58 Dietrich Herzog, Hilke Rebenstorf, Camillia Werner und Bernhard Weßels: «Abgeordnete und Bürger. Ergebnisse einer Befragung der Mitglieder des 11. Deutschen Bundestages und der Bevölkerung». Opladen 1990, S. 85–86

dieser Meinung. Eine hohe Zustimmung fanden ebenso die Vorgaben, der Einfluß des einzelnen Abgeordneten auf Ministerialbürokratie (65 Prozent) und auf das Parlamentsgeschehen (55 Prozent) sei zu gering. Ebenso klagte eine Mehrheit über zuviel Büroarbeit (57 Prozent) und zu zahlreiche Repräsentationspflichten (55 Prozent). Hier haben CSU-Abgeordnete mit 75 Prozent Zustimmung eine Spitzenstellung. Daß Abgeordnete aller Parteien über die zu geringe Zeit für das Privatleben klagen, erstaunt bei der Bonner Hektik nicht.

Verbreitet ist auch die Resignation, politische Ideale würden gar nicht mehr verfolgt, und es regiere der Sachzwang (42 Prozent). Über ein Drittel der Abgeordneten bemängelt den Verhaltensstil im Umgang miteinander und/oder beklagt ein fehlendes parlamentarisches Gemeinschaftsgefühl; über ein Viertel ist selbst der Meinung, Moral zähle in der Politik nicht mehr viel; Korruption, persönliche Angriffe und Demagogie seien an der Tagesordnung. Dieses Selbstbild der Abgeordneten deckt sich mit dem Bild, das die politische Klasse in der Öffentlichkeit abgibt und das hier auf immer weniger Verständnis stößt.

In einigen Punkten nehmen die Grünen eine bemerkenswerte Sonderstellung ein. Auch bei ihnen klagt zwar eine Mehrheit über die mangelnde Zeit für innovative Tätigkeiten. Bei ihnen ist aber besonders ausgeprägt die Enttäuschung über das politische Geschehen in Bonn: 83 Prozent (!) bejahen den Verfall der Moral in der Politik und die alltägliche Korruption, und 70 Prozent sehen das Ausblenden politischer Ideale und das Vorherrschen des Sachzwangs. Gemeinsam mit den Sozialdemokraten teilen sie das Gefühl, als Opposition im Bonner Betrieb besonders geringen Einfluß auf die Kontrolle der Regierung, die Ministerialverwaltung und das Parlamentsgeschehen ausüben zu können. Besonders erwähnenswert angesichts des andersartigen Bildes der Grünen in der Öffentlichkeit: In keiner anderen Fraktion wird so häufig geklagt, daß die Partei zuviel Druck auf den Abgeordneten ausübt!

Sehr niedrig ist übrigens – und auch das ist hervorzuheben, da in der Öffentlichkeit ein anderer Eindruck vorherrscht – bei Abgeordneten aller Parteien die Klage, die Entschädigung für Politiker sei unzulänglich.

Auch nach dem Selbstbild des Abgeordneten ist die Hektik des Betriebes so groß, daß zuwenig Zeit bleibt, um zu wissen, was man politisch eigentlich tut. Es ist ein beliebtes Bonner Gesellschaftsspiel zu raten, wer in diesem Getriebe zur vorderen Mannschaft gehört. Bei 662 Abgeordneten im 12. Bundestag ist es selbst für Mitglieder des Hohen Hauses bei einem Gremienparlament nicht einfach, hier die Übersicht zu behalten.

Welche Probleme, mit denen Abgeordnete konfrontiert werden, sind wirklich wichtig? [59]

	Alle	CDU	CSU	SPD	FDP	Grüne
Anzahl der Befragten	329	124	24	128	30	23
			Zustimmung in Prozent			
Man hat zuwenig Zeit, um vertiefend über politische Probleme nachzudenken	81	81	75	84	87	59
Man hat zuwenig Zeit für das Privatleben	79	77	88	78	77	83
Zuwenig Zeit, sich umfassend zu informieren	77	75	67	79	83	78
Der Einfluß der Abgeordneten auf die Ministerialverwaltung ist zu gering	65	53	42	79	60	78
Zuviel Büroarbeit	57	57	63	54	67	57
Der persönliche Einfluß des MdB auf das Parlamentsgeschehen ist zu gering	55	44	42	68	45	65
Die Repräsentationspflichten sind zu zahlreich	55	58	75	54	53	22
In der Opposition sind die Möglichkeiten zur Regierungskontrolle zu gering	54	40	25	74	23	91
Man hat für seine parlamentarische Arbeit zuwenig sachliche und personelle Hilfe	51	39	54	62	66	35
Politische Ideale werden gar nicht mehr verfolgt, es regiert der Sachzwang	42	37	38	45	31	70
Durch die Arbeit im Parlament hat man zuwenig Zeit für den Wahlkreis	37	40	33	31	47	41
Der Verhaltensstil im Umgang miteinander läßt zu wünschen übrig	35	40	35	31	20	57
Es fehlt unter den Abgeordneten ein parlamentarisches Gemeinschaftsgefühl	34	34	30	38	21	36

	Alle	CDU	CSU	SPD	FDP	Grüne
Anzahl der Befragten	329	124	24 (in Prozent)	128	30	23
Moral in der Politik zählt nicht mehr viel; Korruption, persönliche Angriffe und Demagogie sind an der Tagesordnung	26	20	19	27	10	83
Die Tätigkeit der Abgeordneten erscheint häufig sinnlos, da Probleme doch nur unzulänglich gelöst werden	26	17	8	34	17	61
Die Aufgabe, den Bürgern zu helfen, wird nur unzulänglich wahrgenommen	26	20	8	31	30	44
Die Entschädigung ist unzu- länglich	16	19	26	13	20	–
Unzulängliche Möglichkeiten, sich in der Öffentlichkeit zu profilieren	16	17	17	16	3	26
Die Partei übt einen zu großen Druck auf die Abgeordneten aus	6	4	4	7	3	22

Am ehesten ist das noch möglich für die Angehörigen einer Fraktion hinsichtlich der eigenen Kollegen. Sowohl Forsa in der Befragung von Abgeordneten[59] als auch wir durch eine Zusammenführung verschiedener Punktwerte haben Ranglisten versucht. Für Forsa ist dies eine komplette Liste geworden, in der nach den 50 einflußreichsten Bundestagsabgeordneten gefragt wurde. Wir selbst haben fünf Rangstufen gebildet. Weil die Einzelwerte durch zu viele unterschiedliche Faktoren beeinflußt werden, sollten die Ergebnisse nur als Indiz für Rangstufen genommen werden.[60]

59 ibid., S. 97. Die Statements wurden in dieser Tabelle der besseren Übersichtlichkeit wegen nach dem Grad ihrer Zustimmung neu geordnet.
60 So werden übrigens heute auch die Angaben über die Qualität von Universitäten behandelt: Während in der ersten Erhebung für den «Spiegel» alle deutschen Hochschulen durchnumeriert wurden, wurde bei der verbesserten Wiederholung der Erhebung nur noch die Rangstufe ausgedrückt.

Als die zwölf wichtigsten Parlamentarier nach Mitgliedschaften in Ausschüssen (nach Bedeutung gewichtet) und Reden im Bundestag wurden eingestuft[61]:

Werner Schulz	Bündnis 90
Peter Struck	SPD
Johannes Gerster	CDU
Joachim Hörster	CDU
Rolf Schwanitz	SPD
Andrea Lederer	PDS
Erwin Marschewski	CDU
Gerlinde Hämmerle	SPD
Hans de With	SPD
Herta Däubler-Gmelin	SPD
Dagmar Enkelmann	PDS
Barbara Höll	PDS

Eine solche Liste sagt allerdings angesichts des Umstandes, daß Macht in einer Gesellschaft wie der deutschen und in einem System wie dem der Bundesrepublik normalerweise nur arbeitsteilig ausgeübt werden kann, nicht allzuviel. Wir hatten weiter oben behauptet, daß Abgeordnete sich auf unterschiedliche Möglichkeiten konzentrieren, in der parlamentarischen Arbeit hervorzutreten. Dies kann noch numerisch genauer belegt werden, indem die Zusammenhänge zwischen fünf Möglichkeiten, mit Aktivitäten auffällig zu sein, in Beziehung zueinander gesetzt werden. Das technische Mittel ist der Korrelationskoeffizient, der ausdrückt, wie eng beieinander sich zwei Reihen bewegen.[62]

---

61 Die komplette Liste der 50 wichtigsten Parlamentarier ist im Anhang B enthalten.
62 Der hier benutzte Korrelationskoeffizient (Pearsons r) kann zwischen 1 und 0 schwanken, wobei das Vorzeichen ausdrückt, ob die Bewegungen gegenläufig oder parallel sind. Wie bedeutsam der Sache nach die Veränderung eines Faktors für einen anderen ist, wird ausgedrückt, wenn man an den errechneten Wert quadriert (r 2 ist der «coefficient of determination»). Dann liest sich dieser Wert als Prozentsatz, mit dem die Bewegung etwa bei der öffentlichen Sichtbarkeit auch gleichzeitig eine hohe Präsenz mit Reden im Plenarsaal bedeutet. Der Korrelationskoeffizient dafür beträgt beispielsweise 0,04, was quadriert 0,016 heißt und zu lesen ist: Die Beachtung in den Nachrichtendiensten kann mit 1,6 Prozent erklärt werden durch häufiges Reden im Plenarsaal. Mit anderen Worten: Diese beiden Arten, öffentlich hervorzutreten, hängen inhaltlich so gut wie nicht zusammen.

Der Nicht-Zusammenhang verschiedener politischer Bühnen

	Gremien-gewicht	Öffentliche Sichtbarkeit	Reden	Anfragen	Gesetzes-initiativen
Gremiengewicht		0,31***	0,32**	−0,06	0,10*
Öffentliche Sichtbarkeit			0,04	−0,09*	−0,09*
Reden				0,11**	0,10**
Anfragen					0,29***
Gesetzesinitiativen					

n = 882
*** p = 0,000   ** p < 0,01   * p < 0,05 [63]

Die Botschaft dieser Tabelle [63], in der viele Berechnungen zusammengefaßt werden, lautet: Die verschiedenen Tätigkeitsfelder für Abgeordnete sind voneinander nahezu unabhängig. Das entspricht unseren Aussagen in früheren Kapiteln, daß in einer hoch arbeitsteiligen Gesellschaft Macht nicht allgemein über alle Bereiche hinweg und über alle Abschnitte eines Entscheidungsverlaufs hinweg ausgeübt werden kann. Machtausübung ist in einer arbeitsteiligen Gesellschaft eben auch arbeitsteilig organisiert. Wer sich für Sichtbarkeit über den Plenarsaal entscheidet, muß auf die Detailkontrolle eines begrenzten Bereichs in einem Ausschuß meistens verzichten – und umgekehrt. So spiegelt sich auch in diesen Auszählungen der verschiedenen Formen einer Tätigkeit von Bundestagsabgeordneten wider, daß Macht zwar unterschiedlich sichtbar ausgeübt wird, aber auf eine spezialisierte Weise. Die öffentlich sichtbaren Fraktionsvorstände und Debattenredner sind im Sinne einer inhaltlichen Kontrolle über Vorgänge auch Spezialisten, nämlich Spezialisten fürs Öffentliche.

Im Rückblick auf die 12. Legislaturperiode werden in der Befragung im Herbst 1994 sechs Themen von den Abgeordneten als besonders wichtig

---

63 Die Sterne drücken aus, wie sicher man sein kann (= Signifikanzgrad), daß der errechnete Wert nicht zufällig zustande kam. p < 0,01 bedeutet, daß eine Sicherheit von 99 Prozent vorliegt, p < 0,05 zeigt eine Sicherheit von 95 Prozent aller Fälle. Dieses letztere Sicherheitsniveau ist in der Sozialforschung üblich. Das Sicherheitsniveau sagt überhaupt nichts (!) aus über eine inhaltliche Bedeutsamkeit, obwohl das nicht selten bei Sozialwissenschaftlern übersehen wird.

erwähnt, daneben wird in der folgenden Tabelle die Meinung eines Bevölkerungsquerschnitts gestellt:

Politische Themen nach ihrer Wichtigkeit			
	Einschätzung in Prozent durch		
	Abgeordnete	Bevölkerung	Differenz
Reform des § 218	36	20	+ 16
Bundeswehreinsätze	25	13	+ 12
Änderung des Asylrechtes	24	7	+ 17
Umzug nach Berlin	20	2	+ 18
Pflegeversicherung	16	11	+ 4
Entschädigungsgesetz DDR	8	0	+ 8

Die für die Abgeordneten wichtigsten sechs Streitfragen sind nicht die Hauptsorgen, welche die Bevölkerung umtreiben. Das waren über die meiste Zeit der Legislaturperiode für die Bürger die Themen Arbeitslosigkeit und Verbrechensbekämpfung. Zwischenzeitlich richtete sich das Interesse der Bürger auch auf weitere Themen wie das Asylrecht oder die Brandanschläge auf Ausländerwohnungen, aber langfristig werden die Bürger umgetrieben von zwei Themen, die bemerkenswerterweise von den Abgeordneten des 12. Bundestages nicht als wichtigste Streitpunkte genannt wurden. Das ist für uns Ausdruck mäßiger Relevanz des Bundestages für Alltagssorgen in der Bevölkerung.

In dem Rang, der von den Abgeordneten den Streitfragen beigemessen wird, unterscheiden sich SPD- und CDU-Parlamentarier im wesentlichen nur beim Asylrecht. Dieses wird von der SPD als zweitwichtigster Streitpunkt – nach dem § 218 und vor den Bundeswehreinsätzen – gewertet; bei der CDU steht es auf dem dritten Rang (nach § 218 und den Bundeswehreinsätzen). So nahe SPD und CDU sich in der Wertung dieser wichtigen Fragen sind, so sehr unterscheiden sich die Abgeordneten der FDP von ihren Kollegen. Für die FDP-Abgeordneten hat der Streit um die Pflegeversicherung den ersten Rang noch vor dem § 218 und dem Umzug nach Berlin. PDS-Abgeordnete wiederum nennen, wie die Sozialdemokraten, die Änderung des § 218 und des Asylrechtes.

Die Differenz zwischen Bevölkerung und Politikern im Problemempfinden gilt noch mehr für die Wertung der parlamentarischen Arbeit der Regierung. Eine Frage des Instituts für Demoskopie in Allensbach im Jahre 1992 lautete: «Wenn man nach 10 Jahren eine Bilanz der Regierung Kohl zieht – wo hatte sie Ihrer Meinung nach mehr Erfolge, wo hatte sie mehr Mißerfolge?» Für die Führungskräfte aus Wirtschaft, Politik und Verwaltung hatte die Regierung ihre größten Erfolge beim Umweltschutz (89%), bei der Preisstabilität (84%), bei der Schaffung neuer Arbeitsplätze (72%) und der Verwirklichung der sozialen Sicherheit (71%). Den größten Mißerfolg attestierten die Führungskräfte der Regierung Kohl beim Abbau der Subventionen (83%). Völlig anders beurteilte ein Querschnitt der Bevölkerung diese Gebiete. Nur 36% waren der Meinung, die Regierung habe beim Umweltschutz mehr Erfolg gehabt; 34% sahen mehr Mißerfolge. Daß die Mißerfolge bei weitem die Erfolge überwogen, glaubten bei der Preisstabilität 49%, bei der Schaffung neuer Arbeitsplätze 53%, beim Abbau der Subventionen 45% und bei der Verwirklichung der sozialen Sicherheit 44%.[64] Über dieses Abweichen bei einzelnen Themen hinaus wird deutlich, wie sehr sich die Kluft zwischen Führungsschicht und Bevölkerung ausgeweitet hat.

Was wichtig für die Tätigkeit eines Abgeordneten ist, stimmt nach der Forsa-Befragung teilweise überein mit der Beobachtung des Bundestages und weicht zum Teil erheblich ab von den Meinungen eines Querschnitts der Bevölkerung. Mit weitem Vorsprung vor anderen Nennungen heben die Bundestagsabgeordneten die Mitarbeit in den Ausschüssen und die Aktivität im Wahlkreis hervor. Das sind auch aus der Sicht der Bürger die wichtigsten Arenen. Aber bei zwei anderen Arbeitsfeldern gibt es einen erheblichen Dissens zwischen der Bevölkerung allgemein und den Rangvorstellungen der Parlamentarier. 38 Prozent der Abgeordneten, aber nur 28 Prozent der Bürger finden eine häufige Präsenz in den Medien wichtig. Dagegen meinen nur 23 Prozent der Abgeordneten, aber 52 Prozent der Bürger, die Präsenz im Plenum sei wichtig. Wahrscheinlich muß der Politischen Bildung diese Fehlsicht des Parlamentarismus in Deutschland mit angelastet werden. Dazu gehört es auch, daß nur acht Prozent der Abgeordneten, aber 19 Prozent der Bürger viele Redebeteiligungen im Plenum für wichtig ansehen.

64 nach FAZ vom 13. 8. 1992

Wichtigkeit von Tätigkeitsbereichen für Abgeordnete		
	Einschätzung in Prozent durch	
	Abgeordnete	Bevölkerung
Aktive Mitarbeit in Ausschüssen	97	74
Aktive Arbeit im Wahlkreis	95	76
Mitgliedschaft in Ausschüssen	69	44
Häufige Präsenz in den Medien	38	28
Präsenz im Plenum	23	52
Möglichst viele Redebeteiligungen im Plenum	8	19

Es ist ganz eindeutig: Die Wähler meinen, Parlamentarismus in Deutschland müsse sich vor allem im Plenarsaal zeigen, die Abgeordneten selber aber verstehen sich mehrheitlich als Ausschußarbeiter und als eine Ressource für ihren Wahlkreis.

Letzteres drückt sich darin aus, daß die Abgeordneten pausenlos als Redner gefordert werden. Im Schnitt werden Abgeordnete 14 mal im Monat als Redner eingeladen, wobei dieser Wert für alle Parteien ziemlich gleich ist. Lediglich die Vertreter der PDS erreichen einen Spitzenwert von 22 Einladungen pro Monat. Zugleich werten die Abgeordneten, daß insbesondere die «Sacharbeiter» unterschätzt werden, die in Ausschüssen arbeiten, aber nicht in den Medien erwähnt werden.

Haben wir mit der Untersuchung der Bundestagsabgeordneten und der Bundesregierung den wesentlichen Teil der politischen Machtelite auf der Bundesebene erfaßt? Was sicher fehlt, sind die Mächtigen auf der Länderebene, die sich nicht auf diesen Einflußbereich beschränken – wie Johannes Rau oder Kurt Biedenkopf. Ausgeblendet bleiben an dieser Stelle auch die politischen Stiftungen, die gewiß als Apparate einen sehr großen Einfluß haben, aber doch von Politikern gelenkt werden. Und dann gibt es noch die Bundesparteien, als Organisationen mit Geschäftsführern und bürokratischem Stab. Inwieweit ihr Spitzenpersonal eigene Machtzentren losgelöst vom Parlament bildet, ist nach Partei verschieden. So waren die drei Generalsekretäre Hintze (CDU), Verheugen (SPD) und Hoyer (FDP) alle Bundestagsabgeordnete. Nur für die PDS muß man wichtige Figuren außerhalb des Parlaments orten. In seiner Analyse der PDS nennt Gerd Langguth als zentrale Figuren neben Gregor Gysi noch den Parteichef Lothar Bisky, den Schatzmeister Dietmar

Bartsch und André Brie als Chefideologen.[65] Bisky, Bartsch und Brie waren nicht im 12. Bundestag. Sie waren alle SED-Kader, Brie war zudem fast zwanzig Jahre inoffizieller MfS-Mitarbeiter. Brie hält für die PDS ausdrücklich «den außerparlamentarischen Kampf... für entscheidend». Diese drei dürften die Machtzentrale sein. Eine wichtige Gruppierung innerhalb der PDS ist zudem die «Kommunistische Plattform» (KPF), deren Vertreterin Sahra Wagenknecht in den Bundesvorstand der PDS gewählt wurde. Wagenknecht verteidigt weiterhin den Mauerbau als «Maßnahme zur Grenzbefestigung..., die dem lästigen Einwirken des feindlichen Nachbarn ein (längst überfälliges) Ende» gesetzt habe.[66]

Schließlich ist unter den Teilen der politischen Elite, die wir nicht berücksichtigt haben, auch noch das Personal der obersten Gerichte, das zwar dem Geiste der Gewaltenteilung nach auch nicht hierhingehört, de facto aber zunehmend von vormaligen Politikern gestellt wird. An die obersten Gerichte denkt man bei der Klage über Politisierung von Bereichen, die in einer bürgerlichen Gesellschaft politikern bleiben sollten, üblicherweise nicht. Ein jüngeres Beispiel dafür sind aber die Vorgänge um die Ernennung der SPD-Politikerin Jutta Limbach zur Verfassungsrichterin. Im Vorfeld dieser Ernennung wurde ein weiteres Verfilzen des parteipolitischen Einflusses auf wichtige Personalentscheidungen insbesondere auch der Justiz in Deutschland erkennbar: Im Herbst 1993 waren zu besetzen das Amt eines Präsidenten für den Bundesrechnungshof und das Amt des Vizepräsidenten beim Bundesverfassungsgericht, dessen spätere Berufung zum Präsidenten feststand. Zu diesem Zeitpunkt war auch ein neuer Generalbundesanwalt zu ernennen. Die SPD versuchte diese drei Positionen, die sachlich miteinander kaum etwas zu tun haben, zu einem Paket zu verschnüren. Der Kandidatin der CDU für den Rechnungshof, Hedda Meseke, wolle sie nur zustimmen, wenn die stellvertretende SPD-Vorsitzende Herta Däubler-Gmelin Richterin beim Bundesverfassungsgericht würde.[67] Daß für diese Stelle der SPD das Vorschlagsrecht zustehe, wurde von der CDU nicht bestritten; nur die Kandidatin erschien ihr dafür ungeeignet. Auch in Nordrhein-Westfalen waren

65 Gerd Langguth: «PDS–Partei mit Doppelgesicht». Die politische Meinung, Nr. 297 (August 1994), S. 19–25
66 Andreas Borchers: «‹Rote Socken› auf dem Marsch zur Macht». Stern 28/94, S. 98–99
67 «Bundesrat stimmt nicht über Frau Meseke ab». FAZ, 16. 10. 1993, S. 1

höchste Richterämter zu besetzen: der Präsident des Verfassungsgerichtshofes und der Präsident des Oberverwaltungsgerichtes. Weil die SPD zu diesem Zeitpunkt nicht in der Lage war, einen Kandidaten aufzubieten, der sowohl einige Qualifikation als auch erwiesene Treue zur Partei besaß, wurde die Wahl ausgesetzt. Vorher hatte man sich auf vier neue Verfassungsrichter einigen können, von denen die SPD und die CDU jeweils zwei für sich ausmachten.[67]

Die SPD ist in der Politisierung der Justiz sehr viel erfolgreicher gewesen als die CDU. Von den im März 1995 neu gewählten Richtern für drei der fünf Obersten Gerichtshöfe des Bundes sind neun SPD-Genossen und sechs parteilos. Nach dem Urteil des CDU-Abgeordneten Göhner und des FDP-Abgeordneten Kleinert war dies eine «einmalige Selbstbedienung» der SPD; diese stelle die Unabhängigkeit der Obersten Bundesgerichte «in einer nicht hinzunehmenden Weise in Frage». Die SPD wolle offenbar die «Justiz massiv politisieren und polarisieren».[68] Zum eigentlichen Skandal war diese Wahl aber geworden, weil 1994 zweimal der zuständige Richterwahlausschuß durch das Fehlen von sozialdemokratischen Ministern beschlußunfähig war. Vermutet wurde damals, die SPD würde hoffen, durch ausstehende Wahlen ihre Mehrheit im Wahlausschuß stärken zu können.[69] Nach den Landtagswahlen in Thüringen, Mecklenburg-Vorpommern und in Sachsen-Anhalt ging dann in der Tat jeweils das Justizministerium von der CDU an die SPD über.[70]

---

67 «Dringend gesucht: Der oberste Richter fürs Land». Welt am Sonntag, 24. 4.1994, S. 89
68 ««Einmalige Selbstbedienung› der SPD. 15 Bundesrichter neu gewählt / Neun gehören der SPD an / Parteibuch-Juristen?». FAZ, 1. 4. 1995, S. 4
69 «Bestimmt PDS über oberste Richter mit? CDU wirft Magdeburger SPD Verzögerung von Richterwahl vor». Welt am Sonntag, 17. 7. 1994, S. 4
70 ««Einmalige Selbstbedienung› der SPD». FAZ, op. cit.

Die schleichende Entmachtung der Abgeordneten

Wer regiert in dieser Bundesrepublik? Der ehemalige Postminister Christian Schwarz-Schilling und der ehemalige Staatssekretär Waldemar Schreckenberger antworteten unisono: Jedenfalls nicht die Bundesregierung und erst recht nicht das Parlament. Die wichtigen Entscheidungen während der 12. Legislaturperiode wurden mit einer Ausnahme – dem Zehn-Punkte-Plan zur Wiedervereinigung von Kohl im Herbst 1989 – in einem Geistergremium getroffen, der Koalitionsrunde. Was als lockeres «Koalitionsgespräch» mit den Fraktionsführungen begann, war unter Helmut Kohl zu einer dauernden Einrichtung mit schriftlichen Einladungen, Tagesordnungen und Beschlußprotokollen aufgewertet worden. Da sitzen nun zusammen: die Spitzen der Partei- und Fraktionsführungen, der Vorsitzende der CSU-Landesgruppe, die Generalsekretäre der Koalitionsparteien und Parlamentarische Geschäftsführer der Fraktionen sowie einzelne Bundesminister sowie – je nach Bedarf – einige Spitzenbeamte. Die Besetzung ist nicht einheitlich, weil es sich um ein – immer noch – informelles Gremium handelt, aber der Kern hat Kontinuität. Das Kabinett und später das Parlament fungieren dann in der Praxis als Notariate für andernorts getroffene Entscheidungen.[72] Als Schwarz-Schilling aus der Politik ausschied, war eine Begründung, er habe als Minister nichts zu sagen.[73] Damit hatte er völlig recht. Ob er im Kabinett anwesend war oder nicht, das war bei wichtigen Fragen unwesentlich: Die Entscheidungen waren zuvor in der Koalitionsrunde gefallen. Auch durch die asylpolitischen Verhandlungen Ende 1992 wurde die faktische Entmachtung von Ministern publik: CDU/CSU-Chef Wolfgang Schäuble übernahm den «Part des Bundesinnenministers», nicht der damalige

---

72 Waldemar Schreckenberger: «Sind wir auf dem Weg zu einem Parteienstaat? Koalitionsrunden mit ihren Verabredungen als Symptom!». FAZ, 5. 5. 1992, S. 12
73 Theo Mönch-Tegeder: «Signal der Unzufriedenheit. Der Rücktritt des Postministers: Einer sagt, was viele denken». Rheinischer Merkur, 18. 12. 1992, S. 1

Amtsinhaber Rudolf Seiters, so die Beobachtung der Justizministerin Sabine Leutheusser-Schnarrenberger. Doch auch der «Part des Bundesjustizministers» war nicht von ihr als Ressortleiterin gespielt worden, sondern vom Fraktionsvorsitzenden der FDP, Hermann Otto Solms.[74]

Die Verlagerung von politischen Entscheidungen auf das Geistergremium «Koalitionsrunde» hat auch dazu geführt, daß in allen Fragen, die vorweg besprochen wurden, de facto das Weisungsrecht des Bundeskanzlers – nach dem Grundgesetz bestimmt er ja die Richtlinien der Politik – tatsächlich aufgehoben ist. So nahm es Kohl hin, daß sein Koalitionspartner FDP seit 1983 das Verfassungsrecht, wonach dem Kanzler allein der Vorschlag für die Berufung der Regierungsmitglieder durch den Bundespräsidenten zusteht, durch eine «Wahl» ihrer Ministerkandidaten auf einer verfassungsfremden Wahlversammlung aus Parteivorstand und Bundestagsfraktion aushöhlte.[75] Öffentlich wurde die Stellung Kohls als «der ohnmächtigste unter den mächtigen Kanzlern der Republik», als die FDP Günter Rexrodt zum Möllemann-Nachfolger als Wirtschaftsminister wählte. Dieser verkündete herrisch, der Kanzler habe seine Nominierung «zur Kenntnis zu nehmen und zu bestätigen»[76].

Nur wenn eine Frage aufkommt, die zuvor nicht in Konturen abgesprochen wurde, wie die Wiedervereinigung, konnte der Kanzler noch eine Weisung geben und unabhängig handeln. So gelang es Kohl, mit dem eigenen Zehn-Punkte-Plan an die Öffentlichkeit zu treten. Ansonsten ist selbst der Bundeskanzler in der Mehrzahl seiner Entscheidungen ein gefesselter Riese, der sich eben an Koalitionsabsprachen halten muß und dies wohl auch bejaht. Bei einer solchen Verfassungswirklichkeit sind Minister wie Schwarz-Schilling und im besonderen einzelne Abgeordnete machtlos.

Um das parlamentarische Wirken eines Abgeordneten zu verstehen, sind zunächst zwei Institutionen zu bedenken: die Fraktionen und das Bundestagspräsidium.

---

74 Günter Bannas: «Gewichtsverlust zweier klassischer Ressorts. In der Rechts- und Innenpolitik geben nicht die zuständigen Minister, sondern die Fraktionen den Ton an». FAZ, 9. 1. 1993, S. 7

75 Lothar Rühl: «Wenn ein Neutrum den Kanzler ins Abseits drängt. Das ‹Koalitionsgespräch› und ein FDP-Gewohnheitsrecht verwischen die Konturen der Regierungsverantwortung». Die Welt, 7. 1. 1993

76 Gunter Hofmann: «Der Marsch aus den Institutionen. Unter Helmut Kohl wird im Kabinett kaum diskutiert und entschieden». Die Zeit, 15. 1. 1993, S. 6

Fraktionen sind im deutschen Parlamentarismus bis hinunter zu den Parlamenten größerer Städte höchst beachtliche und reich finanzierte Bürokratien – weit entfernt von dem offiziellen Bild einer Fraktion (= freiwilliger Zusammenschluß der Parlamentarier mit ähnlichen Grundüberzeugungen), das mit Hinweis auf die Gewissensfreiheit der Abgeordneten vermittelt wird. Zwar gab es im 12. Bundestag drei fraktionslose Abgeordnete (Ortwin Lowack, Dr. Ulrich Briefs und Dr. Rudolf Karl Krause) und gelegentlich auch «Hospitanten»; das sind Parlamentarier, die nicht Mitglied der Partei sind, in deren Fraktion sie sitzen. Aber für die praktische politische Arbeit sind das belanglose Abweichungen von dem Regelfall, daß ein Abgeordneter Mitglied einer Fraktion zu sein hat.

In einer Stadt wie Köln dürfen die Fraktionen der großen Parteien mit Zuwendungen für ihren Unterhalt von über drei Millionen DM rechnen. Für die Fraktionen des Bundestages wurden 1966 aus Steuermitteln erst 3,4 Millionen DM ausgegeben; zu Beginn der 12. Legislaturperiode waren es bereits 104,3 Millionen DM.[77] Das ist auf vier Jahre umgelegt viel mehr, als die Parteien an Wahlkampfkostenerstattung erhalten. Und das ist sicherlich nur ein – allerdings überwiegender – Teil der Einnahmen. Zu den Einnahmen gehört weiter ein von der jeweiligen Fraktion festgesetzter «freiwilliger» Beitrag des Abgeordneten, womit die Fraktionen sub rosa noch mal von den Parlamentariern abkassieren. Genaues läßt sich nicht sagen, da die Fraktionen bisher ihr Finanzgebaren nicht wirklich offenlegen.[78]

Zu welch machtvollen Bürokratien inzwischen die Fraktionen der beiden großen politischen Gruppierungen geworden sind, läßt sich an der Zahl der angestellten Mitarbeiter ablesen. Die Fraktion der CDU/CSU beschäftigt 280 Personen, davon 85 im höheren Dienst, die kleinere der SPD sogar 290 Mitarbeiter (100 im höheren Dienst), die FDP 87 Angestellte.[79] Und das, obgleich der rechtliche Status der Fraktionen ungeklärt ist. Diese Fraktionswucherungen sind zu einer der Spezialitäten des deutschen Parlamentarismus geworden – weit entfernt von den Kleinbü-

77 Datenhandbuch zur Geschichte des Deutschen Bundestages 1983–1991 (Peter Schindler für den Wissenschaftlichen Dienst des Deutschen Bundestages). Baden-Baden 1994, S. 1279
78 Hans Herbert von Arnim: «Die Partei, der Abgeordnete und das Geld». Mainz 1991, S. 85 ff
79 Datenhandbuch des Deutschen Bundestages, op. cit., S. 404

ros der Einpeitscher (Whips) des englischen Unterhauses oder des amerikanischen Kongresses.

Zumindest für die Fraktionen der CDU/CSU und der SPD läßt sich sagen, daß die Mehrzahl der nicht der Fraktionsspitze angehörenden Abgeordneten ihnen untertan zu sein hat. Diese Entmachtung erfolgt allein schon aus der Größe der Fraktion. In der CDU/CSU-Fraktion beispielsweise sollen sich 350 Menschen in einem zu kleinen Raum durch ein Paket von Vorlagen durcharbeiten, das von der Fraktionsleitung im Vorfeld geschnürt wurde. «Der einzelne hat kaum noch eine Chance, es aufzuschnüren», so ein Neuling im 13. Bundestag, Norbert Röttgen.[80]

Der Fraktionszwang – dessen Existenz wahrheitswidrig immer wieder von Abgeordneten öffentlich bestritten wird – funktioniert in Bonn bis auf ganz wenige Ausnahmen wie in der Abtreibungsdebatte oder der Abstimmung über den Regierungssitz des wiedervereinigten Deutschlands perfekt. Die Fraktionsspitze bestimmt Rederechte und vorzutragende Inhalte, verteilt Gremiensitze und regelt Presseerklärungen und -konferenzen. Da ist es verständlich, daß sich öfters Abgeordnete nach Eintragung in die Anwesenheitsliste sofort aus dem Plenarsaal entfernen; ihre Anwesenheit macht ja nichts aus. Allerdings wird dann der Bundestag öfters beschlußunfähig.

Es wurde für die allgemeine Öffentlichkeit nicht sehr deutlich, daß sich in aller Stille auch die Parlamentspräsidentin Machtpositionen gegenüber den Abgeordneten aufbauen konnte. Offiziell gilt das *Präsidium* als ein dekoratives Amt. Aber es hat zwei wichtige materielle Kompetenzen.

In der Öffentlichkeit war beklagt worden, daß die Abgeordneten neben ihrem Amt erhebliche andere Tätigkeiten ausübten, und daß sich daraus Abhängigkeiten ergeben könnten, die mit der Stellung des Abgeordneten – so wie sie im Grundgesetz formuliert ist – nicht vereinbar seien. Orientiert an einem amerikanischen Vorbild, wurde deshalb verordnet, daß die Abgeordneten über ihre Nebentätigkeiten umfassendere Auskunft zu geben hätten, als dies in den Selbstdarstellungen für das Handbuch des Bundestages erfolgt. Anders als in Amerika, wo diese Offenlegungen an Eides Statt erfolgen und öffentlich sind, werden die Selbstbekenntnisse, mit welchen Dotierungen die jeweiligen Engagements verbunden sind, aber nicht veröffentlicht, sondern nur der Bundestagspräsidentin mitge-

80 Thomas Kleine-Brockhoff: «Die Ohnmacht der Novizen». Die Zeit, 21. 4. 1995, S. 5

183

teilt. Damit sind die einzelnen Abgeordneten für die Präsidentin die Bundestagsabgeordneten durchsichtiger als für die meisten anderen Mitglieder des Hohen Hauses.[81] Aus dem amerikanischen Bemühen um mehr Transparenz wurde in Deutschland Herrschaftswissen.

Oft wird in der Parteienkritik gehofft, daß durch mehr Seiteneinsteiger die politischen Sitten verbessert würden. Rita Süssmuth war eine solche Seiteneinsteigerin, die erst kurz vor ihrer Beförderung zur Ministerin in eine ihr geeignet scheinende Partei eintrat. Aber gerade sie bietet Anschauungsmaterial für die Kraft des Parteienmilieus zur Verformung von Menschen. Diese Kraft ist deshalb so groß, weil eine dauerhafte Karriere auch bei Fehlverhalten wie der Dienstwagenaffäre nicht möglich ist, ohne ihr nachzugeben.[82] Seither ist Rita Süssmuth vehemente Verteidigerin der Politischen Klasse gegen Kritik von außen.

Vielleicht noch wichtiger ist die Kompetenz der Präsidentin, in letzter Instanz die unter vielen Abgeordneten sehr begehrten Reisen zu genehmigen. Die Bundestagsabgeordneten reisen viel und teuer durch die Welt. So gab es 1992 670 Abgeordnetenreisen rund um die Welt, 124 mehr als ein Jahr zuvor. Ungeachtet der Schwierigkeiten mit dem Bundeshaushalt waren für Einzel- oder Gruppenreisen der Parlamentarier etwa fünf Millionen DM zu zahlen – über 800 000 DM mehr als 1991. In einer vom Bündnis 90 / Die Grünen erzwungenen Drucksache des Präsidiums werden Details über einzelne Abgeordnete verschwiegen. Begründung: «Die Aufschlüsselung der Ausschüsse könnte falsche Vorstellungen über die für die Durchführung von Reisen maßgebenden Kriterien entstehen lassen.»[83] Die Erlaubnis zur Reise kann damit als ein Disziplinierungsmittel benutzt werden.

Im März 1994 wurden die Regeln insofern geändert, als seither Reisen mit Programm und Begründung zu beantragen und vom Ältestenrat zu genehmigen sind. Ebenso ist jetzt nach Rückkehr ein Bericht abzugeben. Nach wie vor wird allerdings gereist, ohne daß der Sinn immer ersichtlich wäre. So besuchten über Ostern 1995 acht Mitglieder des Postausschusses des Bundestages in den USA unter anderem die Werke der Autofir-

---

81 Wolfgang Hoffmann: «Ein Parlamentarier kann von Fall zu Fall nützlich sein». Das Parlament, 10. / 17. 2. 1995, Nr. 7–8, S. 3

82 «Mißbrauch und Rechtsunsicherheiten bei Dienstwagen. Rechnungshof berichtet nach Süssmuth-Affäre / Denkwürdige Abrechnungs-Gepflogenheiten». FAZ, 24. 5. 1991, S. 1

83 «Dabeisein ist alles». Der Spiegel 1 / 1994, S. 30–31

men Mercedes in Alabama und BMW in South Carolina. Streng gewahrt ist der Parteienproporz: Drei Abgeordnete stellt die Union, zwei die SPD und je einen FDP, Grüne und PDS.[84] Fünf Mitglieder des Haushaltsausschusses reisten dienstlich für sieben Tage in die Vereinigten Arabischen Emirate und nach Oman. Dort wollten sie den – gerade abgeschlossenen (!) – Haushalt 1995 erläutern und beraten, wie die «künftige Energieversorgung Deutschlands bei einem weiteren Rückgang des Einsatzes heimischer Steinkohle» zu sichern sei. Wichtige Erkenntnis nach Abschluß der Reise: daß «die Wirtschaftsbeziehungen in Arabien gerade vom gegenseitigen Kennenlernen und dem Austausch von Besuchen leben»[85].

Bedeutsam ist auch die Mitverfügung der Bundestagspräsidentin über die Nutzung begehrter Transportmittel wie der Hubschrauber der Bundeswehr. Jeder Bundestagsabgeordnete hat zwar das Recht, mit Dienstwagen und Chauffeur von seiner Wohnung im Bonner Bezirk abgeholt zu werden, aber für Prestigezwecke wirkt diese Annehmlichkeit nur neutral. Das Einschweben zu Sitzungen mit dem Helikopter weist dagegen einen Parlamentarier als beachtlich aus. Deshalb wird dieses knappe Gut sehr begehrt, und deswegen ist das Mitverfügen von Rita Süssmuth ein Machtmittel.

Die Bedeutung der Bundestagspräsidentin als Chefin des Präsidiums drückt sich weiter im Wachstum des Personals für den Deutschen Bundestag aus, dessen Dienstvorgesetzte Rita Süssmuth ist. Von 1986 bis 1994 – während zwei Drittel dieser Periode präsidierte die CDU-Politikerin – wurde der Mitarbeiterstab von 1600 auf 2300 Personen aufgestockt.

Wenn nach all diesen Darlegungen der Eindruck entsteht, daß es im Bundestag intern sehr hierarchisch zugeht, so ist dieser Eindruck von den Autoren erwünscht; denn dies scheint uns sehr bemerkenswert an deutschen Parlamenten – also nicht nur am Bundestag –, daß hier der einzelne Abgeordnete in vielfachen Abhängigkeiten tätig ist, wenn er nicht zur vorderen Mannschaft gehört.

Die schleichende Entmachtung der einzelnen Abgeordneten wird aber auch an der Art deutlich, wie ihnen Entscheidungen abverlangt werden. Der CSU-Abgeordnete Ernst Hinsken zeichnete die Diskussion über die

84 «Reiselust der Abgeordneten ungebrochen. Auf Kosten der Steuerzahler». Berliner Kurier, 6. 4. 1995, S. 2
85 «Wenn Haushälter auf Reisen gehen». FAZ, 8. 4. 1995, S. 3

Autobahnvignette nach: «Im ersten Akt fordert der Verkehrsminister die Vignette. Im zweiten Akt spricht sich der Umweltminister gegen die Vignette aus. Im dritten Akt setzt sich der Finanzminister für einen Mix aus Vignette und höherer Mineralölsteuer ein. Im vierten Akt stimmen wir zu. Im fünften Akt wird alles wieder geändert.» Durch fehlende Planung und Kommunikation werden dann durch solche Abläufe Abgeordnete wie Bürger gleichermaßen überfordert.[86]

Wie wenig die Wendung «parlamentarische Beratung» als Beschreibung für den tatsächlichen Gang der Dinge bei schwierigen Gesetzesvorhaben taugt, wird am Beispiel der Pflegeversicherung deutlich. Der Entschluß, noch im 12. Bundestag die Pflegeversicherung verabschieden zu lassen, fußte auf einer Absprache zwischen Norbert Blüm, CDU, und Rudolf Dreßler, SPD. Die beiden erfahrenen Sozialpolitiker mußten wissen, daß dieses Versicherungswerk, so wie von ihnen in den Grundzügen konzipiert, nicht ohne zusätzliche Mittel in erheblichem Umfang und/oder Umschichtungen im Sozialhaushalt zu finanzieren war. Jedoch wurde dieses Gesetz ohne zutreffende Information über die Finanzbedürfnisse zum Schluß schnell verabschiedet. Anschließend wird man jetzt Wege und Mittel zur Finanzierung zu finden haben. Aber da dieses Gesetz bereits da ist, ist für die Abgeordneten nun Zugzwang gegeben.

Abgeordnete sind zwar nach dem Grundgesetz niemandem verpflichtet als ihrem Gewissen, im Macht-Schachspiel der Politik sind sie aber oft bloße Bauern, wie die angeführten Beispiele ihrer schleichenden Entmachtung belegen. Belanglos ist die erwähnte Wendung des Grundgesetzes aber nicht. Sie erhält dem Abgeordneten zum Beispiel beim Parteiaustritt das Mandat – auch wenn es bei Parteioberen üblich wurde, von Abtrünnigen das Mandat einzufordern. Der CSU-Bundestagsabgeordnete Ortwin Lowack war in seiner Landesgruppe als politisch «schwer integrationsfähig» eingestuft worden, auch wenn er als persönlich angenehmer Kollege galt. Aber er, der dem Bundestag seit 1980 angehörte, widersprach energisch der von Genscher wie in sozialliberalen Zeiten weiterbetriebenen Ostpolitik. Hier glaubte er sich der Rückendeckung von Franz Josef Strauß sicher. Theo Waigel als neuer CSU-Vorsitzender und Wolfgang Bötsch als CSU-Landesgruppenchef schätzten dagegen

86 Volker Jacobs: «Kohl und die Fraktion – ein Bonner Drama in sechs Akten. Wenn am Kabinettstisch eine Verständigung in strittigen Fragen nicht mehr zustande kommt». Die Welt, 8. 3. 1993, S. 2

Lowacks Alleingänge weniger. Unbeliebt machte sich Lowack zudem bei der CSU-Spitze, weil er die «Fraktion aufzurütteln» trachtete: «Die Entwicklung in den letzten sechs bis acht Jahren von einer lebhaften und kritischen Fraktion zu einem reinen Zustimmungsorgan gegenüber der Regierung muß unterbrochen werden.» Dies gelang ihm nicht.[87] Verärgert hatte Lowack auch der «unfaire und unglaublich überhebliche Ton», mit dem Waigel sogar Parteimitglieder abfertige. Lowack zog die Konsequenzen, trat aus der CSU und der CSU-Landesgruppe im Bundestag aus, konnte aber parteiloser Abgeordneter bleiben, obwohl ihn der damalige Generalsekretär Erwin Huber aufforderte, das Mandat, das er mit Hilfe der CSU bekommen habe, zurückzugeben.[88]

Zugleich zeigt das Schicksal Lowacks die Machtlosigkeit im Bonner Politikgetriebe: Trotz seines enormen Fleißes im 12. Bundestag – der in unserer Auswertung der Abgeordnetentätigkeiten dokumentiert wird – gelang es Lowack nicht, auf Bundesebene besondere Beachtung zu finden. Politisch versuchte er, als Bundesvorsitzender der neugegründeten Freien Bürger Union (FBU) eine Alternative zu den «verkrusteten und unbeweglichen» etablierten Parteien aufzubauen.[89] Auch hier war er bislang nicht erfolgreich.

87 Claus Gennrich: «Keine Erschütterung im CSU-Gebälk. Lowack sah sich als Sachwalter von Strauß». FAZ, 25. 4. 1991
88 «Ortwin Lowack kehrt CSU den Rücken. Bayreuther Mandatsträger klagt über Entscheidungen in Bonn und München». Süddeutsche Zeitung, 24. 1. 1991
89 Wolfram Porr: «Freie Bürger Union tritt an. Ex-CSU-Mitglieder in neuer ‹Partei der Mitte›». Süddeutsche Zeitung, 11. 4. 1994

Die Politiker als eigene Klasse

Forsa hat in seiner Befragung der Mitglieder des 12. Bundestages Rangordnungen für die Bundestagsabgeordneten ermittelt. Meist ist eine Rangliste nach vermutetem Einfluß übereinstimmend mit der Einschätzung sachlicher Kompetenz. Für Abgeordnete wird aber durchweg die Kompetenz geringer eingeschätzt als der Einfluß, sehr oft zwischen fünf und zehn Punkten zuungunsten der Kompetenz. Am größten ist das Defizit in der Einschätzung des Einflusses bei folgenden Abgeordneten:

	Abweichung zwischen Einfluß und Kompetenz in Prozent der Namenserwähnung
Günter Rexrodt, FDP	− 53
Dr. Wolfgang Schäuble, CDU	− 29
Volker Rühe, CDU	− 24
Hans-Ulrich Klose, SPD	− 24
Johannes Gerster, CDU	− 23
Manfred Kanther, CDU	− 23

Besonders eng liegen die Werte für Einfluß und Kompetenz bei Klaus Töpfer (CDU) beieinander, der zu diesem Zeitpunkt Bundesumweltminister war. Insgesamt ergibt sich durch diesen Abgleich, daß gerade bei bekannten Politikern der mutmaßliche Einfluß als sachlich nicht abgedeckt bewertet wird.

Es ist zu vermuten, daß die eigene Fraktionszugehörigkeit beim Urteil über die Kompetenz durchschlägt. Dagegen vermögen wirkliche Professionelle in vielen Lebensbereichen von ihrer eigenen Position abzusehen – aber das ist in der Politik sehr viel weniger zu erwarten als etwa in einem akademischen freien Beruf. Wenn das Urteil der eigenen Fraktionsmitglieder weitgehend übereinstimmt mit dem Urteil über die gleiche Person durch Angehörige anderer Fraktionen, dann beurteilen wir dies als Indiz, daß ein Abgeordneter unter seinen Kollegen als ein Profi gilt.[90]

Dies sind diejenigen Abgeordneten, die den Kollegen im Bundestag als besonders professionell erscheinen (Akzeptanz 70 Prozent und mehr):

- von der CDU Norbert Blüm, Johannes Gerster, Volker Rühe, Klaus Töpfer und Horst Eylmann;
- von der FDP Klaus Kinkel und Dr. Burkhard Hirsch;
- von der SPD Rudolf Dreßler, Hans-Ulrich Klose, Ingrid Matthäus-Maier, Rudi Walther, Hans-Jochen Vogel und Karsten Voigt.

Und dies sind die Abgeordneten, die beim politischen Gegner am wenigsten das Bild eines Profis bewirken (Akzeptanz geringer als 30 %):

- von der CDU/CSU Adolf Roth, Paul Breuer, Norbert Geis und Dirk Fischer;
- von der SPD Michael Müller, Hans de With, Ottmar Schreiner, Joachim Poß, Dr. Jürgen Schmude und Gerd Wartenberg;
- von der FDP Ekkehard Gries, Dr. Gisela Babel und Dr. Werner Hoyer;
- von der PDS Dr. Hans Modrow, Dr. Dagmar Enkelmann und Dr. Uwe-Jens Heuer;
- vom Bündnis 90 Gerd Poppe und Dr. Klaus-Dieter Feige.

Spitzenwerte der Akzeptanz innerhalb der eigenen Partei haben bei der CDU/CSU Dr. Theo Waigel, bei der SPD Rudolf Dreßler. Insgesamt überwiegt der Anschein der Parteilichkeit erheblich das Erscheinungsbild eines Profis. Nur bei 26 Abgeordneten ist das Erscheinungsbild eines Profis bei über 50 Prozent der Wertungen auszumachen.

Forsa fragte, welche Abgeordneten am meisten überschätzt würden, und die sechs am häufigsten überschätzten Abgeordneten waren hiernach Dr. Friedbert Pflüger (CDU), Ingrid Matthäus-Maier (SPD), Günter Rexrodt (FDP), Dr. Gregor Gysi (PDS), Klaus Kinkel und Jürgen W. Möllemann (beide FDP). Das sind alles bekannte Medienfiguren, so daß dieses Ergebnis zusätzlich als Aussage gewertet werden kann, man dürfe Medienprominenz nicht mit Ansehen im eigenen Beruf als Politiker gleichsetzen. Es gibt wie in allen qualifizierten Berufen eine interne Rangordnung, die vom Bild in der Außenwelt abweicht.

---

90 In der Auswertung von Forsa wurde das als Akzeptanz ausgedrückt, was wir mit professionellem Erscheinungsbild bzw. des Gegenteils dessen benannten. Diese Akzeptanz drückt das Verhältnis der Zahl von Nennungen von Abgeordneten der anderen Fraktion im Verhältnis zur Zahl der Nennungen eigener Fraktionskollegen aus.

Edzard Schmidt-Jortzig, Professor für öffentliches Recht und als Vertreter des Bürgerrechtsflügels der FDP Neuling im 13. Deutschen Bundestag, brachte die Unterschiede in den Wertungen auf den Punkt: Das Plenum sei der «Ort der Verkündigung», in dem die Fraktionen Schaukämpfe organisieren, obwohl die Entscheidungen längst gefallen seien. «Morgens kloppen die sich vor laufenden Kameras, abends in der Kneipe sind sie die besten Freunde. Da frage ich mich doch: Was ist gespielt, Plenum oder Kneipe?» Und Andrea Fischer von den Bündnis-Grünen beklagte sich als neues Mitglied des Bundestages über einen SPD-Abgeordneten, der während der Haushaltsberatungen in einem Ausschuß einen langen Vortrag darüber gehalten habe, «warum Arbeitslosigkeit schlimm ist. Womit hab ich das verdient? Glauben die, ich seh das anders?» Die Erklärung war einfach: Es sollte im Protokoll stehen und für die Presse publikumswirksam inszeniert werden.[91]

Dies sind die vier als Kumpel beliebtesten Abgeordneten aufgrund der Forsa-Umfrage: Helmuth Becker (SPD), Dr. Rita Süssmuth und Dr. Norbert Blüm (beide CDU) sowie Gerlinde Hämmerle (SPD). Bei Blüm werden zugleich auch besonders große Public-Relations-Talente angemerkt. So ist beispielsweise heute weitgehend vergessen, wie dieser Politiker sich in der CDU hochboxte. Eines der vielleicht traurigsten Beispiele in der CDU ist seine Förderung durch den Sozialpolitiker Hans Katzer in dessen Eigenschaft als Vorsitzender der Christlich-Demokratischen Arbeitnehmerschaft. Nach einer heftigen Auseinandersetzung innerhalb der Sozialausschüsse gelang es Blüm, nacheinander die Positionen seines väterlichen Förderers zu übernehmen. Bis heute hat Katzer nicht verwunden, daß ihn sein politischer «Ziehsohn» Ende der siebziger Jahre als Vorsitzenden des Arbeitnehmerflügels vergraulte.[92]

Sonst gelten als ausgesprochen geschickte Öffentlichkeitsarbeiter in dieser Reihenfolge Dr. Gregor Gysi (PDS), Dr. Friedbert Pflüger (CDU), Ingrid Matthäus-Maier (SPD) und Jürgen W. Möllemann (FDP). Interessanterweise sind das mehrheitlich Abgeordnete, die weder als besonders einflußreich noch als besonders kompetent eingestuft wurden.

Die Parteienkritik zeigt bei den Abgeordneten deutlich Wirkung: Inzwischen schätzen Abgeordnete ihr Ansehen in der Öffentlichkeit deutlich geringer ein, als das für einen Querschnitt der Bürger gilt:

91 Thomas Kleine-Brockhoff: «Die Ohnmacht der Novizen». Die Zeit, op. cit., S. 5
92 «Personalien: Hans Katzer 75 Jahre». Tagesspiegel, 31. 1. 1994

Einschätzung des Ansehens der Abgeordneten	Einschätzung in Prozent durch	
	Abgeordnete	Bevölkerung
Sehr hoch	14	15
Nicht so hoch	44	60
Niedrig	40	20
Keine Angabe	2	5

Jedenfalls ist deutlich, daß es um das Ansehen der Parlamentarier schlechter steht, als es für die Autorität eines Parlaments wünschenswert ist. Zu diesem Autoritätsverfall tragen Politiker in erheblichem Maße selbst bei, indem sie sich öffentlich der Lüge bezichtigen oder der Lächerlichkeit preisgeben. Zumindest Politiker im engeren Zirkel der Macht scheinen dies nicht mehr wahrzunehmen. Erst nach langem Zögern gaben sie dem öffentlichen Druck nach, in Zukunft Abgeordnetenbestechung zu verbieten. Für die um sich greifende Kritik an den Parteien schoben sie anderen die Verantwortung zu. Die Schatzmeisterin der SPD, Inge Wettig-Danielmeier, meinte, die «wohlfeile Parteienkritik» reiche von den Schülern Carl Schmitts über den Herausgeber des *Spiegel*, Rudolf Augstein, dem Verwaltungsrechtler Hans Herbert von Arnim «bis zu höchsten Repräsentanten unseres Staates». Immerhin gestand die SPD-Politikerin ein, daß Parteien wie alle menschlichen Einrichtungen anfällig für Schwächen sind. «Aber Deutschland hat eine Tradition der zerstörenden Kritik», und es sei eine deutsche Tradition, die Arbeit der Parteien zu mißachten.[93]

In diesem Sinne argumentierte auch der damalige Vorsitzende der CSU-Landesgruppe im Deutschen Bundestag, Bötsch, in einem Schreiben vom 6. 7. 1992 an einen der Autoren: «Sie haben über die Gegebenheiten einer Abgeordnetentätigkeit keine zutreffende Einschätzung oder wollen sie nicht gewinnen. Ihre Unkenntnis hindert Sie nicht daran, öffentlich herabsetzende Urteile zu verbreiten, für die Sie zudem das allgemeine Ansehen Ihres Berufsstandes einsetzen, dem Sachkenntnis unterstellt wird. Sie beschädigen damit zunächst die demokratischen Institutionen. Sie beschädigen aber auch das Ansehen der Wissenschaft, das

---

93 «Gesetzentwurf zur Finanzierung der Parteien beschlossen. ‹Fraktionsgesetz› im Bundestag angenommen / Verbot der Abgeordnetenbestechung». FAZ, 13. 11. 1993, S. 1

öffentliche Äußerungen ohne jede Sachkenntnis nicht auf Dauer über-
stehen wird... Indem Sie Abgeordnete und Parteien unter Mißbrauch
des öffentlichen Ansehens Ihres Berufsstandes völlig unsachlich kritisieren, tragen Sie dazu bei, die Fundamente unseres demokratischen Staates
zu gefährden. Ihre Beiträge reihen sich ein in die Tradition der aus den
zwanziger Jahren so sattsam bekannten Schelte von ‹Parteiengemau-
schel› und ‹Schwatzbude›. Wohin diese Herabsetzung der Demokratie
führte, wissen wir alle.»

Wer Parteien, so wie sie heute bei uns sind, kritisiert, ist damit in der
Tradition der Anti-Demokraten? Ist eine Kritik der Abgeordneten eine
Herabsetzung der Demokratie? Wer so argumentiert wie Wolfgang
Bötsch, bestätigt unsere These: Berufspolitiker führen sich so auf, als
wäre unser politisches System ihr Privatbesitz.

Ausgelöst worden war der Vorwurf Bötschs durch den Hinweis des
Autors auf die zeitfressenden Besuche der Politiker in Festzelten und
Gaststätten, bei Vereinsfesten und auf Märkten. Grund war die Beobachtung, daß Bundestagsabgeordnete zu einer Infrastruktureinrichtung für
das lokale Vereinsleben werden. Selbstverständlich werden Vereinsvor-
sitzende und Präsidenten lokaler Verbände nicht darauf verzichten, sich
mit Würdenträgern zu schmücken, aber das muß ja nicht die Aufgabe
aller Bundestagsabgeordneten sein.

Nun ist Kritik an Parteien und Politikern selbstverständlich nicht nur
in Deutschland gang und gäbe. Und wie in anderen Ländern auch sind es
die Politiker selbst, die sich mit ihren gegenseitigen Vorwürfen demon-
tieren. Ministerpräsident Max Streibl beispielsweise drohte, wegen der
Amigo-Affäre in die Enge getrieben, über seine Parteifreunde «auszu-
packen». Er wisse eine Menge aus seiner Zeit als bayerischer Finanzminister: «Es würde eine Schlammschlacht geben.» Es war der CDU-Politiker
Heiner Geißler, der das Verhalten des Politikers Streibl als Gefahr für die
Demokratie charakterisierte: «Wer ein Amt hat, muß höhere Maßstäbe
an sich legen, muß Vorbild sein, vor allem für die jungen Menschen,
wenn die Demokratie Bestand haben soll.»[94]

Diese Vorbildfunktion erfüllen Politiker dann aber nicht, wenn sie wie
Bundesfinanzminister Theo Waigel führenden FDP-Politikern «aben-
teuerliche Geschwätzigkeit» vorwerfen. Die damaligen Bundesminister

94 «Doktor der Nation – ohne Schweigepflicht». Der Spiegel, 5. 4. 1993

Jürgen Möllemann und Irmgard Schwaetzer hatten von «Haushaltslöchern» und einem neuen Programm für den Ost-Aufbau in «zweistelliger Milliardenhöhe» gesprochen. Derartige Angaben seien «alles andere als seriös», so Waigel[95] – womit er sich selbst als schlechter Rechner zeigte, wie wir heute wissen. Beispielsweise mußte er 1993 seine ersten Angaben korrigieren, das ostdeutsche Defizit im Haushalt der Bundesanstalt für Arbeit betrage 18 Milliarden; es belief sich zu diesem Zeitpunkt auf mehr als 36 Milliarden DM.[96] In ähnlicher Weise formulierte der SPD-Vorsitzende Rudolf Scharping, als er auf einer Veranstaltung seiner Partei während des nordrhein-westfälischen Landtagswahlkampfes 1995 von den «Schwätzern in Bonn», allen voran Bundeskanzler Helmut Kohl, sprach.[97]

Die SPD warb am Tag der Bundestagswahl 1994 für sich mit dem Aufmacher in ihrer Wahlkampfzeitung: «Wählt sie ab, die Steuer-Lügner». Oskar Lafontaine im Text: «Wer so schamlos lügt, verachtet die Menschen. Damit sich der Wahlbetrug von 1990 jetzt nicht wiederholt, gibt es nur ein Mittel: Die Steuerlügner von CDU, CSU und FDP müssen abgewählt werden!»[98] Die CDU warf der SPD in diesem Wahlkampf vor, mit Hilfe der PDS an die Macht zu drängen: «Sind euch die Sicherungen durchgebrannt, seid ihr machtgeil geworden, Genossen?» meinte für die CDU Norbert Blüm, und gemeinsam mit der damaligen Jugendministerin Angela Merkel und dem CSU-Vorsitzenden Theo Waigel sprach er davon, die SPD habe die Gemeinsamkeit der Demokraten aufgekündigt.[99]

Klaus Kinkel, als Außenminister Chef des Diplomatischen Dienstes, gefällt sich in undiplomatischen Formulierungen: Er sei die arme Sau, die «den Riebel» hinhalten muß.[100] Zornig äußerte er sich über seinen Kolle-

95 «Waigel hält FDP-Politiker für geschwätzig. Möllemann attackiert». Kölner Stadt-Anzeiger, 18. / 19. 11. 1992, S. 1
96 «Theo Waigel vergaß 18 Milliarden. SPD: Rechenkünstler». Kölner Stadt-Anzeiger, 24. / 25. 7. 1993, S. 7
97 «Scharping rügt ‹die Schwätzer in Bonn›». Kölner Stadt-Anzeiger, 24. 4. 1995, S. 4
98 ZaS, Zeitung am Sonntag – NRW. Ausgabe 4, 16. 10. 1994, S. 1
99 «Scharfe Töne zum Wahlkampf-Auftakt. Kohl greift SPD an: Zusammenarbeit mit PDS ‹Schande›. Scharping nennt CDU-Attacken bewußte Verleumdung». Kölner Stadt-Anzeiger, 29. 8. 1994, S. 1
100 «Chamäleon, bekenne Farbe! Klaus Kinkel, neuer Spitzenmann der FDP, soll seiner verwirrten Partei Orientierung geben. Doch die hat er selber nötig. Wolfgang Storz über den ewigen Beamten, der gern ins Menschliche flieht». Die Woche, 9. 6. 1993, S. 3

gen Norbert Blüm, von dem er sich «nicht in die Fresse hauen» lasse. Er nehme die Arbeitsteilung im Kabinett Kohl nicht hin, wonach die einen Realpolitik verantworten «und die anderen sich auf die Kirchenbank setzen und Halleluja singen».[101]

In der Diskussion um die Hochwasserschäden am 800 Millionen DM teuren Schürmann-Bau warf der SPD-Abgeordnete Peter Conradi der damaligen Bauministerin Irmgard Schwaetzer, FDP, vor, «bisher nur inkompetent, voreilig und fahrlässig dahergeredet» zu haben. Sein Eindruck sei, Frau Schwaetzer habe nicht die Wahrheit gesagt. Jürgen Rüttgers als damaliger Parlamentarischer Geschäftsführer der CDU/CSU-Bundestagsfraktion wies diese Vorwürfe als «absurdes Theater» zurück. Es grenze an «Tollheit», eine Ministerin für «Schlendrian und Fahrlässigkeit der beteiligten Fachleute» und für das Bauen von «Mist» verantwortlich zu machen.[102]

Der FDP-Politiker Möllemann kritisierte seinen Nachfolger Rexrodt. Dessen Unbeliebtheit im Osten sei in seiner früheren Tätigkeit für die Treuhandanstalt begründet. Diese soll Möllemann mit einer Art Terrororganisation verglichen haben. Rexrodt wiederum konterte: «Selbstinszenierungen sind äußerst schädlich für die Partei und erwecken den Eindruck, daß es nur um Posten und Pöstchen gehe.»[103] Im Vorfeld der geplanten Großdemonstration am 8. November 1992 kündigten die Grünen und das Bündnis 90 wegen einer möglichen Asylrechtsänderung eine «Demonstration in der Demonstration» an, um sich so von «verlogenen und heuchelnden» CDU-Politikern abzusetzen. Der SPD warfen sie vor, zusammen mit der Union «die politische Kultur zu verwüsten», sollten sie sich an der Änderung der Grundgesetzartikel 16 und 19 beteiligen.[104] Die Bundesvorstandssprecherin von Bündnis 90/Die Grünen, Krista Sager, hatte für beide große Parteien wenig übrig: Die CDU Hamburg robbe sich an die Grünen heran, um von eigenen Verknöcherungen ab-

101 Michael Jach und Ulrich Reitz: «Kinkels Krise. Bonns Chefdiplomat unter Druck: Die Suche nach weltpolitischem Format bringt kaum Erfolge». Focus 14/1995, S. 18–21
102 «CDU nennt Vorwürfe gegen Ministerin Schwaetzer ‹absurdes Theater›. Neue Schuldzuweisungen wegen der Hochwasserschäden am Schürmann-Bau in Bonn». Welt am Sonntag, 16. 1. 1994, S. 6
103 «In Bonn die Vorbereitung der Koalitionsverhandlungen». FAZ, 20. 10. 1994, S. 1–2
104 «Grüne hoffen auf eine Sperrminorität. Gegen Asylrechtsänderung / Kritik an Union, Werben um die SPD». FAZ, 4. 11. 1992, S. 2

zulenken. Eine Zusammenarbeit mit der CSU sei lediglich auf kommunaler Ebene denkbar, um gemeinsam gegenüber der «machtbesoffenen verfilzten SPD» etwas zu bewegen.[105] Die Liste der Diffamierung des Berufes Politiker durch Politiker ist beliebig fortzusetzen.

Schlechte Manieren bei Streit über politische Fragen sind gewiß negative Public Relations für den Beruf Politiker. Darüber hinaus wirkt es desorientierend für die Bevölkerung, wenn ein Streit als Verfall eines Grundkonsens in wichtigen Fragen ausgetragen wird. Es gibt gegenwärtig aus unerfindlichen Gründen keinen allgemeinen Konsens in der Elite für inhaltlich zentrale Fragen. Beispiele sind die Kontroversen über die Themen der «Neuen Politik» wie Kernenergie, Tierschutz oder Gentechnik. Im Verlauf der Zeit ist sich die Führungsschicht immer uneiniger geworden. In der Öffentlichkeit stößt dies mehrheitlich auf wenig Sympathie[106]:

Frage: «Was meinen Sie, wird bei uns in der Politik in wichtigen Fragen zuviel gestritten, zuwenig gestritten oder ist das gerade richtig?

Bürger	Zuviel Streit		Gerade richtig		Zuwenig Streit	
	West	Ost	West	Ost	West	Ost
	in Prozent		in Prozent		in Prozent	
Alle Befragten	54	65	18	18	25	16
Unionswähler	60	64	21	23	17	13
SPD-Wähler	47	69	19	16	30	15
FDP-Wähler	57	79	14	17	22	4
Grünen-Wähler	44	56	12	27	41	17
Republikaner-Wähler	68	–	5	–	24	–
PDS-Wähler	–	60	–	10	–	29
Nichtwähler	58	65	12	20	22	14

So gibt es inzwischen beim Thema Kernenergie keine einzige Institution mehr, die in der Bevölkerung mehrheitlich Vertrauen genießt. Wis-

105 René Wagner: «Grüne mit gesundem Ehrgeiz. Krista Sager». FAZ, 29. 12. 1994, S. 8
106 «Demokratie-Verständnis: Die Emanzipation der Wähler». In: INTER/ESSE (Hg. Bundesverband Deutscher Banken). 4/95, S. 2. Basis der Publikation sind repräsentative Meinungsumfragen der Mannheimer Sozialforscher Matthias Jung und Dr. Dieter Roth, Forschungsgruppe Wahlen

senschaftlern wird in den alten Bundesländern aber deutlich öfter geglaubt als politischen Parteien.[107] Am ehesten vertraut man interessanterweise noch dem Fernsehen – weit auch vor anderen Medien wie der Tageszeitung.

Frage: «Wenn Sie einmal daran denken, wer sich alles zum Thema Kernenergie äußert. Bei wem von dieser Liste hier haben Sie Vertrauen, daß Sie gut und umfassend informiert werden?»

Mai 1991	Alte Länder (Prozent)	Neue Länder (Prozent)
Fernsehsendungen	39	37
Wissenschaftler	**32**	**30**
Öko-Institut	21	25
Informationskreis Kernenergie	20	22
Die Grünen	**19**	**30**
Bundesverband der Bürgerinitiativen	17	15
Tageszeitung, die hier am Ort erscheint	17	11
Hörfunk	16	15
Überregionale Tageszeitung	16	7
SPD	**12**	**10**
CDU/CSU	**12**	**8**
Bundesregierung	**9**	**9**
Informationszentrale der deutschen Energiewirtschaft	9	7
Bundesverband der deutschen Industrie	7	5
Elektrizitätswerke	6	4
Gewerkschaft	5	8
FDP	**3**	**3**
Summe (Mehrfachnennungen)	260	273
Bei keinem habe ich Vertrauen	22	17

Den größten Unmut erregen in der Öffentlichkeit immer wieder Fälle von finanziellem Fehlverhalten von Politikern. Dies gibt es in allen Demokratien, aber in der Bundesrepublik haben diese Fälle inzwischen System. Die besondere deutsche Variante des international üblichen Fehlverhaltens ist das «bürokratische Absahnen», an dem Politiker als

---

107 Elisabeth Noelle-Neumann und Renate Kücher: «Allensbacher Jahrbuch der Demoskopie 1984–1992». München 1993, S. 914

geschlossene politische Klasse zusammenwirken. Damit ist gemeint, daß man sich um eine Rechtsgrundlage für Privilegien sorgt – bei nicht seltenen unscharfen Formulierungen.

Ein Beispiel sind die Regelungen über Pensionsberechtigungen für Bundesminister. Im Großgedruckten steht, daß ein solcher Anspruch nach einer Legislaturperiode begründet wird. Im Kleingedruckten heißt es dann, daß als Legislaturperiode auch die Hälfte einer Legislaturperiode gezählt wird, nämlich zwei Jahre, und die sind schon erreicht, wenn man 21 Monate im Amt ist. In den Anspruchsvoraussetzungen für die Alters- und Hinterbliebenenversorgung der Mitglieder des Deutschen Bundestages zählt eine Wahlperiode vier Jahre, sofern ihre Dauer mehr als zwei Jahre beträgt.[108] Im saarländischen Ministergesetz wird ebenfalls eine politische Zeit definiert, die von unserer Kalenderzeit abweicht. Dort zählen fünf Jahre wie sechs, wenn es um Pensionsansprüche von Ministern geht.

Beim Fall Lafontaine war die Öffentlichkeit daran erinnert worden, daß das sogenannte Übergangsgeld im Großgeschriebenen dazu dienen soll, die Rückkehr eines nicht mehr im politischen Amt Tätigen in die bürgerliche Existenz zu fördern. Lafontaine aber benutzte dieses Geld, auf das er als vordem hauptberuflicher Oberbürgermeister von Saarbrücken Anspruch erheben konnte, nach seinem Überwechseln ins Ministerpräsidentenamt als Zusatzeinkommen.

Neben den etwa 10 000 DM Diäten erhalten Bundestagsabgeordnete pauschal einen Betrag von etwa 6000 DM als Entschädigung für ihre politisch bedingten Aufwendungen. Mit dieser Begründung ist dieser Betrag steuerfrei gestellt worden. Analoge Regelungen gelten für das Europaparlament und für Landesparlamente. Ministerpräsident Reinhard Münch von Sachsen-Anhalt, der in dieser Eigenschaft Ende November 1993 zurücktreten mußte, hatte ebenso wie die aus den alten Bundesländern stammenden Minister seiner Regierung diese Aufwandsentschädigung als Einkommen deklariert und sich seine Aufwendungen zusätzlich aus Steuermitteln erstatten lassen. Noch heute behauptet Münch, das sei Rechtens gewesen, und überdies machten das alle so. Pikant wird das Verhalten Münchs im übrigen dadurch, daß er zuvor Arbeitnehmer in Westdeutschland zum Lohnverzicht aufgefordert hatte, um eine schnelle Einkommenssteigerung im Osten zu ermöglichen.[109]

108 Zeitschrift für Parlamentsfragen, Heft 3/92
109 Bild am Sonntag, 31. 10. 1993, S. 2

Als neu ernannte hessische SPD-Ministerin ließ sich Heide Pfarr beim Umzug von Hamburg nach Wiesbaden ihre Mietwohnung mit 60 000 DM renovieren. Dabei wurde auch bekannt, daß sie bereits als Berliner Senatorin zu Unrecht Fahrtkosten mit ihrem Dienstwagen in Höhe von 7000 DM deklarierte. Damals reichte die Rückzahlung, 1993 mußte sie demissionieren – aber nur, weil sie in der eigenen Partei viele Kritiker hatte.[110]

In Deutschland fällt man als Politiker nur, wenn dies die eigenen Parteifreunde so wünschen. Manfred Stolpe darf ungestraft «Stasi-Spitzel» genannt werden. Es bewirkt nichts. In einem Deutschlandfunk-Interview ließ er frühmorgens ahnen, in welcher Machtposition er sich wirklich befunden haben mag. Wenn die Regierenden der DDR einen Bürgerrechtler wie Rainer Eppelmann hätten loswerden wollen, dann «hätten wir [!] ihn nur '82 im Knast zu lassen brauchen oder ihn '84 einsperren lassen.» Ungeachtet der Enthüllungen über seine Verstrickung in den DDR-Unrechtsstaat ist Stolpe weiterhin in Amt und Würden – mit absoluter Mehrheit wiedergewählt als Ministerpräsident von Brandenburg, wo allerdings 43,8 Prozent der Bürger gar nicht erst zur Wahl gingen. 70 Prozent aller Wahlberechtigten stimmten nicht für die SPD und damit nicht für Stolpe!

Politisch überleben konnte Stolpe nicht zuletzt, weil sich vor ihn maßgebliche Politiker der alten Bundesländer stellten – an der Spitze der frühere Bundeskanzler Helmut Schmidt, SPD, und auch Bundespräsident Richard von Weizsäcker, CDU.[111] Forderungen von Bürgerrechtlern aus der ehemaligen DDR an von Weizsäcker, die Verstrickungen westdeutscher Politiker mit DDR-Verantwortlichen aufzudecken, blieben ohne Folgen.[112]

110 «Eine Rechnung, die für Frau Pfarr nicht aufging». Kölner Stadt-Anzeiger, 14. 5. 1993, S. 3
111 Jochen Kummer: «Wie oft darf Stasi-Spitzel a. D. Stolpe das Parlament belügen?». Welt am Sonntag, 20. 3. 1994. In der Urteilsbegründung des Berliner Kammergerichtes vom 10. 12. 1993 (Aktenzeichen: 9 U 5936/93) heißt es u. a.: «...Im Gegenteil sprechen die zu den Verfahrensakten überreichten Urkunden ungeachtet der Beteuerung des Antragstellers (Stolpe), er habe stets nur dienstliche Kontakte mit dem MfS unterhalten, eher für als gegen die Annahme, daß er von diesem, was unstreitig ist, seit 1970 nicht nur als ‹IM Sekretär› geführt worden ist, sondern mit ihm auch konspirativ zusammengearbeitet hat.»
112 «Bürgerrechtler kritisieren Weizsäcker. Verstrickung westdeutscher Politiker in das DDR-System? ‹Symbolfigur› Stolpe». Die Welt, 22. 3. 1993, S. 3

134 Abgeordnete bewohnten in unmittelbarer Nähe des Bundestages 41-qm-Apartments für eine Kaltmiete von 6,83 DM pro Quadratmeter. Diese Miete für Bauten, die mit Bundesmitteln errichtet wurden, befand im Herbst 1993 die Kölner Oberfinanzdirektion für zu niedrig. 274 DM pro Monat als Fehlbelegungsabgabe wollte die OFD haben. Der SPD-Abgeordnete Peter Conradi schaute im Kleingedruckten nach und fand, daß in Nordrhein-Westfalen Abgeordnete nur mit 8,20 DM pro Quadratmeter zur Kasse gebeten wurden. Conradi wollte entsprechend lediglich eine Fehlbelegungsabgabe von 56 DM zahlen; denn «wenn das Land die Gesetze ändert, zahle ich auch mehr, vorher nicht»[113].

Die bayerischen Landtagsabgeordneten zählten zu den bestbezahlten Politikern in Deutschland: 8700 DM Grunddiät sowie eine steuerfreie Aufwandspauschale von 4700 DM im Monat standen ihnen zu. Dessenungeachtet beschlossen die Abgeordneten in parteiübergreifender Eintracht die Anhebung ihrer Bezüge um 27 Prozent auf dann 11 087 DM Diäten plus der steuerfreien Pauschale, gestaffelt zwischen 4255 und 5182 DM. Begründet werden konnte dies nicht, wie dies Politiker in den neuen Ländern praktizieren, mit den allgemeinen Einkommenssteigerungen; denn die Einkommen sind in den westlichen Bundesländern real in den letzten Jahren zurückgegangen. Also suchten sich die Abgeordneten einen anderen Vergleichsmaßstab. Diente ihnen bisher die Besoldung eines Landrats als angemessen, so orientierten sie sich nun am Einkommen eines Bürgermeisters einer 30 000-Einwohner-Stadt, der in dieser Funktion zugleich hauptamtlicher Chef der Verwaltung ist.[114] Mit einer solchen Diätenerhöhung würden sie sich den absoluten Spitzenverdienern in Deutschland annähern. Lediglich 0,4 Prozent aller Deutschen lägen in ihrem Einkommen über dem der bayerischen Abgeordneten.

Mangelnde Vorsicht kann Bayerns Abgeordneten bei ihrem ursprünglichen Vorgehen nicht abgesprochen werden; denn sie planten ihren Coup hinter streng verschlossenen Türen. Dann aber wurde er wegen der «Geschwätzigkeit einiger Abgeordneter», wie CSU-Fraktionschef Alois

113 «Miet-Skandal: Abgeordnete zahlen nur 280 Mark für 41 qm». Bild am Sonntag, 31. 10. 1993, S. 2
114 Peter Fahrenholz: «Verstohlen griffen Bayerns Parlamentarier zum ‹Diätenhammer›. Nach einer Erhöhung ihrer Bezüge um 27 Prozent schlägt den Landtagsabgeordneten laute Empörung entgegen». Frankfurter Rundschau, 30. 3. 1995, S. 4

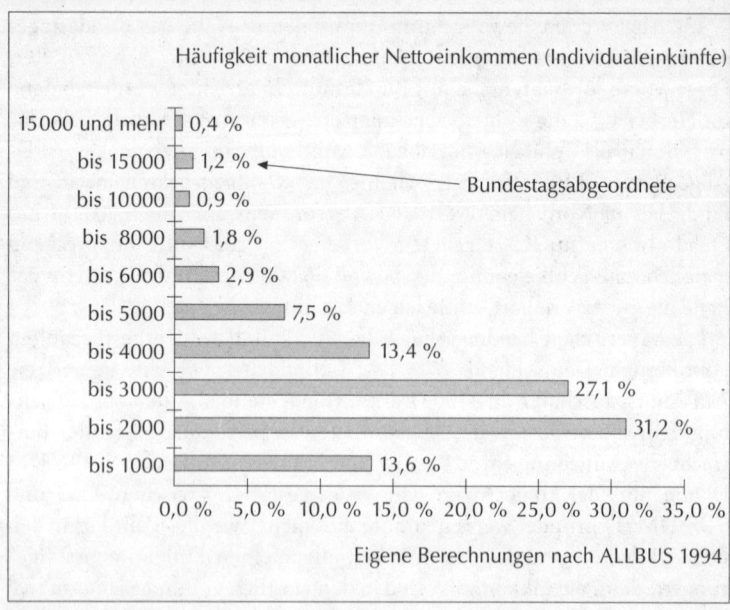

Häufigkeit monatlicher Nettoeinkommen (Individualeinkünfte)

15000 und mehr	0,4 %
bis 15000	1,2 % ← Bundestagsabgeordnete
bis 10000	0,9 %
bis 8000	1,8 %
bis 6000	2,9 %
bis 5000	7,5 %
bis 4000	13,4 %
bis 3000	27,1 %
bis 2000	31,2 %
bis 1000	13,6 %

0,0 % 5,0 % 10,0 % 15,0 % 20,0 % 25,0 % 30,0 % 35,0 %

Eigene Berechnungen nach ALLBUS 1994

Glück beklagte, vorzeitig bekannt. Die Reaktionen: Die Grünen rückten als erste vom gemeinsamen Beschluß ab und wollten sich mit einer maßvollen Erhöhung um 4,2 Prozent begnügen. Hierfür plädierte auch Regierungschef Edmund Stoiber, der sein Wahlkampfversprechen bedroht sah, Privilegien von Kabinettsmitgliedern und Kommunalpolitikern zu beschneiden. Eine drohende Austrittswelle aus der SPD brachte dagegen den SPD-Landtagsabgeordneten Fritz Schösser zu der Erkenntnis, eine 27-Prozent-Erhöhung sei «optisch nicht vermittelbar»[115]. Besonders verärgerte innerhalb der SPD das Verhalten der bayerischen SPD-Vorsitzenden Renate Schmidt, die sich in der Amigo-Affäre profiliert hatte mit ihren Angriffen auf die «Polit-Klasse» der Bundesrepublik, der sie einen «Selbstbedienungsrausch» vorwarf.[116]

115 Jürgen Hoffmann: «Bayerns SPD droht Austrittswelle. 27% höhere Diäten? Parteienbasis und Stoiber empört über Fraktionen». Welt am Sonntag, 23. 4. 1995, S. 24
116 «Leihfahrzeuge für Politiker ‹übliche Praxis›. Die CSU spricht von groteskem Kasperltheater / Frau Schmidt: Polit-Klasse im Selbstbedienungsrausch». FAZ, 17. 2. 1993, S. 3

Es kann vermutet werden, daß der weitverbreitete Unmut über die «Selbstbedienungsmentalität» von Politikern noch einen anderen Hintergrund hat: Sie wird als Indiz dafür genommen, daß Politikern das Verhältnis zum Geld insgesamt abhanden zu kommen droht. Und in der Tat sind die Zahlen, die wir in unseren Beispielen nannten, geringwertig im Vergleich mit den Milliardensummen, mit denen insbesondere seit der Einheit jongliert wird. Eine Milliarde scheint nicht mehr viel zu sein.

Als Tiefpunkt wirtschaftlicher Inkompetenz in der obersten Etage unserer politischen Klasse sehen Kritiker nach wie vor die Entscheidung 1990, wie die geringwertige DDR-Mark in DM-West einzutauschen war. DDR-Sparer konnten bis zu 6000 Mark zum Kurs 1:1 und den Rest zum Kurs 1:2 wechseln – dies entsprach einem durchschnittlichen Umtauschkurs von 1,65 Ost- zu einer Westmark. Die Schulden der DDR-Wirtschaft wurden dagegen halbiert. Die Folge war, daß eine DDR-Bank Spareinlagen in Höhe von 165 Millionen Mark mit 100 Millionen DM abdecken mußte, ausstehende Forderungen von 165 Millionen DM aber nur noch den Wert von 82,5 Millionen DM hatten. Die Ausgleichslücke wird jetzt auf 90 Milliarden DM geschätzt[117] – eine Summe, von der es heißt, daß Politiker von dieser DDR-Altlast völlig überrascht wurden.

Die Schulden der Bundesrepublik sind in vielen Etats listig versteckt – wie Bahn, Post, Kommunen, Regiebetriebe. Allein die sichtbaren Bundesschulden betragen inzwischen mindestens unvorstellbare 2000 Milliarden DM. Die schlimmste unter schlimmen Entwicklungen im politischen System ist der Verfall der Lösungskompetenz.

117 «Währungsumtausch entpuppt sich als größter Brocken der Erblast». Kölner Stadt-Anzeiger, 20./21. 2. 1993, S. 9

Postskriptum: Der Kölsche Klüngel heute

Wir hatten in «Cliquen, Klüngel und Karrieren» unter anderem heraus-gearbeitet, welche Bedeutung die Kommunalpolitik inzwischen für das politische System der Bundesrepublik und nicht zuletzt für die Personal-auswahl innerhalb des Berufspolitikertums, der politischen Klasse, ge-wonnen hat – vor allem, wenn man auf die großen Städte schaut, aber nicht nur. Ein Faktum, das von vielen immer noch unterschätzt wird und von dem auch im vorliegenden Buch, das sich dem politischen System diesmal «von oben», aus der gesamtstaatlichen Perspektive zuwandte, zwangsläufig immer wieder die Rede war.

Wir hatten weiter am Beispiel der Stadt Köln beschrieben, wie sich ein System gegenseitiger Vorteilsgaben und -nahmen entwickelt hat, das die sachliche politische Arbeit immer wieder zu dominieren droht, ja sie häu-fig sogar bestimmt bzw. ersetzt. Unsere Beschreibung des Kölschen Klüngels hatte damals, obgleich wir nur konzentriert zusammenfaßten, was aus öffentlich zugänglichen Quellen zu erschließen war, einiges Auf-sehen erregt, nicht nur in Köln oder in Nordrhein-Westfalen. Es war zu hoffen, daß die anschließende, auch von anderen Kritikern wie Hans-Herbert von Arnim oder Richard von Weizsäcker angestoßene Debatte zu Veränderungen führt. Zum Teil ist das in Ansätzen auch so gewesen – auf Bundes- oder auch Landesebene. Aber was geschah – zum Beispiel – in Köln? Das folgende Kapitel nimmt die Betrachtungen aus dem vorigen Buch noch einmal prüfend auf. Um das Ergebnis vorwegzunehmen: Es hat sich im wesentlichen nichts geändert. Der Kölsche Klüngel ist sich treu geblieben. Höchstens kann gesagt werden, daß der innere Kreis in Köln geschlossener denn je seine Privilegien verteidigt.

Die Schuldenlast der Stadt Köln beläuft sich auf über 5,5 Milliarden DM – eine Summe, die dem Kämmerer «das Fürchten beibringt», und die Stadt wälzt immer höhere Kostenlasten auf die Bürger mit allerlei Tricks vor allem über Gebühren ab.[118] Im kleinen wird dann auch gespart:

118 Uli Becker: «Weniger Müll, mehr Gebühren. Stadt plant Anstieg um 22 Pro-

Schuldezernent Andreas Henseler mußte alle Sachausgaben um 30 Prozent kürzen. Nun wird an der Kreide gespart, Lehrer dürfen nicht mehr kopieren, und Reparaturen werden auf Notfälle beschränkt. Das Fensterputzen durch Fremdfirmen wurde vorerst gestrichen.[119] Straßenschäden werden nur noch oberflächig behoben. 1994 standen statt der notwendigen Reparaturkosten von rund 25 Millionen DM weniger als die Hälfte, nämlich 10,8 Millionen DM, bereit. Die Folge: In Köln werden Risse oder Löcher notdürftig gestopft. Schon jetzt dürfen einige Strecken aus Sicherheitsgründen nur noch mit Tempo 30 befahren werden.[120]

Die städtischen Brunnen wurden abgestellt, um selbst minimale Kosten zurückzufahren. Privatleute boten darauf an, die trockengelegten Brunnen auf eigene Rechnung wieder sprudeln zu lassen. Wieviel würde das wohl kosten, fragten sie die Spitze der Stadt. Die Antwort: Das wisse man selbst nicht, was die Trockenlegung eigentlich bringe; überdies seien inzwischen wegen versäumter Wartung Reparaturleistungen in unbekannter Höhe zu finanzieren.[121] Durch unterlassene Wartungs- und Reparaturarbeiten soll in Köln inzwischen ein Stau von weit über einer Milliarde DM aufgelaufen sein.

Daß die politische Klasse in Köln ihre Macht für abgesichert hält, illustrieren besonders deutlich die Gas-, Elektrizitäts- und Wasserwerke (GEW) und ihre Tochtergesellschaft, die Rechtsrheinische Gas- und Elektrititätswerke (RGW) – zwei der Kölner Betriebe, in deren Chefetagen politikmüde Kommunalpolitiker einziehen dürfen, die ohne ein Zwischenspiel im Kölner Rat keine Chance für eine Berufung auf diese Posten gehabt hätten. Wie es im sogenannten Klefisch-Haumann-Geheimpapier zwischen den beiden großen Parteien in Köln vereinbart wurde, schaffte zuerst CDU-Fraktionsgeschäftsführer Helmut Haumann

zent». Kölner Stadt-Anzeiger, 2. 12. 1994, S. 13; «Schulden steigen unaufhaltsam». Kölner Stadt-Anzeiger, 11. / 12. 2. 1995

119 «Nächster Sparhammer: Kein Geld für Schulkreide, die Lichter gehen aus». Bild, 27. 8. 1993, S. 3

120 Michael Stegers: «Nichts als Flickwerk. Stadt hat zu wenig Geld für die Reparatur der Straßenbeläge – Zustand wird immer schlechter – Tempo 30 und Sperrungen». Kölner Stadt-Anzeiger, 16. / 17. 4. 1994, S. 13

121 Eva Lerch: «Brunnen: Trocken, öde und dreckig. Keine Änderung in Sicht – Stadt rechnet». Kölner Stadt-Anzeiger, 12. 7. 1994, S. 9; und Werner Strodthoff: «Spitze – die Stadt, die Bürger und ihre Brunnen», S. 10

den Sprung in den Vorstand der GEW, dann sein Gegenspieler von der SPD, Toni Klefisch, den in die Chefetage der RGW.[122]

Inzwischen konnte Klefisch sich ein Denkmal setzen. Am 30. Juni 1993 wurde der Grundstein gelegt für ein neues Verwaltungsgebäude der RGW, das dann im Mai 1995 mit 64 Millionen DM fertig gebaut war. Bei 230 Mitarbeitern macht das 278000 DM pro Arbeitsplatz, der sich im Durchschnitt auf 34 Quadratmeter errechnet. So heißt es dann auch in einer Anzeige der RGW: «Ein bißchen erinnert das ganze von der Struktur her an die Lobby eines Luxushotels. Gar nicht recht glaubt man auf den ersten Blick, daß hier ein Energieversorgungsunternehmen untergebracht ist... bei der RGW denkt man bereits daran, das tolle Foyer für Veranstaltungen zu nutzen.» Zu Recht wird in der RGW-Anzeige dieses Verwaltungsgebäude für eine sachlich völlig überflüssige Gesellschaft[123] ein Prachtbau genannt. «Herzlichen Glückwunsch!» heißt es in einer weiteren Anzeige, mit der die Mutter GEW (Haumann, CDU) ihre Tochter RGW (Klefisch, SPD) zu deren «neuen Dienstleistungszentrum» gratuliert.[124] Das Strickmuster ist gleich geblieben: Man fördert sich über Parteigrenzen hinweg nach dem Prinzip der Gegenseitigkeit.

Noch ist das Happy-End für zwei andere Großprojekte nicht absehbar, mit denen sich zwei führende Politiker baulich verewigen wollen. Derzeit sieht es trübe aus für den «Mediapark» in Köln. Das ist der Name für das Bebauungskonzept eines früheren Güter- und Rangierbahnhofes, dessen Gelände vor Jahren von der Bundesbahn an die Stadt Köln verkauft wurde. Wegen der Stadtnähe dieses Geländes und seiner auch sonst günstigen Lage dachte die politische Führung in Köln, allen voran der Fraktionsvorsitzende der SPD, Dr. Klaus Heugel, der sich darauf zum Aufsichtsratsvorsitzenden der Mediapark-Gesellschaft (MPK) bestellen ließ, an Prachtbauten, mit denen der Anspruch Kölns als Medienstadt gefestigt werden sollte. Bisher gibt es einen Kino-Palast, eine Tiefgarage, einen See, einen Wohnblock und vor allem noch ein Gebäude zu bestau-

122 Scheuch/Scheuch: «Cliquen, Klüngel und Karrieren», op. cit., S. 89–92
123 Die RGW kauft nur Strom und Wasser von der größeren stadteigenen GEW und verteilt diese Versorgungen in einem rechtsrheinischen Gebiet. Das könnte auch von der GEW selbst getan werden. Aber dann gäbe es eine ganze Anzahl von Vorstands- und Aufsichtsposten weniger.
124 Ganzseitige Anzeige: Rechtsrheinische Gas- und Wasserversorgungs-Aktiengesellschaft – RGW – Neues Dienstleistungszentrum in Köln-Merheim». Kölnische Rundschau, 3. 5. 1995

nen: In dem «Agfahaus» ist u. a. auch ein Beratungszentrum für die Dienste der GEW untergebracht. Das ist nur mit einiger Phantasie zu interpretieren als Teil eines Medienzentrums, aber die starken privaten Fernsehsender im Raum Köln, wie RTL und auch Vox, haben es vorgezogen, an anderen Orten zu bauen und zu mieten. Das gilt auch für die sehr zahlreichen privaten Produktionsbetriebe für das Fernsehen, die zu dem Schluß kamen, für ihr flächenintensives Arbeiten seien die Mieten des Kölner Mediaparks zu hoch.

Was geschieht, wenn sich die Konzeption einer Gesellschaft wie der von Politikern geleiteten MPK am Markt nicht durchsetzt? Der Bau des Hillebrand-Blocks mit dem vorgesehenen Wahrzeichen des Parks, einem gestylten Hochhaus, wurde inzwischen eingestellt. Also springt die öffentliche Hand ein. In seiner Eigenschaft als Verwaltungsratsvorsitzender der Stadtsparkasse läßt Klaus Heugel über eine Tochter der Kasse, der «Standort Köln-Immobilien-Gesellschaft» (SKI), zum Wohl der MPK (in der er selbst Aufsichtsratsvorsitzender ist) ein 53-Millionen-DM-Projekt errichten. Als Mieter stehen bisher fest: eine Stiftung der Stadtsparkasse, «Komed» (ein von Bund und Land gefördertes Zentrum der Medienbildung für die Region), das Deutsche Tanzarchiv und vielleicht auch ein privater Mieter, der Fernsehsender Viva.[125] Neben der Verpflichtung, die hier verschiedenen Unternehmen durch die politische Leitung auferlegt wird, ist wieder einmal bezeichnend, daß Politiker sich über Parteigrenzen hinweg nicht im Regen stehenlassen: Die GEW – in deren Chefetage Helmut Haumann als CDU-Mann mit Billigung von Heugel eingezogen war – kam mit ihrem Beratungszentrum für Gas und Wasser diesem SPD-Politiker zu Hilfe.[126] Weiterhin werden private Investoren und sogar private Mieter vergeblich gesucht.

Völlig unklar ist die Situation bei dem Großprojekt Arena. Hier gab es ursprünglich zwei verschiedene Entwürfe für eine große Halle im rechtsrheinischen Köln mit Funktionen ähnlich denen der Westfalenhalle. Beide Projekte hatten in ihren Aufsichtsgremien Politiker der beiden großen Parteien. Das hat sicherlich geholfen, als beide Projekte dann zu

125 Andreas Damm: «Mediapark einen Schritt weiter. Grundstein für Block 2 gelegt. Stadtsparkasse investiert 53 Millionen Mark». Kölner Stadt-Anzeiger, 4. 5. 1995, S. 13
126 Ganzseitige Anzeige: GEW Treffpunkt im Mediapark Köln eröffnet». Kölnische Rundschau, 3. 5. 1995

einem noch größeren verschmolzen wurden. Nun soll in dreifacher Millionen-Höhe eine Kombination von Büro- und Geschäftsgebäuden sowie eine Vergnügungs- und Tagungshalle verwirklicht werden.[127] Oberstadtdirektor Lothar Ruschmeier hat das zu seiner Chefsache erklärt. Bisher wurde von den Absichten nichts Wesentliches realisiert – wahrscheinlich wegen zu großer Dimensionierung. Nicht zuletzt besteht auch die Wahrscheinlichkeit, daß sich Mediapark und Arena-Projekt gegenseitig beeinträchtigen.

Keine erkennbaren Lehren sind bisher aus den Verlusten gezogen worden, die städtischen Einrichtungen durch Beteiligung an dem privaten TV-Sender Vox entstanden. Vox sollte das Meisterstück des Alternativ-Ministerpräsidenten für Johannes Rau, Wolfgang Clement, werden, der als Initiator der Westdeutschen Medien-Beteiligungsgesellschaft (WMB) gilt. Es wurde statt dessen «die größte Medienpleite der Nachkriegszeit» (Deutsche Presseagentur) und ein «Armutszeugnis für Nordrhein-Westfalens Medienpolitiker», so die IG Medien.[128] Zu der WMB steuerten die Stadtwerke Köln, die Stadtsparkasse und die Kreissparkasse Köln mit etwa gleichen Anteilen insgesamt etwa 50 Prozent bei. Die andere Hälfte der Anteile hielt die WestLB, die wiederum an der Vox einen Anteil von 25,1 Prozent hatte.[129] Schließlich setzte sich Ex-Minister Manfred Lahnstein (SPD) als Vorstandsmitglied von Bertelsmann für die Beteiligung seines Konzerns an Vox ein. Die Vox ging aus dem «Westschienenkanal» hervor, in dem sich eine SPD-Seilschaft entscheidenden Einfluß hatte sichern können.[130] Stadtsparkasse und Stadtwerke waren von Kölner Politikern zum Eintritt in die WMB angeregt worden, die Kreissparkasse von der WestLB.

Dann kam nach bereits einem Jahr Anfang 1994 die Liquidation der Gesellschaft in ihrer ursprünglichen Form mit Verlusten, die nach Angaben des Anteilseigners Bertelsmann 360 Millionen DM betrugen, nach anderen Quellen aber 630 Millionen. Das war die Höhe der Anfangsverluste, mit denen man in der Planung für einen Zeitraum von zehn Jahren gerechnet hatte; von dann ab sollten schwarze Zahlen zu schreiben

---

127 Scheuch/Scheuch, op. cit., S. 97
128 Andreas Damm: «Das größte Ereignis war das schnelle Ende». Kölner Stadt-Anzeiger, 31. 3. / 1. 4. 1994, S. 3
129 Karl-Heinz Schmidt: «Millionen-Verluste bei Vox treffen Kölner nicht direkt». Kölnische Rundschau, 31. 3. / 1. 4. 1994
130 Scheuch/Scheuch, op. cit., S. 157

sein.[131] Bis heute ist nicht klar, wie hoch schließlich die Verluste sein werden, welche die drei Kölner Unternehmen insgesamt durch ihr Engagement bei Vox erlitten – wahrscheinlich 90 Millionen DM. Für die Stadtwerke mußte der Hauptausschuß im Rat den Bürgerschaftsrahmen neu festlegen, damit diese sofort einen Kredit von 15 Millionen DM aufnehmen konnten. Mindestens in dieser Höhe beliefen sich deren Einbußen durch Vox. Der Eigenverlust der Stadtsparkasse im Zusammenhang mit Vox beträgt – so CDU-Bürgermeister Blum – nach inoffiziellen Mitteilungen 40 Millionen Mark. «Die 3500 Mitarbeiter der Sparkasse müssen ein halbes Jahr lang arbeiten, um diesen Verlust wieder hereinzuholen.»[132] Für die Kreissparkasse war die Pleite um Vox nach den Worten ihres Vorstandsvorsitzenden Hans-Peter Krämer «natürlich... keine Freude... Doch bei einem Eigenkapital von über einer Milliarde und einem Betriebsergebnis von über 200 Millionen wirft uns dieser Verlust nicht um.»[133] Es handelte sich übrigens um ein Minus von 24 Millionen DM[134] – also nur eine halbe «Peanut».

Ein solches Engagement der drei Kölner Gesellschaften ist gegen ihre Statuten. Inzwischen erkannte auch Kreissparkassenchef Krämer, «daß wir als Kreditinstitut zuwenig vom Mediengeschäft verstehen»[135]. Aber Fehler aus einem solchen Dismanagement sind dann nicht sehr erheblich, wenn ein solches Abenteuer von beiden großen Parteien letzten Endes gedeckt wird. Die Stadtsparkasse hatte rechtzeitig einen Teil ihres Engagements bereits abgeschrieben – also über die Gebühren an ihre Kunden weitergereicht. Im Stadtwerkekonzern ist es üblich, daß die Gewinne der GEW mit den hohen Verlusten der Kölner Verkehrsbetriebe (KVB) verrechnet werden. Schrumpfen die Gewinne der GEW, dann erhöhen sich die Verluste der KVB. Im Endeffekt bezahlen also die Bürger über Gebühren für Einrichtungen der öffentlichen Hand das Fernsehabenteuer der mit Politikern besetzten Aufsichtsgremien. Nach Meinung des SPD-Fraktionsvorsitzenden Heugel kann ein Geldinstitut wie die Stadtsparkasse sich nicht nur nach ihren eigenen wirtschaftlichen Kriterien verhal-

131 Damm: «Das größte Ereignis war das schnelle Ende», op. cit.
132 Heinz Tutt: «Vox-Pleite: Die Stadt muß bürgen. Harry Blum kritisiert TV-Engagement». Kölner Stadt-Anzeiger, 19. 4. 1994, S. 9
133 Schmitz: «Millionen-Verluste bei Vox treffen Kölner nicht direkt», op. cit.
134 Barbara aus der Wiesche: «Den Flop mit Vox verkraftet. Kreissparkasse Köln büßte 24 Millionen Mark ein». Kölner Stadt-Anzeiger, 13. 1. 1995, S. 11
135 ibid.

ten, sondern muß auch Entwicklungsarbeit in der Förderung des «Medien- und Kommunikationsstandorts Köln» leisten.[136] Für die Kulanz bei der Kreditvergabe an Kleinbetriebe ist das auch nicht umstritten; bei der Finanzierung eines privaten Fernsehsenders ist das jedoch überraschend.

Daß die Stadtsparkasse und die Kreissparkasse in der Lage waren, die Vox-Verluste fast gänzlich binnen einen Jahres abzuschreiben, muß theoretisch verwundern – allerdings weniger in der Praxis. 1994 hatte die Verbraucherberatung Köln die Gebühren von 14 Kölner Kreditinstituten verglichen. «Stadtsparkasse und Kreissparkasse erscheinen bei der Verbraucherzentrale in einem auffallend schlechten Licht.» Die Berater rechnen sodann vor: daß ein Kunde mit einem Netto-Monatseinkommen von 2500 DM unabhängig von Kontenbewegungen für die bloße Kontoführung 105 DM pro Jahr zu bezahlen habe. Die Sprecherin der Kölner Verbraucherberatung sah eine «kölnspezifische Berechnung», die sie für ziemlich undurchsichtig hielt.[137] Gegen diese Wertung wandten sich die beiden Kassen. Die Art der Berechnung sei keineswegs lokalspezifisch, und die Kunden fänden die Art der Berechnung durchsichtig. Ihre Gebühren, die nach dem Urteil der Verbraucherzentrale für einfache Einkommensbezieher vergleichsweise hoch waren, waren für die Kassen dagegen Teil ihrer «sozialen Komponente»[138].

Es verwundert bei der Mentalität innerhalb der politischen Klasse Kölns nicht, daß die Repräsentanten der Stadt das Zurückfahren ihrer überzogenen Diäten auf die gesetzlich vorgesehene Höhe strikt ablehnten, als Regierungspräsident Franz-Josef Antwerpes, SPD, deren Höhe kritisierte. Die drei Bürgermeister der Stadt Köln erhalten «Sonderaufwandsentschädigungen», die die in den Richtlinien für Kommunen festgelegten Höchstbeträge erheblich übersteigen. Oberbürgermeister Norbert Burger, SPD, bezieht für dieses Ehrenamt monatlich 9162,50 DM; für angemessen hält die Verwaltungsvorschrift 3470 DM. Seine Stellvertreterin Renate Canisius, SPD, bekommt statt der vorgesehenen 2082 DM 3285,50 DM. Und in der in der Praxis in Köln üblichen

136 Heinz Tutt: «‹Entscheidung für Vox war richtig›. SPD-Fraktionschef Heugel betont den Stellenwert Kölns als Medienstandort». Kölner Stadt-Anzeiger, 18. 3. 1994, S. 9
137 Barbara aus der Wiesche: «Sparkassen landen bei Vergleich im Minus». Kölner Stadt-Anzeiger, 26. 4. 1994, S. 10
138 Barbara aus der Wiesche: «Gebühren nicht ‹kölnspezifisch›?». Kölner Stadt-Anzeiger, 28. 4. 1994, S. 16

großen Koalition zwischen SPD und CDU fehlt selbstverständlich der CDU-Bürgermeister Harry Blum nicht: Er bekommt mehr als das Doppelte dessen, was die Verwaltungsrichtlinie für seine Position vorsieht: statt 2082 DM 4194 DM. Die Antwort des Oberstadtdirektors Ruschmeier, SPD, an den Regierungspräsidenten: Der Oberbürgermeister und seine Vertreter verwendeten für das Wohl der Stadt wöchentlich bis zu 80 Stunden.[139] Es ist nichts davon bekannt, daß Antwerpes auch die Größe des Mitarbeiterstabes beim (ehrenamtlichen) Oberbürgermeister gerügt hätte. In den vergangenen fünf Jahren stieg dessen Zahl von 22 auf 35 an.[140]

Burger ist gleichzeitig Landtagsabgeordneter und damit – wie sein Parteifreund Heugel auch – ein Beispiel für die Vermischung von Landes- und Kommunalpolitik. Bei dem von Ruschmeier genannten Zeitaufwand von wöchentlich bis zu 80 Stunden für die Stadt bleibt aber für Landespolitik sicher nicht viel Zeit übrig. Darüber hinaus ist noch zu bedenken, daß Burger zu dieser Zeit auch noch Chef des Deutschen Städtetages ist. Daß der Oberbürgermeister also über 10 000 DM im Monat als Landtagsabgeordneter bezieht, ist fragwürdig, denn diese 10 000 DM wurden als Vergütung für einen Hauptberuf bestimmt. Das jährliche Einkommen von Burger wird auf insgesamt 400 000 DM geschätzt – er gilt als höchstbezahlter «Ehrenamtlicher» in Deutschland! Teil dieser Summe sind übrigens seine Bezüge in Höhe von über 9000 DM als Ministerialdirektor im einstweiligen Ruhestand, die auf «ehrenamtliche» Tätigkeiten nicht verrechnet werden.

Im März 1992 stand eine zwei Monate zuvor überlegte Gehaltserhöhung der Vorstandsmitglieder der Kölner Kreissparkasse auf der Tagesordnung. Statt bisher 340 000 DM sollte Kreissparkassenchef Hans-Peter Krämer künftig 400 000 DM – eine Steigerung um 17,6 Prozent – erhalten. Die Bezüge der übrigen vier Vorstandsmitglieder sollten um – nur – 13,3 Prozent von 300 000 DM auf 340 000 DM angehoben werden. Doch dann wurde es dem Vorsitzenden des Verwaltungsrates, dem SPD-Bundestagsabgeordneten Klaus Lennartz, mulmig, standen zur gleichen Zeit doch die Tarifverhandlungen an. In diesen war den Mitarbeitern der Kreissparkasse 3,5 Prozent mehr Gehalt angeboten worden. Schon da-

139 Rolf Langenhuisen: «Kölner Bürgermeister verdienen zuviel». Express, 2. 2. 1995, S. 38 K
140 «Burger weist Vorwurf Blums zurück». Kölner Stadt-Anzeiger, 14. 1. 1994

mals fiel Beobachtern in Köln auf, daß Lennartz betonte, «derzeit» eine Erhöhung der Gehälter verhindern zu wollen.[141]

Ende des Jahres war es dann soweit: Offensichtlich in einer Art Ausgleich für die Verzögerung wurden nun die Gehälter für den Vorstandsvorsitzenden Krämer gleich auf 450 000 DM und für die übrigen vier Mitglieder des Vorstandes auf 400 000 DM erhöht. Im Verwaltungsrat zeigten sich Mitglieder sehr verärgert darüber, daß der *Kölner Stadt-Anzeiger* vorab die Erhöhungspläne publiziert hatte. Beeinflussen ließen sie sich hiervon nicht, ebensowenig wie von der Tatsache, daß die Gehälter für normale Mitarbeiter der Kreissparkasse im Sommer um gerade 5,4 Prozent angehoben worden waren.

Hartmut Kaschulla, stellvertretender Personalratsvorsitzender, mußte kurz «schlucken», daß auf der Chefetage die Gehälter um rund ein Drittel stiegen – Verwerfliches sah er aber nicht darin. Deutsche Manager müßten schließlich «verdammt gut bezahlt» werden. Und im Vergleich mit Managern anderer Geldinstitute sei die Erhöhung durchaus angemessen. Als Kölner DGB-Vorsitzender bezeichnete Konrad Gilges, SPD-Bundestagsabgeordneter ebenso wie Lennartz, die Gehaltserhöhung dagegen als «Schamlosigkeit»[142]. Kein Diskussionspunkt war offensichtlich, daß Sparkassen Anstalten des öffentlichen Rechts sind, gegründet eben gerade als Alternative zu den Großbanken, als die Kassen des kleinen Mannes. Sie unterliegen gegenüber anderen Instituten der Kreditwirtschaft gesetzlichen und satzungsrechtlichen Beschränkungen, die Phantasiegehälter des Vorstandes illegitim erscheinen lassen.

Das fügt sich aber in das Bild, daß Verantwortliche in Köln als neue Adelsklasse abheben von der Welt, in der die Bürger leben. Ein Musterbeispiel ist die Begründung, mit der der Chef der Kölner Straßenbahnen, Dieter Bollhöfer (Gehalt: 400 000 DM), seinen Dienstwagen gegenüber den öffentlichen Verkehrsmitteln bevorzugt: Er könne es sich nicht leisten, [mit der Straßenbahn] in der Gegend «herumzugondeln».[143]

In Köln wurde von der – parteipolitisierten – KVB für knapp 1,5 Milliarden DM neues Gerät, insbesondere sogenannte Niederflurwagen, ge-

---

141 Heinz Tutt: «Geldsegen bleibt vorläufig aus. Für Kreissparkassenchef 17 Prozent plus geplant». Kölner Stadt-Anzeiger, 24. 3. 1992, S. 9
142 Heinz Tutt: «Den Vorstand sehr großzügig beschert. Kreissparkasse erhöhte Gehälter der Chefs». Kölner Stadt-Anzeiger, 16. 12. 1992, S. 11
143 Susanne Kreitz: «Bus und Bahn sind schneller als der Autofahrer denkt». Kölner Stadt-Anzeiger, 20. 7. 1994, S. 12

kauft. Dabei hatte noch ein Jahr zuvor der SPD-Fraktionsvorsitzende Heugel betont, die KVB müsse sparen, «z. B. bei den Stadtbahnwagen. Da tut es auch ein einfacher Wagen, wie er von osteuropäischen Firmen gebaut wird.»[144] Was die «Experten für Geldverschwendung» beim Kauf der mit ihren elf Tonnen Last je Achse und insgesamt pro Wagen über 70 Tonnen überdimensionierten Straßenbahnzüge – treffend «Monster» genannt – dabei vergaßen: Wenn die neue Flotte fahren soll, müssen sämtliche Haltestellen und sogar Straßen umgebaut werden.[145] Vordem hatte man den Wagenpark mit dem gegenteiligen Typ ausgestattet, Stadtbahnwagen, die regelrechte Einstiegsburgen erforderten. Ihr Vorteil: hohe Schnelligkeit. Nachdem sie auf einer Straße (der Luxemburger Straße) 18 Menschen zu Tode gefahren hatten, wurde ihre Schnelligkeit allerdings auf Straßenbahngeschwindigkeit verringert.

Für die neuen Niederflurwagen muß jetzt die Straßenfläche dort umgebaut werden, wo diese Monsterwagen von den Straßenverhältnissen her nicht fahren könnten. Existente Straßenbahnschienen werden herausgerissen und neue verlegt – auf 80 Zentimeter in den Boden einzulassende Betonpfeiler. Die Bürgersteige werden dann eine Höhe von 35 cm haben.

Gleichzeitig fehlt bei einem Defizit von über 200 Millionen DM der KVB aber das Geld für notwendige Reparaturen. Jetzt schon gibt es Strecken, in denen die Straßenbahnzüge wegen Entgleisungsgefahr nur langsam fahren können.[146] Aufgebrachte Fahrgäste berichten, daß ein Fahrer sie in einer Kurve aufforderte, schnell die Seite innerhalb des Wagens zu wechseln, um das Gleichgewicht der Bahn zu sichern.

Das Muster erinnert irgendwie an die Praxis in der DDR: Im Sozialismus ließen Politiker den Bestand vergammeln, um medienwirksam Neues vorweisen zu können. Und der starke Mann der SPD, Klaus Heugel, bekennt sich nach wie vor zu seinen Träumen «von einer sozialistischen Republik Köln»: «Ich möchte, daß in dieser Stadt der Abstand zwischen Armen und Reichen weniger kraß ist als anderswo.» Heugel bezieht in Köln eine Aufwandsentschädigung, einen Zuschlag als

144 Rolf Langenhuisen: «Ich träume von einer sozialistischen Republik Köln. Express-Interview mit Klaus Heugel, SPD-Fraktionschef im Stadtrat». Express, 15. 3. 1993, S. 19
145 «Die Verschwender von Köln». Bild, 28. 4. 1994, S. 4a
146 Petra Herterich: ‹KVB: Verkehrschaos: Zwei Bahnen entgleist›. Express, 31. 7. 1993, S. 25

Fraktionschef, in Düsseldorf als Abgeordneter Diäten (Entschädigung plus Pauschale ca. 11500 DM monatlich). Zudem sitzt er in mehreren Aufsichtsräten. Zusammen dürfte das wesentlich mehr als ein Mandat im Bundestag einbringen. Der *Express*-Redakteur in diesem Interview mit dem SPD-Politiker: «Wieviel verdienen Sie?» Heugel: «Zuwenig. Denn meinen Job müssen Sie erst mal bringen.»[147]

In öffentlichen Auseinandersetzungen zwischen den Parteien werden Unterschiede in inhaltlichen Fragen betont. Als es 1993 um die Verabschiedung des damals 5,7 Milliarden DM umfassenden Etats ging, hatte sich eine Haushaltskoalition zwischen SPD und Grünen gebildet. Obwohl der Haushalt teilweise eine Fortschreibung des Etats aus dem Jahre 1991 war, den SPD und CDU gemeinsam beschlossen hatten, sprach sich die CDU dagegen aus – wegen des überraschenden Umschwenkens der SPD hin zu den Grünen, nicht aus Sachgründen. Die CDU kritisierte diese Zusammenarbeit zwischen Rot und Grün als «unseriös», weil sie eine «Luftbuchung» enthalte.[148]

Im Frühjahr 1995 brachten die Grünen einen Antrag gegen Nachtflüge auf dem Flugplatz Köln-Wahn ein, der bei Annahme diesen Flugverkehr über Nacht praktisch ausgeschlossen hätte. Insbesondere der Frachtverkehr wird aber weitgehend zu diesen späten Zeiten abgewickelt, und er ist für den Wirtschaftserfolg des Flugplatzes zentral. Oberbürgermeister Burger, auch Aufsichtsratsvorsitzender der Flughafen-GmbH, widersprach aufs heftigste den Grünen – und mit ihm die SPD-Fraktion. Da plädierte der in der CDU-Fraktion sehr wichtige Dr. Rolf Bietmann[149] für ein Zusammengehen der CDU mit den Grünen und die Übernahme der Forderung, den Flughafen in den Nachtstunden praktisch dichtzumachen. Inzwischen sammeln die Arbeitnehmervertreter in den Belegschaften Unterschriften, um den Rücktritt von CDU-Ratsmitglied Bietmann aus dem Aufsichtsrat der Flughafen-GmbH zu erzwingen. Bietmann setze positive Entwicklungen des Airports aufs Spiel und gefährde fast 2000 Arbeitsplätze. Dieser nannte das «nackten Unsinn», weil

---

147 Rolf Langenhuisen: «Ich träume von einer sozialistischen Republik Köln», op. cit.
148 Karl-Heinz Schmitz: «CDU wittert rot-grüne Koalition. 5,7 Milliarden-Etat gegen Union und FDP. Erste Haushaltssperren durch den Kämmerer». Kölnische Rundschau, 28. 1. 1993
149 Bietmann war mitverantwortlich für die Geheimpapiere 1988 in der CDU (siehe Scheuch/Scheuch, op. cit., S. 82–84)

191 der gefährdeten Mitarbeiter auf Planstellen säßen[150] – für das Mitglied einer Partei der Marktwirtschaft ein bemerkenswertes Argument. Inzwischen hat sich – wie üblich in solchen Fällen – CDU-Fraktionschef Albert Schröder vor Bietmann gestellt: «Wir nehmen Bietmann aus dem Flughafen nicht heraus.»[151]

Wenige Monate vor den Vorkommnissen in Frankfurt konnte der innere Zirkel der Kölner CDU nachweisen, daß sich sein Demokratieverständnis mit dem des SPD-Politikers Andreas von Schoeler durchaus deckt, wenn Abgeordnete ihre Unabhängigkeit entdecken. 1989 hatte Dr. Gerhard Meyer seinen Listenplatz für die fälligen Kommunalwahlen nicht an den Parteivorstand herausrücken wollen und wurde – nachdem er im Wortsinne nicht mit sich handeln ließ – politisch erledigt.[152] In Fortsetzung einer Klüngelei, durch die damals Heidi Busch gegen Gerhard Meyer ein besserer Listenplatz zugeschoben wurde, ging es fünf Jahre später um den Listenplatz jener Heidi Busch, diesmal allerdings für die Landtagswahl in Nordrhein-Westfalen am 14. Mai 1995. Seit zehn Jahren (= zwei Legislaturperioden) war die Lehrerin Heidi Busch auf einem Listenplatz in den Landtag gelangt. Jetzt sollte sie Platz machen für die Lehrerin Marie Therese Ley oder ersatzweise den Lehrer Richard Blömer. So beschloß es wenigstens der Parteivorstand der CDU Köln und ließ sich dies von den handverlesenen Delegierten absegnen.[153]

Da entschied sich Heidi Busch auf der Landesvertreterversammlung der CDU in Soest für eine Kampfkandidatur um – notfalls – beide Listenplätze.[154] Parteivorsitzender Dr. Heribert Blens beschwor vehement die Delegierten, seine Kölner Parteifreundin nicht zu wählen, und tatsächlich fehlten Heidi Busch gegenüber Marie Therese Ley 17 Prozent der Stimmen und gegenüber Richard Blömer 14 Prozent. «Frau Busch verstößt eindeutig gegen Beschlüsse, die wir hier in Köln gefaßt haben»,

150 «Krach um Lärmschutz. Flughafen: Unterschriftensammlung gegen Bietmann». Kölner Stadt-Anzeiger, 6./7.5.1995, S. 18
151 ibid.
152 Siehe hierzu die ausführlichere Beschreibung in: Scheuch/Scheuch, «Cliquen, Klüngel und Karrieren», op. cit., S. 105–106
153 Es ist in den Ortsverbänden üblich, daß die Vorstände Listen vorschlagen. Auf den Parteitagen werden dann Zettel an die Delegierten verteilt, wer von den Vorständen als Kandidat genehmigt und als gewählt erhofft wird.
154 Rolf Langenhuisen: «CDU-Streit um Heidi Busch». Express, 19.12.1994, S. 25, Ausgabe K

kritisierte Blens die Kandidatur auf der Landesversammlung.[155] Das heißt im Klartext durch einen Abgeordneten, der im 12. Bundestag immerhin Vorsitzender des Vermittlungsausschusses war und Verwaltungsrichter ist, daß eine Landesversammlung nicht zu wählen hat, sondern nur absegnen soll, was Kreisvorstände beschließen. Blens kennzeichnete die «unerlaubte» Kandidatur von Frau Busch als parteischädigend. Wieder einmal wird an diesem Fall deutlich, daß nach dem Selbstverständnis der Parteioberen Konkurrenz-Kandidaturen nur als Scheingefechte genehmigt werden. Unerlaubte Kandidaturen haben den politischen Absturz zur Folge.

Entspricht ein Abstimmungsergebnis nicht den Verabredungen im Vorstand – das ist allerdings sehr selten –, so muß das keine Niederlage der Führungsclique bleiben. Bei den Vorstandswahlen der CDU im März 1994 waren von den 25 als Beisitzer gewählten Kandidaten vier dem Vorstand nicht genehm; vier unerwünschte Kandidaten hatten weniger Stimmen bekommen – so das am Abend der Versammlung offiziell mitgeteilte Wahlergebnis.[156] Dr. Heribert Blens ließ in den folgenden Tagen neu zählen. Beim Neuzählen stimmte dann das Ergebnis mit den Vorstellungen der Parteispitze überein. Der zunächst gewählte, dann aber weggezählte Kandidat Klaus Ulonska sprach darauf öffentlich von Mafia-Methoden und von Manipulation. «Die Sache muß schonungslos aufgeklärt werden», forderte die Landtagsabgeordnete Marlies Robels.[157] Das aber wurde sie nicht. Das frühere Ratsmitglied Ulonska wurde wegen seiner Behauptungen, die durchaus justiabel waren, auch nicht verklagt. Inzwischen ist Ulonska aber politisch und in seiner bürgerlichen Existenz erledigt.

Politische Neuerungen werden parteiübergreifend in Köln strikt abgelehnt. Die SPD ließ auf Bundesebene im Mai 1993 ihre Mitglieder über ihren neuen Vorsitzenden abstimmen. An der Wahl beteiligten sich 57 Prozent der Stimmberechtigten. Auf Landesebene folgte 1994 die Befragung der Mitglieder der CDU in Nordrhein-Westfalen, wer ihr Spitzenkandidat bei der Landtagswahl 1995 sein sollte. Hier folgten 47 Prozent dem Wahlaufruf. Auf lokaler Ebene stoßen Bundes- und Landespolitiker

155 eodem loco
156 Heinz Tutt: «Die Union zählte falsch». Kölner Stadt-Anzeiger, 22. 3. 1994, S. 16
157 Rolf Langenhuisen: «Schlammschlacht bei der CDU». Express, 23. 3. 1994, S. 26, Ausgabe K

mit ihren Anstößen, Verkrustungen innerhalb der Parteien aufzubrechen, aber teilweise auf erbitterten Widerstand. Die SPD Köln lehnte nicht nur die Urwahl ihrer Kandidaten ab, sondern wies sogar eine bloße Befragung ihrer Mitglieder zurück. Eine solche Beteiligung sei ein Schritt zu einer «Amerikanisierung der Politik». Am Antiamerikanismus von Linken in der SPD hat sich also auch nach dem Zusammenbruch des Sozialismus im Osten nichts geändert. Denn offenbar reicht leicht eine bloße Etikettierung als «amerikanisch» aus, um aus einem Vorschlag einen Unwert zu machen. SPD-Parteichef Kurt Uhlenbruch lehnte mit der Begründung ab, die Folge wären innerparteiliche Wahlkämpfe, und der SPD-Fraktionsgeschäftsführer erklärte: «Das Delegiertensystem und die repräsentative Struktur dürfen nicht beschädigt werden.»[158]

Während der Vorstellung unserer Studie für die Wirtschaftsvereinigung der CDU Ende 1991, die dann zu unserem Buch «Cliquen, Klüngel und Karriere» führen sollte, war CDU-Vorsitzender in Köln Axel Rodert. Der empfand unsere Schilderungen des Kölschen Klüngels damals als beleidigend für die CDU Köln.[159] Bereits im März 1992 gab es dann aber den nächsten Eklat innerhalb der Kölner CDU: Ex-Fraktionschef Richard Blömer, wie Bietmann Mitverfasser der aufsehenerregenden CDU-Geheimpapiere über Kandidatenabsprachen[160] – warf Rodert vor, die Grenzen zwischen seiner politischen Tätigkeit und seinem Notariat verwischt zu haben.[161] In der Folge kandidierte Rodert nicht erneut für den Parteivorsitz. Zu seinem Nachfolger ließ sich der Bundestagsabgeordnete Heribert Blens wählen. Und der hält wie die Genossen in Köln ebenfalls nichts von Überlegungen, daß Mitglieder bei der Kandidatenkür ihrer Partei mitentscheiden sollen. Mitglieder könnten kaum darüber urteilen, welche Kandidaten für die Arbeitsfähigkeit der Fraktionen benötigt würden. Entsprechend hält Blens auch nichts von innerparteilichen Wahlkämpfen; denn dann könnte gewählt werden, wer von den

158 Heinz Tutt: «Jetzt will die Basis auch ihre Landtagskandidaten wählen». Kölner Stadt-Anzeiger, 17.5.1994, S. 9
159 Scheuch/Scheuch: «Cliquen, Klüngel und Karrieren», op. cit., S. 129
160 ibid., S. 82–84
161 Franz Wolf Ramien: «Blömer rechnet mit Rodert ab. Zwei Wochen vor dem Parteitag kracht es im CDU-Vorstand – Ex-Fraktionschef kratzt am Saubermann-Image». Express, 11.3.1992, S. 25

Führungsgremien nicht gewollt wird. «Zufälligkeiten» (= unangenehme Wahlergebnisse) sind für ihn nicht hinnehmbar.[162]

Sprechen wir außerhalb Kölns von Deformationen des dortigen politischen Systems, geben uns Bundes- wie Landespolitiker der beiden großen Parteien recht. Dies sei nun einmal so in Köln, und ihr jeweiliger Kreisverband sei wohl auch nicht reformierbar. Das mag sein – aber es bleibt auch richtig: Ein bißchen Köln ist überall.

162 Tutt: «Jetzt will die Basis auch ihre Landtagskandidaten wählen», op. cit.

Eine zusammenfassende Schlußbemerkung

Ähnlichkeiten und Verschiedenheiten des Führungspersonals in zwei für unsere Gesellschaft entscheidenden Bereichen sollten durch unsere Untersuchungen erkennbar werden. Die Ähnlichkeiten waren größer, als wir erwartet hatten.

Selbstverständlich gibt es auch *Unterschiede*. Dazu gehört die größere Eindeutigkeit von Kriterien für Erfolg und Mißerfolg in der Wirtschaft. Auch in der Wirtschaft hat selbstverständlich nur der Erfolg viele Väter, während die Zurechenbarkeit bei Mißerfolgen nach Möglichkeit vernebelt wird. Dennoch bleibt für die Führungskräfte in der Wirtschaft die Möglichkeit allgemein erkennbaren Scheiterns wichtig.

Und nicht zuletzt ist man in der Wirtschaft in einem Maße kostenbewußt, daß inzwischen auf bloße Prestigeobjekte weitgehend verzichtet wird, während das Jonglieren mit Millionen-, ja selbst Milliardenprojekten in der Politik nach wie vor anzutreffen ist.

Die *Gemeinsamkeiten* sind jedoch die wichtigere Erkenntnis. Da ist zunächst in Politik und Wirtschaft als durchgehendes Bemühen bei der Änderung der Spielregeln zu beobachten, daß Konkurrenz zurückgedrängt, wenn nicht gar abgeschafft werden soll. Für Personen bedeutet dies das Vorherrschen der Kooptation – der Einladung, zu einem bereits bestehenden Elitekreis hinzuzukommen. Für die Institutionen bedeutet das ein Einverständnis, einander nicht allzu weh zu tun –, etwa bei CDU und SPD das Ausklammern von Streitfragen, die den Gegner wirklich in Schwierigkeiten bringen könnten.

Sowohl in der Politik wie auch in der Wirtschaft beobachten wir das Mühen um maximale Undurchsichtigkeit von Beziehungen und Abläufen. In der Wirtschaft hat dies die Ausdrucksform der vielfach verschachtelten Beteiligungen, in der Politik die Verlagerung von Entscheidungen in Geistergremien. Im 12. Bundestag war das wichtigste in der Verfassung nicht vorgesehene Entscheidungsgremium die Koalitionsrunde.

Allerorten wird die Bürokratisierung von Abläufen beklagt, und allerorten nimmt sie zu. Die bundesdeutschen Parlamente, ja auch die Parteivorstände sind Einrichtungen, in denen bürokratische Abläufe vorherrschen. Die Erklärung: Wer nach bereits feststehenden Regeln verfährt, muß die Inhalte nicht verantworten. Bürokratisierung ist so verstanden ein Schutzverhalten für Entscheidungsträger.

Sowohl in der Wirtschaft als auch in der Politik sind nach unseren Untersuchungen in den letzten 30 Jahren die Karrieren gleichförmiger geworden. Das hat dann auch zur Folge, daß mögliche Führungskräfte mit ungewöhnlichen Eigenschaften um so auffälliger erscheinen und als potentielle Störenfriede im Vorfeld ausgebremst werden.

Die stärkere Gleichförmigkeit des Personals vergrößert die Tendenz, als Establishment abzuheben. Eine Schicht hat sich herausgebildet, die nach ihrem Selbstverständnis einen inoffiziellen Adel bildet. In den wurde man auch nur durch Kooptation aufgenommen, und in dem blieb man selbst bei Fehlverhalten, solange man sich dem Komment entsprechend verhielt. Bei Verletzung von Tabus, zum Beispiel bei Konkurrenzkandidaturen, die ernst gemeint sind, erfolgt Verstoßung. Sie ist heute in der Politik wegen des zunehmenden Berufspolitikertums ein machtvolles Disziplinierungsmittel.

Es entspricht dieser Skizze, daß unser Führungspersonal eine sehr gute Meinung von sich selber hat. Zugleich wird gezweifelt, ob die Öffentlichkeit die eigenen Qualitäten auch zureichend würdigen kann, wobei im Fall der Wirtschaft das Manko an Hochachtung in der allgemeinen Öffentlichkeit überschätzt wird. Bei Kritik an der Qualität pflegt in Wirtschaft und Politik die Antwort zu sein, es gebe ja gar nicht genügend begabte Menschen, um all die zu vergebenden Positionen qualitativ gut zu besetzen. Das ist in der Wirtschaft das Argument gegen die Kritik an der Qualität deutscher Aufsichtsräte und der Tendenz, diese Positionen in einem personell eng umgrenzten Kreis zu monopolisieren. Und in der Politik heißt die parallele Antwort auf die Kritik an der Qualität der Abgeordneten, es gebe nicht einmal genügend wirkliche politische Talente, um selbst alle Ministerposten so zu besetzen, wie diese Ämter es verdienen.

Auffällig sind auch weitgehende Übereinstimmungen in den Arbeitsformen. Wer oben ist, häuft gern Ämter an und gerät damit in große Hektik. Daraus folgt, daß die einzelnen Sachabläufe meist nicht zureichend kontrolliert werden können. In einer arbeitsteiligen Gesellschaft wie der unsrigen ist Macht über eine Sachentscheidung durchweg ein Prozeß, der sich über verschiedene Stadien unter Beteiligung verschiedener Personengruppen hinzieht. Die mit Ämtern überhäufte Führungskraft vermag dann nur punktuell einzugreifen, und sowohl in der Wirtschaft wie in der Politik sind «Bauchredner» ihrer Stäbe häufig. Entsprechend wichtig wird dann die Personalpolitik genommen, über die versucht wird, Sachabläufe zu kontrollieren. Personalpolitik ist nach unseren Beobachtungen das wichtigste Aktionsfeld im Leben der Führungskräfte geworden – in der Politik noch mehr als in der Wirtschaft. Da können sich dann höchstrangige Politiker um scheinbar nebensächliche Posten «draußen im Lande» mit Hingabe kümmern.

Für das Funktionieren des Systems, und nicht zuletzt auch für unsere Bewegungsfreiheit, ist der jetzt vielleicht wichtigste Prozeß das gegenseitige Durchdringen von Wirtschaft und Politik – von Kommerzialisierung und Politisierung auch solcher Lebensbereiche, die an sich anderen Steuerungsmechanismen unterliegen sollen. Inzwischen ist die Politisierung von allem und jedem der machtvollere Prozeß.

Die vielen kritischen Anmerkungen dürfen nicht gedeutet werden als verdeckte Aussage, hier hätten wir es mit (in soziologischem Sinne) funktionsunfähigen Systemen zu tun. Sie funktionieren durchaus – insbesondere, wenn es um Routinefragen geht. Aber sie sind nicht sonderlich innovationsfähig.

Einige Reformvorschläge in Stichworten

A. Wirtschaft

Es gilt, eine funktionsfähige Marktwirtschaft wiederherzustellen.

- Um die Eigenständigkeit der Marktwirtschaft wieder zu stärken, sollte jegliche Subventionierung unter Berufung auf mögliche nationale Notfälle (zum Beispiel von Kohle, Stahl und Landwirtschaft) unterbleiben.
- Die Befugnisse des Kartellamtes sind zu stärken. Dazu gehört auch, daß in Zukunft der Wirtschaftsminister nicht mehr die Möglichkeit hat, Entscheidungen des Kartellamtes aufzuheben.
- Für die börsennotierten Gesellschaften ist entweder das Aufsichtsratssystem grundlegend zu reformieren oder zu prüfen, ob zum amerikanischen Boardsystem überzugehen ist.

CDU, SPD und FDP arbeiten an Reformen des Aktienrechts, die bei ihrer Verwirklichung eine wesentliche Verstärkung der Kontrollmöglichkeiten des Aufsichtsrates gegenüber den Vorständen zur Folge hätten.

- Hierzu gehört, daß die Aufsichtsräte am Vorstand vorbei Zugriff auf die Buchhaltung und das Controlling erhalten.
- Die Wirtschaftsprüfer müssen an den Sitzungen des Aufsichtsrates teilnehmen und sind dann auskunftspflichtig. Ihr Mandat darf höchstens für fünf Jahre gelten; anschließend ist die Prüffirma zu wechseln.
- Die Zahl der Aufsichtsratsmandate ist auf höchstens fünf pro Person, bei Finanzinstituten auf höchstens fünf pro Institut zu beschränken.
- Das Depotstimmrecht muß entfallen. Eine Offenlegungspflicht für alle Beteiligungen über fünf Prozent ist auch dann zu fordern, wenn das Unternehmen nicht börsennotiert ist.
- Wechselseitige Beteiligungen sind bei Konkurrenten zu untersagen.

B. Politik

In der Bundesrepublik ist das Konkurrenzsystem in der Politik – ein Kernelement der Demokratie – weitestgehend durch zwei andere Prinzipien zurückgedrängt worden: Innerhalb einer Partei herrscht das Kooptationsprinzip und zwischen den Parteien die Absprache. Durch die Kooptation sichern die Oligarchen ihre Positionen. Das System der Absprachen untereinander bewirkt, daß besonders fähige und/oder polarisierende Personen abgeblockt werden. Wer das politische Personal qualitativ verändern will, muß also bei diesen beiden Prinzipien ansetzen.

● Am wirksamsten geschieht dies durch die bereits vielerorten vorgeschlagene Aufgabe des Delegiertenprinzips.

In der Praxis bedeutet dieses Prinzip, daß die Delegierten von «Wasserträgern» für die Oligarchen (oder dem Ortsvorsitzenden der Partei) handverlesen werden. Zugleich ist die in den Jahrzehnten gewachsene Bedeutung der Kreisebene für politische Karrieren zu relativieren. Mit der Praxis, daß nur Kandidaten für ein Direktmandat auch Listenplätze erhalten, wird weitestgehend verhindert, daß fachlich hochkompetente Personen, deren Förderer über das gesamte Bundesgebiet zerstreut sind, Chancen der politischen Mitwirkung erhalten. Deshalb sollten die Landes- und Bundesführungen der Parteien, besser noch die Landes- und Bundesvereinigungen innerhalb der Parteien, ein Vorschlagsrecht für die Liste erhalten.

● Insbesondere sollten die Parteimitglieder bei der dann offenen Kandidatenaufstellung mitwirken dürfen.

Das Berufspolitikertum mit seiner Verkrustung droht, die Innovationskraft auch außerhalb der Politik in der Bundesrepublik zu lähmen. Abhilfe könnte durch mehrere Neuerungen eingeleitet werden, die vor allem eine Belastung des heutigen Systems, die Abhängigkeit der meisten Politiker von ihren Mandaten, mindern:

● Kandidaten sollten im Normalfall nachweisen, daß sie in ihrer Existenz unabhängig sind von der Ausübung eines Mandats.

Wenn das zur Folge hat, daß das Alter der Mandatsträger steigt, so ist das kein Schaden. Die von den Parteien gern als Zeichen ihrer Reformfreudigkeit angeführte hohe Zahl junger Abgeordneter ist nämlich nichts anderes als eine Vergrößerung des Personenkreises, der abhängig ist vom Wohlwollen einer Kooptation durch Oligarchen.

● Damit Politik auch für sehr erfolgreiche, gestaltungswillige Menschen attraktiv wird, sollte von dem Prinzip der gleichen Entschädigung für alle Politiker abgegangen werden, was nach Art. 48 des Grundgesetzes möglich ist: Statt dessen sollte für die Dauer des politischen Engagements das bisher erzielte Einkommen aus der Staatskasse weitergezahlt werden – gegebenenfalls mit einem Bonus und einem Deckel bei 250 000 DM jährlich.

Das hätte den Nebeneffekt, daß Politik nicht mehr für diejenigen interessant wäre, die nur in diesem Bereich hohe Gehälter erzielen können.

- Das dann erworbene Mandat ist auf zwei, maximal drei Legislaturperioden zu beschränken.
- Das Volumen der Gesetzes- und Verordnungsproduktion muß drastisch eingeschränkt werden. Vielleicht erfordert das auch eine – ohnedies überfällige – Justizreform.
- Zur Öffnung des Systems würde beitragen, das Wahlrecht so zu ändern, daß die Wähler eine Möglichkeit erhalten, statt einer Liste unmittelbar den Namen des gewünschten Kandidaten anzukreuzen.

Bei den Landtagswahlen unter anderem in Bayern wird dies bereits praktiziert und hat dazu geführt, daß Bewerber, die von ihrer eigenen Partei schlecht plaziert wurden oder aber unabhängige Kandidaten durch die Bürger dennoch ein Mandat erhielten. Mindestens wäre die von Peter Struck vorgeschlagene Möglichkeit zu verwirklichen, Listenplätze in der Reihenfolge der Stimmanteile für Kandidaten in den einzelnen Wahlbezirken zu vergeben.

- Urwahl der Kandidaten, Vorschlagsrecht weiterer Personenkreise und Zugriff der Bürger auf die Listenplätze durch Kumulieren und Panaschieren für alle Wahlen sind als Reformen ein Minimum.

Zu prüfen wäre, ob nicht Formen des Mehrheitswahlrechts gefunden werden, mit denen dessen Nachteile – Abblocken von neuen Bewegungen – vermindert werden können. Die vorher angeführten Veränderungen sollten sich aber eher politisch durchsetzen lassen und könnten bereits ausreichen, um in der Politik wieder Konkurrenzelemente zu verstärken und eine größere Breite der Auswahl von politischem Führungspersonal zu bewirken.

Flankierende Maßnahmen müssen diese Änderungen in den Modi des Wählens ergänzen. In den deutschen Parlamenten waren schon seit 1848 Beamte übermäßig vertreten. Bei der heutigen Praxis der Anwendung des Beamtenstatuts hat dieser Personenkreis einen unvertretbaren Vorsprung vor Konkurrenten aus anderen Berufskreisen: Beamte werden für politische Tätigkeit freigestellt. Zugleich haben Beamte eine

Wiederverwendungsgarantie – was alles zusammengenommen bedeutet, daß eine Karriere in der Politik völlig ohne Risiko bleibt.

Aber nicht nur das ist zu beanstanden. Wenn Beamte zugleich über Beförderungen von Beamten befinden, dann gibt es einen unerwünschten Anreiz für Personen, die aus rein opportunistischen Gründen in die Politik drängen. In diesen Fällen wird zum praktischen Ärgernis, was bereits theoretisch zu beanstanden ist: Ein Angehöriger der Exekutive sollte nicht gleichzeitig in der Legislative tätig sein.

In Ländern wie England und Frankreich ist es undenkbar, daß ein Beamter ein politisches Mandat anstrebt oder ein hohes Parteiamt hat. Bei uns dagegen sind Beamte am Ende ihrer politischen Karriere durchweg sehr viel besser gestellt in ihrem Beamtenstatus als vordem. Hier hat die Berufsgruppe der Lehrer inzwischen die Verwaltungsjuristen zurückgedrängt; denn sie ist eher für eine Politik-über-Medien geeignet. Beamtete Lehrer dürfen in der Bundesrepublik erwarten, daß ihnen am Ende ihrer Zeit als Mandatsträger eine Schulleiterstelle offensteht. In Köln wird berichtet, daß die meisten Lehrer, die Stadtverordnete wurden, anschließend Schulleiter waren. Das wirkt selbstverständlich demoralisierend auf alle, die im Schuldienst verblieben sind, und ist zugleich ein Anreiz, in eine Partei einzutreten, die dann für die Karriereförderung instrumentalisiert wird.

Bei der Erarbeitung des Grundgesetzes wurde bereits an die Problematik einer Präsenz von Beamten in der Politik gedacht.

● Soll der Beamte parteipolitisch neutral sein, dann sollte Artikel 137 (1) GG angewendet werden: «Die Wählbarkeit von Beamten, Angestellten des öffentlichen Dienstes, Berufssoldaten, freiwilligen Soldaten auf Zeit und Richtern im Bund, in den Ländern und den Gemeinden kann gesetzlich beschränkt werden.»

Vielleicht reicht dies – gemeinsam mit der Empfindung der Öffentlichkeit, die Zeit zu einer tiefgreifenden Reform sei gekommen –, um wieder Politiker zu haben, denen Politik im Sinne von Max Weber ein Beruf ist: «Die Politik bedeutet ein starkes langsames Bohren von harten Brettern mit Leidenschaft und Augenmaß zugleich. Es ist ja durchaus richtig, ... daß man das Mögliche nicht erreicht, wenn nicht immer wieder in der Welt nach dem Unmöglichen gegriffen worden wäre. Aber der, der das tun kann, muß ein Führer und nicht nur das, sondern auch in einem sehr schlichten Wortsinn – ein Held sein. Nur wer sicher ist, daß er daran nicht zerbricht, wenn die Welt, von seinem Standpunkt aus gesehen, zu dumm oder zu gemein ist für das, was er ihr bieten will, daß er all dem gegenüber ‹Dennoch!› zu sagen vermag, nur der hat den ‹Beruf› zur Politik.»

Demokratie muß durchgesetzt werden gegen die Eigendynamik sozialer Prozesse, die auf ihre Neutralisierung, ja Zerstörung hin tendieren. Demokratie ist keine sich selbst erhaltende Ordnung, sondern eine, die immer wieder zu gestalten ist. Darin ist sie der sozialen Marktwirtschaft gleich. Auch deren Flexibilität ist nur durch fortwährendes Gegensteuern gegen Tendenzen zur Selbstzerstörung zu erhalten.

Anhang A

Kleine Chronik der Erhebung bei den Managern

Forschung in der heutigen Zeit sollte kumulativ sein – will heißen, eine Neuerhebung baut auf vorausgegangenen auf. Damit können dann Ergebnisse verglichen werden. Bei der Manager-Erhebung war das in unerwartetem Maße nur begrenzt möglich. Insbesondere wollten wir anknüpfen an Erhebungen über deutsche Eliten, die im Umkreis von Rudolf Wildenmann entstanden. Sie gehen zurück bis ins Jahr 1968, und eine Übernahme vieler Fragen – so unsere Überlegungen – würde es erlauben, Aussagen über Veränderungen in den deutschen Eliten zu begründen. Wir selbst hatten 1965 eine erste große Befragung der Führungsschicht in Deutschland mit organisiert und hätten gern gewußt, ob der damalige Zustand – eine weitgehende Zerklüftung der Führungsschicht nach Betätigungsfeldern / Branchen – Folge einer außergewöhnlichen Situation nach dem Zusammenbruch von Staat und Gesellschaft 1945 war. Heute glauben wir sagen zu können: Das trifft in der Tat zumindest teilweise zu, und die heutige Führungsschicht scheint – wenn wir das mit der Situation bei unseren Nachbarn vergleichen – wieder stärker an die deutsche Tradition anzuknüpfen.

Leider war aber nur ein Teil der Fragen für einen solchen Zeitvergleich tauglich. Insbesondere die Elitenbefragung 1980 durch das Wildenmann-Team erwies sich als konzentriert auf Politik und dabei orientiert an Mentalitätsfragen. So mußte der Fragebogen zum größen Teil neu entwickelt werden. Neun Themen standen dabei im Vordergrund:

Thema 1: Karriereverlauf
Thema 2: Führungsstil
Thema 3: Bewertung der Qualität von Führung
Thema 4: Aktuelle gesellschaftspolitische Beurteilung
Thema 5: Positionshäufungen
Thema 6: Mitwirkung bei der Meinungsbildung
Thema 7: Netzwerke

Thema 8: Soziale Merkmale
Thema 9: Die Konstanz des Beobachtungsgegenstandes

Es wurde dann schließlich ein Fragebogen getestet, der 69 Fragen auf 15 Seiten enthielt. Sie zielten auf die Herkunft und Situation der höchsten Führungsebene der größten westdeutschen Unternehmen. Mit dieser Kennzeichnung des gemeinten Personenkreises verbanden wir die Erwartung, daß es sich um einen ungewöhnlich homogenen Kreis von Zielpersonen handeln könnte. Eine wichtige Forschungsfrage war damit: Trifft diese Annahme der Homogenität zu?

Bei einem solchen Personenkreis ist die Frage des Datenschutzes besonders prekär. Um sowohl Datenschutz wie Datensicherheit zu maximieren, entschieden wir uns für ein «Datentreuhänder-Modell». In unserem Fall verfügte das Zentralarchiv für empirische Sozialforschung an der Universität zu Köln über die Adressenlisten und vergab für jeden Namen eine Nummer. Dieses Zentralarchiv – zu über 80 Prozent vom Bund finanziert – übernahm dann die Versendung der Fragebögen. Die ausgefüllten Bögen wurden jedoch an das «Institut für angewandte Sozialforschung» zurückgesandt – ein reines Universitätsinstitut. Von dort wurde dann in Abständen dem Zentralarchiv mitgeteilt, welche Bögen beantwortet eingegangen waren. Damit war das Zentralarchiv in der Lage, Erinnerungsschreiben an noch nicht Antwortende zu versenden. Die Mitarbeiter des Zentralarchivs sahen keinen ausgefüllten Bogen, wußten also nicht, *was* geantwortet wurde, die Mitwirkenden im Institut für angewandte Sozialforschung als auswertende Stelle wußten nicht, *welche Person* geantwortet hatte.

Es verblieb nur ein Problem der Datensicherung. Bei einer solchen Zielgruppe ist nicht auszuschließen, daß gut informierte Wirtschaftswissenschaftler aus der Kombination konkreter Antworten auf die Person des Antwortenden rückschließen können – zumindest in einigen Fällen. So wurde die Verschlüsselung überwacht, und die Bögen wurden lediglich einem Beamten auf Widerruf zugänglich. Wir selbst legten Wert darauf, keinen der Bögen selbst zu sehen. Die Verschlüsselung der Bögen beseitigte durch Vergröberung der Antwortkategorien dann das Problem der Entanonymisierungsmöglichkeiten.

Das *Manager-Magazin* stellte eine Ausgangsgesamtheit mit den Vorstandsvorsitzenden der 130 umsatzstärksten deutschen Unternehmungen zusammen. Diese wurden von uns mit einem Begleitbrief zur Langfassung des Fragebogens am 9. / 10. März 1994 individuell angeschrieben. Da der Rücklauf mit elf Fragebogen sehr unbefriedigend war, wurde – wie vorgesehen – am 27. April 1994 ein Erinnerungsschreiben mit Bögen versandt. Ein jetzt beigefügtes Blatt mit der zusammenfassenden Darstellung von Befunden bisheriger deutscher Elitestudien sollte motivierend für die Beantwortung wirken. Tatsächlich erhielten wir schlußendlich 37 für eine Auswertung geeignete Antworten mit dem «langen» Fragebogen. Zusätzlich begründeten 51 der angeschriebenen führenden Persönlichkeiten der Wirtschaft meist in Briefen, warum sie sich nicht zum Ausfüllen des Bogens entschließen konnten.

Bereits während des ersten Abschnitts der Laufzeit dieser Untersuchung war uns deutlich geworden, daß die Länge des Bogens ein Grund für die Zurückhaltung bei der Beantwortung war. So kürzten wir ihn, bis er optisch nur noch die Hälfte des Umfangs einnahm. Zwei Komplexe wurden dabei stärker gekürzt als andere: die Netzwerkbeziehungen zwischen Führungspositionen und die Beurteilung aktueller Entwicklungen insbesondere in der Politik.

Das *Manager-Magazin* stellte uns für diesen zweiten Abschnitt die Namen der Vorstandsvorsitzenden der nächstgrößten Unternehmen zusammen, bis wir als Ausgangsgesamtheit 500 Führungspersonen hatten. Vom 17. bis 20. Juni 1994 wurden diese Führungspersonen mit einem Begleitbrief individuell angeschrieben, das Blatt mit dem Resümee deutscher Eliteuntersuchungen beigefügt, aber jetzt war die Anlage eine stark abgemagerte Fassung des Fragebogens. Nachdem 91 Fragebögen eingegangen waren, versandten wir am 26. Juli ein Erinnerungsschreiben, wiederum mit beiliegendem Fragebogen und einer Kurzfassung bisheriger Untersuchungen. Diese Erinnerung war relativ weniger erfolgreich als jene im ersten Abschnitt unserer Erhebung. Diesmal erhielten wir 62 Begründungen für die Nichtteilnahme.

Dies war die Situation zum Zeitpunkt, als wir die Erhebung für beendet erklärten:

Auswertungsfähige Fragebögen	143
Begründung der Nichtteilnahme	113

Parallel zu dem noch weiterlaufenden Eingang der Bögen, der ab Ende August 1994 sehr schleppend wurde, entwickelten wir den Verschlüsselungsplan, und im September begann die Verkodung der Bögen. Im Oktober wurden die Randauszählungen vorgenommen und unmittelbar darauf die weiteren Auswertungen wie Kreuztabellierungen durchgeführt.

Schriftliche Erhebungen haben einen sehr viel geringeren Ausschöpfungsgrad als persönliche Interviews, und der Rücklauf ist bei Befragten mit höherem Status besonders gering. Kommt beides zusammen, wie hier, darf keine hohe Rate der Reaktionen erwartet werden:

Rücklauf	28,6 %
Begründete Absage	22,6 %
Reaktionen	51,2 %

Aus einer Sichtung der Absagen folgt für uns, daß deutsche Manager so übermäßig Gegenstand von Erhebungen sind wie die Bewohner des Atolls Trobriand in der Südsee. Dort soll inzwischen auf jeden Einwohner im Lauf seines Lebens ein Ethnologe kommen. Bei Managern dürfte eine Befragung pro Monat in manchen Branchen üblich geworden sein. Jedenfalls ist man eher befragungsmüde und hat wohl zu einem erheblichen Teil auch seine Vorzimmer schon entsprechend informiert.

Obgleich der Rücklauf im Vergleich zu anderen Eliteuntersuchungen positiv zu beurteilen ist, sollte bei der Deutung mitgeteilter Zahlen in erster Linie auf Größenordnungen abgestellt werden. Deshalb verwendeten wir bevorzugt robuste statistische Maßzahlen wie als Durchschnitt den Median statt des zwar bekannteren, aber auch sehr viel «nervöseren» arithmetischen Mittels, Rangordnungskorrelationskoeffizienten statt des üblichen, aber ebenfalls sehr nervösen Pearsonschen r sowie statt der ein hohes Meßniveau voraussetzenden Faktorenanalyse die nichtparametrische Korrespondenzanalyse.

Vom *Manager-Magazin* wurden Ergebnisse unserer Untersuchung in einer Pressekonferenz vorgestellt und als Titelgeschichte in der März-Nummer 1995 veröffentlicht.

Die Creme der Wirtschaftsführer Deutschlands und ihre Verflechtung über Funktionen bei den 100 wichtigsten Unternehmen (Stand: 1994)

	Vorstands-vorsitzender	Vorstand	Aufsichtsrats-vorsitzender	Aufsichtsrat
Dr. Hans G. Adenauer	Dresdner Bank			Klöckner
Dr. Marcus Bierich (ehemaliger Vorsitzender der Geschäftsführung Robert Bosch)			Bosch	Allianz BASF Deutsche Bank VEBA
Dr. Werner Breitschwerdt				Continental (Gummi) Daimler-Benz Deutsche Bank (Beraterkreis) Metallgesellschaft
Dr. Diethard Breipohl	Allianz			Beiersdorf Continental Grundig
Dr. Rolf E. Breuer		Deutsche Bank	Klöckner (Stellvertreter)	Böhring Ingelheim (Beraterkreis) Preussag Carl Zeiss (Unternehmensrat)
Dr. Ulrich Cartellieri		Deutsche Bank	Karstadt Solvay (Chemie)	Henkel Siemens Thyssen

	Vorstands-vorsitzender	Vorstand	Aufsichtsrats-vorsitzender	Aufsichtsrat
Dr. F. Wilhelm Christians (ehemals Vorstandssprecher der Deutschen Bank)			Deutsche Bank Mannesmann RWE VIAG	
Rolf Diel			Dresdner Bank Münchener Rück (Stellvertreter)	Karstadt Siemens VEBA VW
Dr. Werner H. Dieter	Mannesmann			RWE Allianz Degussa Esso Hoechst Deutsche Bank (Vorsitzender des Beraterkreises)
Dr. Rolf Ehret		Degussa		Bosch Deutsche Bank
Dr. Michael Endres		Deutsche Bank		DHS Dillinger Hütte/Saarstahl Schott Glaswerke (Unternehmensrat)
Dr. Friedhelm Gieske	RWE			Karstadt Metallgesellschaft Thyssen

	Vorstands-vorsitzender	Vorstand	Aufsichtsrats-vorsitzender	Aufsichtsrat
Dr. Klaus Götte	MAN		Bayerische Hypobank	Karstadt Deutsche Telekom PWA Papierwerke
Prof. Dr. Herbert Grünewald (früher Vorstandsvorsitzender Bayer)			Freudenberg (Stellvertreter des Gesellschafter-ausschusses) Zeiss (Stiftungs-kommissar)	Bayer Commerzbank Henkel (Gesellschafterausschuß)
Dr. Carl H. Hahn (ehemaliger Vorsitzender des Vorstandes der VW AG)			AGIV (Stellvertreter)	Commerzbank Thyssen VW
Prof. Dr. Wolfgang Hilger	Hoechst			Philip Holzmann IBM
Dr. Jochen Holzer	Bayernwerk			Alcatel SEL Philip Holzmann PWA Papierwerke
Dr. Heinz Horn	Ruhrkohle			RWE (Wirtschaftsbeirat) Ruhrgas
Dr. Karlheinz Kaske (ehemals Siemens-Vorstandsvorsitzender)			MAN	Bayer Philip Holzmann Linde

	Vorstandsvorsitzender	Vorstand	Aufsichtsratsvorsitzender	Aufsichtsrat
Martin Kohlhaussen	Commerzbank			Bayer Daimler-Benz Karstadt FAG Kugelfischer
Hilmar Kopper	Deutsche Bank		Daimler-Benz KHD	Bayer Lufthansa Mannesmann Münchener Rück VEBA
Dr. Jürgen Krummow		Deutsche Bank	Mobil Oil	Hapag-Lloyd PWA Papierwerke Schering
Georg Krupp		Deutsche Bank		Nestlé Strabak VEW
Hans Jakob Kruse	Hapag-Lloyd		TUI	Deutsche Bank (Beraterkreis) MAN Mobil Oil
Prof. Dr. Hans Joachim Langmann	Merck (Vorsitzender der Geschäftsleitung und des Gesellschafterrates)			BASF Ruhrkohle

	Vorstands-vorsitzender	Vorstand	Aufsichtsrats-vorsitzender	Aufsichtsrat
Dr. Manfred Lennings			Hoesch-Krupp	Alcatel SEL Bayer Shell
Dr. André Leysen			Hapag-Lloyd AGFA Gevaert NV. in Belgien	Bayer BMW Deutsche Bank (Beraterkreis) VIAG
Dr. Klaus Liesen	Ruhrgas		VW	Allianz Deutsche Bank (Beraterkreis) Mannesmann Preussag VEBA
Dr. Hans Meinhardt	Linde			Bayerische Hypobank BMW MAN
Kurt Morgen		Dresdner Bank	Asea Brown Boveri	ITT
Dr. Heribald Närger			Siemens AG	Allianz Deutsche Bank Schering (Chemie) Thyssen

	Vorstandsvorsitzender	Vorstand	Aufsichtsratsvorsitzender	Aufsichtsrat
Dr. Dietrich Natus				AGIV (Misch)
				Deutsche Bank (Beraterkreis)
				MAN
				Metallgesellschaft
Dr. Tyll Necker	Hako-Werke (Geschäftsführender Gesellschafter)			Deutsche Bank (Beraterkreis)
				Heraeus
				IBM
				RWE (Wirtschaftsbeirat)
Friedel Neuber	WestLB		LTU	Hoesch-Krupp
			Preussag	RWE (Wirtschaftsbeirat)
			Babcock	Solvay
				VIAG
Dr. Karl-Josef Neukirchen (früher Vorstandsvorsitzender Hoesch)			FAG Kugelfischer	KHD
			Klöckner	Ruhrgas
Wolfgang Oehme			Esso	Mannesmann
				Unilever
Dr. Michael Otto	Otto-Versand			Deutsche Bank
				Springer
Dr. Egon Overbeck (früher Vorstandsvorsitzender Mannesmann)				Babcock
				Mannesmann
				RWE (Wirtschaftsbeirat)
				Ruhrgas

	Vorstands-vorsitzender	Vorstand	Aufsichtsrats-vorsitzender	Aufsichtsrat
Dr. Alfred Pfeiffer	VIAG			Klöckner Bayerische Vereinsbank
Hans-Georg Pohl	Deutsche Shell			Ruhrgas Daimler-Benz
Edzard Reuter	Daimler-Benz			VIAG Preussag Allianz
Dr. Wolfgang Röller	Dresdner Bank		Metallgesellschaft Allianz (Stellvertreter)	Daimler-Benz Degussa Henkel Hoechst Hoesch-Krupp Lufthansa RWE
Prof. Dr. Rolf Sammet (früher Vorstandsvorsitzender der Hoechst)			Hoechst	Babcock Dresdner Bank Mannesmann
Jürgen Sarrazin		Dresdner Bank	Bilfinger + Berger	Grundig Nestlé

	Vorstands-vorsitzender	Vorstand	Aufsichtsrats-vorsitzender	Aufsichtsrat
Dr. Günther Saßmannshausen			Heraeus	Preussag Shell VW Continental
Dr. Roland Schelling				Daimler-Benz Metallgesellschaft Carl Zeiss (Unternehmensrat) Scholl Glaswerke (Unternehmensrat)
Dr. Friedrich Schiefer	Bosch (Stellvertreter)			Bayerische Hypobank Bertelsmann VW
Dr. Wolfgang Schieren (früher Vorstandsvorsitzender Allianz)			Allianz Beiersdorf Linde MAN (Stellvertreter) Siemens (Stellvertreter) Thyssen (Stellvertreter)	Dresdner Bank Karstadt RWE
Dr. Albrecht Schmidt	Bayerische Vereinsbank			Allianz Münchener Rück

	Vorstands-vorsitzender	Vorstand	Aufsichtsrats-vorsitzender	Aufsichtsrat
Dr. Ronaldo H. Schmitz		Deutsche Bank	Tchibo	Metallgesellschaft
Dr. Henning Schulte-Noelle	Allianz			Schering (Pharmazie) BASF Metallgesellschaft
Prof. Dr. Christian Seidel		Dresdner Bank		Alcatel SEL Esso
Dr. Walter Seipp (früher Vorstandsvorsitzender der Commerzbank)			Commerzbank	Linde (Kälte) MAN Shell Thyssen VIAG RWE (Wirtschaftsbeirat)
Prof. Dr. Helmut Sihler			Degussa Henkel (Vorsitzender des Gesellschafter-ausschusses)	Freudenberg (Gesellschafterausschuß) Opel
Prof. Dr. Dieter Spethmann (früher Vorstandsvorsitzender Thyssen)			Münchener Rück Ruhrgas	Dresdner Bank RWE Siemens

	Vorstandsvorsitzender	Vorstand	Aufsichtsratsvorsitzender	Aufsichtsrat
Hermann Josef Strenger (früher Vorstandsvorsitzender von Bayer)			Bayer VEBA	Daimler-Benz Degussa Hapag-Lloyd Karstadt Linde
Dr. Jürgen Terrahe		Commerzbank		Bertelsmann Schering
Dr. Dieter Vogel	Thyssen Handelsunion Thyssen (Stellvertreter)			Asea Brown Boveri Bertelsmann
Dr. Günter Vogelsang			Thyssen	Deutsche Bank Hapag-Lloyd
Jürgen Weber	Deutsche Lufthansa			Hapag-Lloyd Mobil Oil
Dr. Ulrich Weiss		Deutsche Bank	Continental	Brown Boveri (Elektro) Alcatel SEL BASF Südzucker VW

Anteile von Banken an großen deutschen Unternehmen (Stand: 1990)*

Nr.	Unternehmen	Bank
1	Daimler-Benz AG	Deutsche Bank 28,5%
2	Bayer AG	Banken und Versicherungen 38%
3	Continental Gummi-Werke AG	Deutsche Bank 28,5%
4	Linde AG	Commerzbank CA. 10%
5	Schering AK	Banken und Versicherungen 23%
6	Heidelberger Zement AG	Dresdner Bank $\geq$ 25%
7	Didier-Werke AG	Deutsche Bank $\geq$ 25%
8	Brau und Brunnen AG	Bayerische Hyp. $\geq$ 25%
9	Phoenix AG	Dresdner Bank $\geq$ 25%
		Deutsche Bank CA. 20%
10	Holsten Brauerei AG	Vereinsbank in Hamburg $\geq$ 25%
11	Schubert und Salzer M.fabrik AG	Slater Walker Bank $\geq$ 25%
12	Hannoversche Papierfabriken Alfeld-Gronau AG	Commerzbank 25%
13	Bavaria-St. Pauli Brauerei AG	Vereins- und Westbank $\geq$ 25%
14	Süd-Chemie AG	Bankhaus Aufhäuser 26%
15	Neue Baumwoll-Spinnerei und -Weberei Hof AG	Bayerische Vereinsbank $\geq$ 25% Bayerische Hyp. $\geq$ 25%
16	Berliner Kindl Brauerei AG	Bank für Brau-Industrie $\geq$ 25%
17	Nordcement AG	Holderbank Financiere Glarus $\geq$ 50%
18	Vereinigte Schmirgel- und Maschinenfabriken AG	Dresdner Bank $\geq$ 25%
19	New York Hamburger Gummi-Waren Compagnie AG	Vereins- und Westbank $\geq$ 25%
20	Pfersee Kolbermoor AG	Bayerische Vereinsbank $\geq$ 25%
21	Vereinigte Werkstätten für Kunst im Handwerk AG	Bankhaus Merck, Finck CA. $\geq$ 25%
22	Reichelbräu AG	Bayerische Hyp. $\geq$ 25%
23	Erste Kulmbacher Actien Brauerei AG	Bayerische Hyp. $\geq$ 25%
24	Hasen-Bräu AG	Bayerische Vereinsbank AG 76%
25	Würzburger Hofbräu AG	Bankhaus Merck, Finck CA. 70%
26	Aktien-Brauerei Kaufbeuren AG	Bayerische Vereinsbank 50,1%
27	Chemische Werke Brockhues AG ts	Bankhaus B. Metzler Seel $\geq$ 25%

* Diese Aufstellung untertreibt den Einfluß der Banken als Kapitaleigner gewaltig, weil des für Anteile unter 25% keine Berichtspflicht gibt!

Nach Julie Anni Elston und Horst Albach: Bank Affiliaton and Capital Investment in Germany. Vervielfältigter Forschungsbericht. Wissenschaftszentrum Berlin, Juli 1994, ISSN Nr. 0722-6748

Anhang B

Die Materialgrundlage für die Analyse
der politischen Klasse

Zentral für die Analyse der politischen Klasse war der Deutsche Bundestag als Institution. Parallel wurden zwei Vorgehensweisen benutzt: einmal eine Inhaltsanalyse und daneben eine Befragung.

Die Befragung wurde im Herbst 1994 durch das Meinungsforschungsinstitut Forsa durchgeführt, vorwiegend im September. Im Auftrag von *Focus* und aufgrund eines Vorschlages von uns – der allerdings drastisch verändert wurde – führte Forsa telefonische Interviews durch, die dann auch in diesem Institut ausgewertet wurden. Die Antwortquote war nicht gut, was zum großen Teil mit dem Zeitpunkt der Befragung zu erklären ist: Sie fiel in die Endphase des Bundestagswahlkampfes, und viele Abgeordnete waren schon aus Termingründen nicht ansprechbar.

Grundlage der Inhaltsanalysen waren vor allem die Protokolle der Sitzungen des 12. Deutschen Bundestages. Sie umfaßten 17000 Seiten im enggedruckten Großformat. Dieser Umfang war bislang ein Hindernis für jede quantitative Auswertung, die nicht nur einen Ausschnitt des Materials erfaßte. Heute wird aber Schriftgut wie Bundestagsprotokolle von Datenträgern gedruckt. Das ermöglicht es, an der Druckfassung vorbei direkt Zugriff auf Datenträger zu nehmen, die dann mit entsprechenden Computerprogrammen analysierbar werden. Eine quantitative Inhaltsanalyse von Schriftgut dieses Umfangs dürfte es bisher noch nirgendwo gegeben haben.

Hinzu kamen entsprechende Auswertungen des Handbuches des Deutschen Bundestages sowie der Mitgliedsverzeichnisse von Ausschüssen und von anderen Gremien. Bei der Auswertung des Bundestagshandbuchs verschlüsselten wir die von den Abgeordneten aufgrund der «Angaben gemäß Verhaltensregeln» des Deutschen Bundestages selbst gemachten Aussagen nach 15 Merkmalen. Besonders wichtig war hierbei die Entwicklung eines eigenen Berufskodes, da der vom Wissenschaftlichen Dienst des Deutschen Bundestages verwandte, auf dem die meisten Veröffentlichungen über die berufliche Zusammensetzung des Parlaments beruhen, nicht frei von Eigenwilligkeiten ist.

Sowohl für die Stellung in der Fraktion als auch bei der Mitgliedschaft in Ausschüssen wurden die Funktionen angeführt und von uns gewichtet. Diese Gewichte für die Bedeutsamkeit eines Abgeordneten wurden ergänzt durch eine Gewichtung der Gremien, die wir selbst vornahmen. Für die Funktionen und für die Bedeutung der Ausschüsse verwandten wir Gewichte von 1 (geringstes Gewicht) bis 4 (größtes Gewicht). Die Kombination der Gewichtungen ergibt die Rangordnung in der Bedeutung eines Parlamentariers. Hier wurde anschließend von uns vergröbert nach einigen Kategorien der Bedeutsamkeit. Die Zuordnungen werteten wir als stabil gegenüber Ungenauigkeiten bei einzelnen Gewichten.

Schließlich wurde uns noch das Archiv des Bundespresse- und Informationsamtes zugänglich gemacht. Dort wurden die Meldungen der größten Nachrichtenagenturen für die letzten vier Jahre auf Datenträger gespeichert. Es handelt sich um die Agenturen dpa, DDP, AP, AFP, ADN und RTR. Zwischen Dezember 1990 und Juli 1994 wurden insgesamt 1 341 060 Nachrichten auf Datenträger erfaßt. Die Quantitäten bei den einzelnen Agenturen reichen von 177 095 bei AFP bis zu 378 039 bei dpa. Bei der Auswertung wurde gezählt, wie häufig jeder einzelne Abgeordnete des Deutschen Bundestages in Meldungen erwähnt wird. Damit wird die Sichtbarkeit eines Abgeordneten auf Bundesebene ausgedrückt – daneben kann er noch ein ganz anderes Bild der Sichtbarkeit durch regionale Medien haben. Eine Vollerhebung wie die unsrige wurde erst durch die jetzt verfügbaren Computerprogramme möglich.

Die Analysen wurden durch weitere Quellen ergänzt, deren wichtigste das Datenhandbuch der Geschichte des Deutschen Bundestages und Archive von Rundfunkanstalten waren.

Die Datenbänder sind im Zentralarchiv für empirische Sozialforschung für die wissenschaftliche Öffentlichkeit verfügbar.

Die Kosten für diese Erhebungen wurden von *Focus* übernommen. Dafür stellten wir dieser Zeitschrift eine unserer ersten Auswertungen zur Verfügung, die diese dann über drei Folgen hinweg im Spätherbst 1994 zu einem kleineren Teil für selbstgestaltete Beiträge benutzte.

Die 50 einflußreichsten Parlamentarier im 12. Deutschen Bundestag*

	Name	Punkte	Mitglied-schaften	Reden
1.	Werner Schulz (Bündnis 90)	40,0	8	74
2.	Peter Struck (SPD)	28,0	8	20
3.	Johannes Gerster (CDU)	26,0	8	21
4.	Joachim Hörster (CDU)	24,5	9	14
5.	Rolf Schwanitz (SPD)	24,5	8	28
6.	Andrea Lederer (PDS)	24,0	7	51
7.	Erwin Marschewski (CDU)	23,0	9	28
8.	Gerlinde Hämmerle (SPD)	22,5	9	10
9.	Hans de With (SPD)	22,5	9	37
10.	Herta Däubler-Gmelin (SPD)	21,0	7	11
11.	Dagmar Enkelmann (PDS)	20,5	7	79
12.	Barbara Höll (PDS)	20,5	10	101
13.	Adolf Roth (CDU)	20,5	5	15
14.	Hans Peter Schmitz (CDU)	20,5	7	10
15.	Gerhart Baum (FDP)	20,0	13	32
16.	Ulrich Irmer (FDP)	20,0	9	18
17.	Jürgen Schmieder (FDP)	20,0	9	23
18.	Detlef Kleinert (FDP)	19,5	6	35
19.	Gerhard Reddemann (CDU)	19,5	6	22
20.	Hermann Otto Solms (FDP)	19,0	4	22
21.	Franz Möller (CDU)	18,5	9	7
22.	Fritz Schumann (PDS)	18,5	8	56
23.	Horst Eylmann (CDU)	18,0	10	30
24.	Gerhard Friedrich (CSU)	18,0	5	14
25.	Dietmar Keller (PDS)	18,0	7	64
26.	Hartmut Koschyk (CSU)	18,0	9	14
27.	Rita Süssmuth (CDU)	18,0	2	13
28.	Wolfgang Zeitlmann (CSU)	18,0	9	19
29.	Burkhard Hirsch (FDP)	17,5	8	80
30.	Dankward Buwitt (CDU)	17,0	6	5
31.	Klaus-Dieter Feige (Bündnis 90)	17,0	6	98
32.	Anke Fuchs (SPD)	17,0	7	12
33.	Uwe-Bernd Lühr (FDP)	17,0	6	10
34.	Bruno Menzel (FDP)	17,0	9	35
35.	Günther Müller (CSU)	17,0	7	32
36.	Clemens Schwalbe (CDU)	17,0	6	4
37.	Wolfgang Thierse (SPD)	17,0	7	16
38.	Paul Breuer (CDU)	16,5	4	12
39.	Eduard Oswald (CSU)	16,5	5	1
40.	Brigitte Schulte (SPD)	16,5	6	8
41.	Jürgen Timm (FDP)	16,5	5	17

Name	Punkte	Mitglied-schaften	Reden
42. Rudi Walther (SPD)	16,5	5	5
43. Hartmut Büttner (CDU)	16,0	7	14
44. Walter Kolbow (SPD)	16,0	5	12
45. Ursula Männle (CSU)	16,0	6	12
46. Hans Modrow (PDS)	16,0	3	33
47. Christian Müller (SPD)	16,0	9	10
48. Manfred Richter (FDP)	16,0	5	19
49. Wolfgang Ullmann (Bündnis 90)	16,0	9	110
50. Wolfgang Weng (FDP)	16,0	3	33

* Ohne Regierungsmitglieder, zur Gewichtung siehe Seite 243; die Zahl der Reden ist nur eine Zusatzinformation.

Literaturverzeichnis

Anderson, Christopher: «The Composition of the German Bundestag since 1949: Long Term Trends and Institutionel Effects». In Historical Social Research, No. 65, Vol. 18 (1993), 1, S. 3–25

Arnim, Hans Herbert von: «Die Partei, der Abgeordnete und das Geld». Mainz 1991

Berman, Morris: «Wiederverzauberung der Welt». München 1983

Best, Heinrich: «Die Männer von Bildung und Besitz». Düsseldorf 1990

Beyme, Klaus von: «Die politische Elite in der Bundesrepublik Deutschland». München 1971

Beyme, Klaus von: «Elite Imput and Policy Output: The Case of Germany». In: Moshe M. Czudnowski (Hg.): «Does Who Governs Matter?» De Kalb (Ill.) 1982, S. 55–67

Beyme, Klaus von: «Der Begriff der politischen Klasse». In: Politische Vierteljahresschrift, 33. Jg. (1992), S. 4–32

Bleuel, Hans Peter: «Die Stützen der Gesellschaft». München 1976

Boltanski, Luc: «Die Führungskräfte». Frankfurt am Main 1990

Bottomore, T. B.: «Elite und Gesellschaft». München 1966

Bourdieu, Pierre, Luc Boltanski, Monique de Saint Martin und Pascale Maldidier: «Titel und Stelle – Über die Reproduktion sozialer Macht›. Zuerst Paris 1971, deutsche Ausgabe erschienen in Frankfurt am Main 1981

Bourdieu, Pierre: «Die verborgenen Mechanismen der Macht». Hamburg 1992

Cable, John: Capital Market Information and Industrial Performance – the Role of West German Banks. The Economic Journal, Jg. 95 (März 1985), S. 118–132

Clark, Terry Nichols: «Community Power and Policy Outputs». Beverly Hills 1973

Elston, Julie Ann und Horst Albach: «Bank Affiliations and Firm Capital Investment in Germany». Wissenschaftszentrum Berlin. Vervielfältigtes Manuskript. Juli 1994, Order-Nr.: FS IV 94-10

Endruweit, Günter: «Elite und Entwicklung». Frankfurt am Main 1986

Feist, Ursula und Klaus Liepelt: «Neue Eliten in alten Parteien». In: Max Kaase und Hans D. Klingemann (Hg.): «Wahlen und politisches System». Opladen 1983, S. 81–100

Felber, Wolfgang: «Eliteforschung in der Bundesrepublik Deutschland». Stuttgart 1986

Field, G. Lowell und John Higley: «Elitism». London 1980

Galtung, Fredrik (Hg.): «Zum Beispiel Korruption». Göttingen 1994

Halberstam, David: «Die Elite. The Best and the Brightest». Reinbek bei Hamburg 1974

Herzog, Dietrich: «Politische Karrieren. Selektion und Professionalisierung politischer Führungsgruppen». Opladen 1974

Herzog, Dietrich: «Politische Führungsgruppen». Darmstadt 1982

Herzog, Dietrich, Hilke Rebenstorf, Camilla Werner und Bernhard Weßels: «Abgeordnete und Bürger. Ergebnisse einer Befragung der Mitglieder des 11. Deutschen Bundestages und der Bevölkerung». Opladen 1990

Hoffmann-Lange, Ursula, Helga Neumann und Bärbel Steinkemper: «Konsens und Konflikt zwischen Führungsgruppen in der Bundesrepublik Deutschland». Frankfurt am Main 1980

Hoffmann-Lange, Ursula: «Eliten, Macht und Konflikt in der Bundesrepublik». Opladen 1992

Hofmann, Hans Hubert und Günther Franz: «Deutsche Führungsschichten in der Neuzeit». Boppard am Rhein 1980

Hradil, Stefan: «Die Erforschung der Macht». Stuttgart 1980

Hummell, Hans J.: «Mathematische Ansätze zur Analyse sozialer Macht». Duisburg 1978

Ismayr, Walter: «Der Deutsche Bundestag». Opladen 1992

Jaeggi, Urs: «Macht und Herrschaft in der Bundesrepublik». Frankfurt am Main 1969

Kaack, Heino: «Die soziale Zusammensetzung des Deutschen Bundestages». In: U. Thayssen: «US-Kongreß und Deutscher Bundestag». Opladen 1988, S. 128 bis 152

Kepplinger, Hans Mathias (in Zusammenarbeit mit Peter Eps, Franz Esser, Dietmar Gattwinkel): «Am Pranger: Der Fall Späth und der Fall Stolpe». In: Wolfgang Donsbach u. a. (Hg.): «Beziehungsspiele – Medien und Politik in der öffentlichen Diskussion». Gütersloh 1993, S. 159–220

Klingemann, Hans D. et. al. (Hg.): «Politische Klasse und politische Institutionen». Opladen 1991

Langguth, Gerd: «PDS – Partei mit Doppelgesicht». In: Die politische Meinung, Nr. 297 (August 1994), S. 19–25

LaPalombara, Joseph und Stephan Blank: «Multinational Corporations and National Elites: A Study in Tensions». New York 1976

Leif, Thomas: «Personalrekrutierung der SPD – kopf- und konzeptionslos». In: Th. Leif/H. J. Legrand/A. Klein (Hg.): «Die politische Klasse in Deutschland – Eliten auf dem Prüfstand». Bonn 1992, S. 223–249

Liedtke, Rüdiger: «Wem gehört die Republik? Die Konzerne und ihre Verflechtungen – Namen, Zahlen, Fakten '94». Frankfurt am Main 1993

Lerner, Daniel: «The Nazi Elite». Stanford 1951

Luhmann, Niklas: «Macht». 2., durchges. Aufl. Stuttgart 1988

Mills, C. Wright: «The Power Elite». New York 1956

Müller, Emil Peter: «Strukturen des XII. Deutschen Bundestages» (Hg.: Institut der deutschen Wirtschaft). Köln 1992

Müller, Norbert: «Empirische Herrschaftstheorie». Opladen 1979

Noelle-Neumann, Elisabeth und Renate Köcher: «Allensbacher Jahrbuch der Demoskopie 1984–1992». München 1993

Oberreuter, Heinrich: «Stimmungsdemokratie. Strömungen im politischen Bewußtsein». Osnabrück 1987

Ogger, Günter: «Nieten in Nadelstreifen. Deutschlands Manager im Zwielicht». München 1992

Olsen, Marvin E. und Martin N. Marger: «Power in Modern Societies». Boulder, Colorado, 1993

Pappi, Franz Urban, Peter Kappelhoff und Christian Melbeck: «Die Struktur der Unternehmensverflechtungen in der Bundesrepublik». In: Kölner Zeitschrift für Soziologie und Sozialpsychologie, Jg. 39, 1987, S. 693–717

Patzelt, Werner J.: «Abgeordnete und Repräsentation. Amtsverständnis und Wahlkreisarbeit». Passau 1993

Patzelt, Werner J.: «Das Volk und seine Vertreter: eine gestörte Beziehung». In: Aus Politik und Zeitgeschichte B 11/94, 18. 3. 1994, S. 14–23

Rüegg, Walter, Erich E. Geißler, Anke Fuchs, Rudolf Schlenker und Michael Zöller: «Elite – Zukunftsorientierung in der Demokratie». Veröffentlichungen der Walter-Raymond-Stiftung, Band 20, Köln 1982

Sahner, Heinz: «Führungsgruppen und technischer Fortschritt». Meisenheim am Glan 1975

Schäfer, Friedrich: «Der Bundestag». 4., verbesserte und erweiterte Auflage, Opladen 1982

Scharpf, Fritz W.: «Die Politikverflechtungs-Falle. Europäische Integration und deutscher Föderalismus im Vergleich». Politische Vierteljahresschrift, Jg. 26 (1985), S. 323–356

Scheuch, Erwin K.: «Einkommen und Situation von Führungskräften in Deutschland». Manuskript, Köln 1968

Scheuch, Erwin K.: «Abschied von den Eliten». In: K. Grossner u. a. (Hg.): «Das 198. Jahrzehnt». München 1972, S. 326–344

Scheuch, Erwin K.: «Soziologie der Macht». In: H. K. Schneider und C. Watrin (Hg.): «Macht und ökonomisches Gesetz. Schrift des Vereins für Socialpolitik». Bd. 74/II, Berlin 1972, S. 989–1042

Scheuch, Erwin K.: «Vereine als Teil der Privatgesellschaft». In: Heinrich Best (Hg.): «Vereine in Deutschland. Vom Geheimbund zur freien gesellschaftlichen Organisation». Bonn 1993, S. 143–207

Scheuch, Erwin K. und Ute Scheuch: «Cliquen, Klüngel und Karrieren». Reinbek 1992

Scheuch, Erwin K. (unter Mitarbeit von Ute Scheuch): «Die Partei-Karriere». In: Jochen Buchholz (Hg.): «Parteien in der Kritik». Bonn 1993, S. 11–32

Semmler, Rolf: «Machteliten». Köln 1980

Shils, Edward: «The Political Class in the Age of Mass Society». In: Moshe M. Czudnowski (Hg.): «Does Who Governs Matter?» De Kalb (Ill.) 1982, S. 13–32

Tietzel, Manfred, Marion Weber und Otto F. Bode: «Die Logik der sanften Revolution: eine ökonomische Analyse». Tübingen 1991

Verwaltung des Deutschen Bundestages, Abteilung Wissenschaftliche Dienste/Referat Parlamentsgeschichtliche Dokumentationen (Hg.): «Datenhandbuch zur Geschichte des Deutschen Bundestages 1983 bis 1991». Bonn 1994

Weege, Wilhelm: «Politische Klasse, Elite, Establishment, Führungsgruppen. Ein Überblick über die politik- und sozialwissenschaftliche Diskussion». In: Leif/Legrand/Klein, Bonn 1992

Wildenmann, Rudolf: «Partei und Fraktion». Meisenheim am Glan 1955

Windolf, Paul und Jürgen Beyer: «Kooperativer Kapitalismus». In: Kölner Zeitschriften für Soziologie und Sozialpsychologie, Jg. 41, 1995, Heft 1

Wölke, Gabriele: «Eliten in der Bundesrepublik Deutschland». Beiträge zur Gesellschafts- und Bildungspolitik. Institut der deutschen Wirtschaft. Köln 1980

Zapf, Wolfgang: «Wandlungen der deutschen Elite». München 1965

Ziegler, Rolf: «Das Netz der Personen- und Kapitalverflechtungen deutscher und österreichischer Wirtschaftsunternehmen». In: Kölner Zeitschrift für Soziologie und Sozialpsychologie, Jg. 36, 1984, S. 585–614

Namenregister

aktuell

HEINZ LEYMANN (HG.)

Der neue Mobbing-
Bericht

Erfahrungen und Initiativen,
Auswege und Hilfsangebote

rororo

Arbeit

«Niemand darf die Arbeit des
Betriebsrates behindern, insbesondere darf kein Arbeitnehmer ın der Ausübung des
aktiven und passiven Wahl-
rechts beschränkt werden.
Niemand darf die Wahl des
Betriebsrats durch Zufügung
oder Androhung von Nach-
teilen oder durch Gewährung
oder Versprechen von Vor-
teilen beeinflussen.»
§ 20 des Betriebsverfassung-
sgesetzes

Frank von Auer/Franz
Segbers (Hg.)
Markt und Menschlichkeit
Kirchliche und gewerk-
schaftliche Beiträge zur
Erneuerung der Sozialen
Marktwirtschaft. Mit dem
gemeinsamen Sozialwort der
Kirchen.
(rororo aktuell 13690)

Wolfgang Belitz (Hg.)
Wege aus der Arbeitslosigkeit
(rororo aktuell 13671)

Wolfgang Däubler
Ratgeber Arbeitsrecht *Mit den*
Übergangsregelungen für die
neuen Bundesländer
(rororo aktuell 13014)
Das Arbeitsrecht 1 *Leitfaden*
für Arbeitnehmer
(rororo aktuell 4057)
Das Arbeitsrecht 2 *Leitfaden*
für Arbeitnehmer
Vollständig überarbeitete und
erweiterte Neuausgabe
(rororo aktuell 13674)

Heinz Leymann
Mobbing *Psychoterror am*
Arbeitsplatz und wie man
sich dagegen wehren kann
(rororo aktuell 13351)
Heinz Leymann beschreibt,
welche Arten von Mobbing es

gibt, wie sie entstehen und
welche Folgen sie haben.
Der neue Mobbing- Bericht
Erfahrungen und Initiativen,
Auswege und Hilfsangebote
(rororo aktuell 13567)

Humane Arbeit - Leitfaden für
Arbeitnehmer 1
Arbeitsgestaltung und
Mitbestimmung
Herausgegeben von Lothar
Zimmermann
Teil I: Arbeitswissenschaft -
Arbeitsgestaltung - Arbeit-
nehmerinteressen
Teil II: Rechtliche Grundlagen
der Arbeitsgestaltung
(rororo aktuell 4941)

H. Matthies/U. Mücken-
berger/C. Offe/E. Peters/
S. Raasch
Arbeit 2000 *Anforderungen*
an eine Neugestaltung der
Arbeitswelt. Eine Studie der
Hans- Böckler- Stiftung
(rororo aktuell 13565)

rororo aktuell

Dirk Brouër, Herbert Trimbach u.a.
Offene Vermögensfragen - ein Ratgeber *Der Streit um Häuser, Datschen und Grundstücke: Zur veränderten Rechtslage in den neuen Ländern*
(rororo aktuell 13672)

Daniela Dahn
Wir bleiben hier oder Wem gehört der Osten *Vom Kampf um Häuser und Wohnungen in den neuen Bundesländern*
(rororo aktuell 13423)
Mehrere Millionen Menschen in den neuen Bundesländern sehen die Grundlage ihrer Existenz gefährdet. Sie wissen nicht, ob und wie lange sie noch in ihren Häusern und Wohnungen bleiben können. Der Band beschreibt die desaströsen Folgen der bis heute üblichen Rechtspraxis – «Rückgabe vor Entschädigung» – und entwickelt Perspektiven für eine politisch wie sozial vertretbare Eigentumsregelung.

Götz Eisenberg/Reimer Gronemeyer
Jugend und Gewalt *Der neue Generationenkonflikt oder Der Zerfall der zivilen Gesellschaft*
(rororo aktuell 13352)

Walter Hanesch u.a.
Armut in Deutschland *Der Armutsbericht des DGB und des Paritätischen Wohlfahrtsverbandes*
(rororo aktuell 13420)

Holger Rosenberg/Marianne Steiner
Paragraphenkinder *Erfahrungen mit Pflege- und Adoptivkindern*
(rororo aktuell 12989)

Wolfgang Schmidbauer (Hg.)
Pflegenotstand – das Ende der Menschlichkeit *Vom Versagen der staatlichen Fürsorge*
(rororo aktuell 13118)

Burkhard Schröder
Heroin *Sucht ohne Ausweg? – Ein Aufklärungsbuch*
(rororo aktuell 13276)

Bernd Wagner (Hg.)
Handbuch Rechtsextremismus *Netzwerke, Parteien, Organisationen, Ideologiezentren, Medien*
(rororo aktuell 13425)